Cəsarət:
"Təhlükəli yaşamağın sevinci"

Tərcüməçi:
Nilüfər Hacılı

OSHO

Courage:
The Joy of Living Dangerously

OSHO

"Cəsarət" kitabı cəsarətli yaşamağın vacibliyindən və əslində, cəsarətin o qədər də çətin sahib olunacaq insani keyfiyyət olmadığından bəhs edir.

Oxucularına müraciətdə, əksər həmkarlarından fərqli olaraq, özündənrazı yazar ədasıyla deyil, həmişə yaxın dost, sirdaş, yoldaş prizmasından yanaşan Osho bu kitabında da bütün dünyada "hər kəsin anlaya bilməyəcəyi dərin fəlsəfi məsələlər" kimi qiymətləndirilən mövzulara sadə dillə aydınlıq gətirərək oxucularıyla bölüşüb.

Budda, Taodan misal çəkdiyi qədər Mövlanədən, Həllac Mənsurdan, Molla Nəsrəddindən belə örnəklər verərək həm Qərb, həm də Şərq oxucusunun ürəyinə yol tapan müəllifin bu kitabı da əksər kitabları kimi insan, onun daxili aləminin necəliyi, əslində, hər kəsin saf, cəsarətli, dürüst olduğu halda, xarici amillər tərəfindən korlanması haqqındadır.

"Cəsarət" kitabının qəhrəmanı SƏN`sən. Bəli, məhz, elə SƏN!

OSHO   **COURAGE:** The Joy of Living Dangerously
OSHO   **CƏSARƏT:** "Təhlükəli yaşamağın sevinci"
Bakı, QANUN nəşriyyatı, 2018, 224 səh.
Çapa imzalanmışdır: 11.08.2018

Tərcüməçi: Nilüfər Hacılı

Redaktor: Ceyran Abbasova
Mətn dizaynı: Azər Aydın
Qapaq dizaynı: Rafael Qasım

ISBN 978-9952-36-579-5

QANUN nəşriyyatı
Bakı, Azərbaycan, AZ1102, Tbilisi pros., 76
Тел.: (+994 12) 431-16-62; 431-38-18
Mobil: (+994 55) 212 42 37
e-mail: info@qanun.az
www.qanun.az
www.fb.com/Qanunpublishing
www.instagram.com/Qanunpublishing

Cəsur deyilsənsə dürüst ola bilməzsən.

Cəsur deyilsənsə sevə bilməzsən.

Cəsur deyilsənsə etibar edə bilməzsən.

Cəsur deyilsənsə həqiqətin arxasınca gedə bilməzsən.

Ona görə də birinci cəsarət gəlir...

Qalan hər şey də onun ardınca.

ÖN SÖZ

Buna qeyri-müəyyənlik demə – şübhə de!
Buna etibarsızlıq demə – azadlıq de!

Mən sənə doqma vermək üçün burada deyiləm. Doqma müəyyən nəticəyə aparır. Sənə gələcəklə bağlı söz vermək üçün də burada deyiləm – gələcəklə bağlı hər hansı söz güvən hissi yaradır. Mən, sadəcə, səni xəbərdar etmək üçün buradayam – yəni indi burada olmağını, həyatın bütün qeyri-müəyyənliklərini, etibarsızlıqlarını, təhlükələrini bilməyini istəyirəm.

Bura bir əminlik, kredo, "izm" axtarmaq üçün, harasa aid olmaq, kiməsə bel bağlamaq üçün gəldiyini bilirəm. Bura qorxularından xilas olmaq üçün gəlmisən. Heç bir məlumatın olmadan yaşaya bilməyəcəyin – bir növ, gözəl məhkumluq axtarışındasan.

Mən səni daha qeyri-müəyyən, şübhəli etmək istəyərdim – çünki həyat, Allah da belədir. Təhlükə və etibarsızlıq artanda, o vəziyyətə qarşılıq verməyin tək yolu məlumatlı olmaqdır.

İki yol var; ya gözlərini yumub doqmatik, xristian, ya hindu, ya da müsəlman olursan... onda da olursan dəvəquşu. Bu doqmalar həyatı dəyişdirmir, sadəcə, gözlərini bağlayırlar. Bunlar səni, sadəcə, axmaq edir, cahil edir. O cahilliyin içində özünü təhlükəsizlikdə hiss edərsən. Həqiqət isə budur ki, təkcə axmaqlar özlərini təhlükəsizlikdə hiss edərlər. Həqiqətən hər bir insan özünü, həmişə, narahat və ya təhlükənin içində hiss edər. Orada nə təhlükəsizliyi ola bilər ki?!

Həyat mexaniki proses deyil, müəyyən ola bilməz. Bu əvvəlcədən təxmin edilməyən bir sirdir. Növbəti saniyədə nə baş verə biləcəyini heç kim bilmir. Göyün yeddinci qatında yaşadığını düşündüyün Allah belə – əgər ordadırsa – nə olacağını bilə bilməz. Çünki əgər o nə baş verəcəyini bilsəydi, həyat, sadəcə, saxta olardı. Hər şey əvvəlcədən təyin edilir, hər şey qabaqcadan təyin edilir. Gələcək qeyri-müəyyəndirsə, açıqdırsa bir az sonra nə baş verəcəyini, O, necə bilə bilər? Əgər Allah az sonra nə baş verəcəyini bilirsə, onda həyat, sadəcə, ölü, mexaniki prosesdir. Onda orada azadlıq yoxdur və həyat azadlıq olmadan necə mövcud ola bilər? Onda inkişaf etmə və ya etməmə ehtimalı yoxdur. Əgər hər şey əvvəlcədən müəyyən edilirsə, demək, orada heç bir şöhrət, heç bir əzəmət yoxdur. Onda sən, sadəcə, robotsan.

Xeyr – heç nə sığortalanmayıb. Mənim verdiyim mesaj budur. Heç nə sığortalanmayıb, çünki təhlükəsiz həyat ölümdən betər olur. Heç nə müəyyən deyil. Həyat qeyri-müəyyənliklərlə, sürprizlərlə doludur, gözəlliyi də bundadır. "İndi əminəm" deyə biləcəyin vaxt heç vaxt gəlməyəcək. Əmin olduğunu söylədiyin an, sadəcə, ölümünü elan etmiş olarsan, intihar etmiş olarsan.

Həyat min cür qeyri-müəyyənliklərlə davam edər. O, onun azadlığıdır. Onu etibarsızlıq adlandırma.

Fikrin, azadlığı niyə "etibarsızlıq" adlandırdığını anlaya bilmirəm... Heç ömründə bir neçə ay və ya bir neçə il həbsxanada olmusan? Əgər bir neçə il həbsxanada yaşasaydın, azad edildiyi gün dustağın gələcək haqqında qeyri-müəyyənlik hissinə qapıldığını bilərdin. Həbsxanada hər şey müəyyən idi; hər şey rutinləşmişdi. Yeməyi gəlirdi, təhlükəsizliyi təmin olunmuşdu; səhəri gün ac qala biləcəyi qorxusunu yaşamırdı, hər şey müəyyən olduğu üçün, heç bir narahatlıq keçirmirdi. İndi, qəfildən, həbsxanada keçirdiyi çoxlu ildən sonra dustaqxana gözətçisi gəlir və "səni azad edəcəyik" deyir. O, titrəməyə başlayır. Həbsxana divarlarının xaricində, yenidən, inamsızlıqlar olacaq; yenidən, axtarışda olacaq; yenidən, azadlıqda yaşamaq məcburiyyətində olacaq.

Azadlıq qorxu yaradır. İnsanlar azadlıq haqqında çox danışarlar, amma içlərində qorxu da olar hər zaman. Azadlıqdan qorxan insan, demək ki, hələ insan olmayıb. Mən sənə azadlıq verirəm, cəsarət deyil. Mən sənə qavrayış verirəm, bilik yox. Bilik səni özündən əmin edər. Əgər sənə formul verə bilsəm, müəyyən bir formul; "Allah var, müqəddəs ruh və onun oğlu İsa var; cənnət və cəhənnəm var. Bunlar həm yaxşı, həm də pis işlərdir. Günah işləsən cəhənnəmə, yaxşı işlər görsən cənnətə gedəcəksən" desəm hər şey bitər. O zaman əmin olarsan. Buna görə də əksər adamlar xristian, hindu, müsəlman, ya da cayn (*Jainas*) olmağı seçib – onlar azadlıq istəmirlər, onlar sabit formullar istəyirlər.

Bir kişi yolda qəfil qəza keçirir və heç kim onun yəhudi olduğunu bilmədiyinə görə keşiş çağırırlar, katolik keşişi.

Keşiş kişiyə yaxınlaşır, görür ki, ölmək üzrədir, tez ona bir sual verir: "Siz Ata, Oğul və Müqəddəs Ruha inanırsınız?"

Kişi gözlərini açır və deyir: "Mən burada ölürəm, bu da axmaq-axmaq suallar verir!"

Ölüm sizin qapınızı döyəndə bütün əmin olduğunuz nə varsa sizə axmaq-axmaq şeylər kimi gələcək. Heç bir əminlikdən yapışmayın. Həyat qeyri-müəyyənliklərdən ibarətdir, həyatın təbiəti şübhələr üzərində qurulub. Ağıllı insan, həmişə şübhə içində olur.

Bu qeyri-müəyyənlik içində qalmağa hazır olmağın özü cəsarətdir. Qeyri-müəyyənlik içində qalmağa hazır olmaq güvənməkdir. Ağıllı insan, vəziyyət necə olursa olsun, hazır olan və bütün qəlbiylə qarşılıq verən insandır. Nə olacağını bildiyinə görə yox, "Bunu etsən bu olar"ı da bildiyinə görə yox. Həyat elm deyil; bu səbəb və nəticə zənciri deyil. Suyu 100 dərəcəyə qədər qaynatsan buxarlanar – bu dəqiqdir. Ancaq həyatda heç nə bu qədər dəqiq deyil.

Hər fərd azadlıqdır, naməlum bir azadlıq. Təxmin etmək, ya da nəsə gözləmək qeyri-mümkündür. İnsan fərqində olaraq və başa düşərək yaşamalıdır.

Sən mənə bilik axtarmaq üçün gəlirsən; əmin ola biləcəyin konkret formullar istəyirsən. Mən sənə heç bir şey vermirəm. Əslində səndə bir az varsa, onları da səndən uzaqlaşdırıram! Yavaş-yavaş əminliyini məhv edirəm; zamanla sən qətiyyətsiz biri olursan, yavaş-yavaş səni daha çox tərəddüd edən birinə çevirirəm. Edilməli olan tək şey budur. Bir müəllimin və ya ustanın etməli olduğu tək şey budur – səni tam azadlığa çıxarmaq. Bütün imkanların açıq olduğu, heç nəyin bəlli olmadığı tam azadlıq... Sən onda

10

hər şeyin fərqində olmaq məcburiyyətində qalacaqsan, başqa cür mümkün deyil.

Mənim qavrayış dediyim şey budur. Əgər etibarsızlığın, təhlükənin həyatın ayrılmaz bir parçası olduğunu qavrayırsansa və bunu normal qəbul edirsənsə, həyatı azad etdiyini, istənilən vaxt sürprizə çevrilə biləcəyini qavramış olursan. Heç kim nə olacağını bilə bilməz. Bu səni daima şübhə içində saxlayır. Buna qeyri-müəyyənlik demə, şübhə de. Buna etibarsızlıq demə, azadlıq de.

CƏSARƏT NƏDİR?

Belə baxanda, qorxaqla cəsur şəxs arasında o qədər də fərq yoxdur. Tək fərq odur ki, qorxaq insan qorxularına qulaq asır və onları izləyir, cəsur insan isə onları kənara qoyub irəli gedir. Cəsur insan bütün qorxularına baxmayaraq qeyri-müəyyənliklərə doğru gedir.

Cəsurluq, bütün qorxulara rəğmən qeyri-müəyyənliyə tərəf getməkdir. Cəsarət, qorxusuzluq demək deyil. Qorxusuzluq, sən cəsarətli olmağa başlayanda və cəsur olmağa davam edəndə ortaya çıxır. Qorxusuzluq, cəsarətin ən son mərhələsidir. Qorxusuzluq, cəsarətin sonsuz olduğu vaxt ortaya çıxan gözəl qoxudur. Amma başlanğıcda, qorxaqla cəsur şəxs arasında o qədər də fərq yoxdur. Tək fərq odur ki, qorxaq insan qorxularına qulaq asır və onları izləyir, cəsur insan isə onları kənara qoyub irəli gedir. Cəsur insan bütün qorxularına baxmayaraq qeyri-müəyyənliklərə tərəf gedir. O, qorxuları bilir, qorxular oradadır.

Kolumb kimi kəşf edilməmiş dənizlərə girəndə qorxu olur, hədsiz qorxu, çünki nə baş verəcəyini heç kim bilmir. Təhlükəsiz sahilləri tərk edirsən. Bir tərəfdən hər şey mükəmməldir; çatışmayan bir şey var – macəra. Bilinməyən yönə addım atmaq sənə həyəcan verir. Ürək yenidən döyünməyə başlayır; yenidən canlanırsan, yaşadığını hiss edirsən. Varlığının hər hücrəsi canlanır, çünki bilinməyən şeylərin meydan oxumasını qəbul etmisən.

Bütün qorxulara baxmayaraq, bilinməyənin meydan oxumağını qəbul etmək cəsarətdir. Qorxular oradadır, amma sən təkrar-təkrar meydan oxumağı qəbul etsən, o qorxular yavaş-yavaş yox olur. Bilinməyən şeylərin gətirdiyi o sevinci yaşamaq, bilinməyənlə duymağa başladığın həyəcan səni güclü edər, zəkanı iti edər, müəyyən bir tamlığa çatmağına kömək edər. İlk dəfə hiss etməyə başlayarsan ki, həyat, təkcə, sıxıntılardan ibarət deyil, macəra doludur. Sonra yavaş-yavaş qorxular yox olar; sonra sən, həmişə macəra arxasınca qaçmağa başlayarsan.

Qısacası, cəsarət, naməlum üçün məlumu riskə atmaqdır; tanış olmayan üçün tanış olandan; narahatlıq üçün rahatlıqdan; naməlum bir final üçün hər kəsin bildiyi yollarla getməkdən imtina etməkdir. İnsan bacarıb-bacarmayacağını əsla bilməz. Bu, qumar oyunu kimidir, həyatın nə olduğunu təkcə qumarbazlar bilir.

CƏSARƏT TAO-SU

Həyat sənin məntiqini dinləməz; heç nəyə baxmadan yoluna davam edər. Sənsə həyatı dinləmək məcburiyyətindəsən; həyat sənin məntiqini dinləməz, sənin məntiqini vecinə almaz.

Həyata girdiyin vaxt nə görürsən? Böyük fırtına gəlir və nəhəng ağaclar aşır. Çarlz Darvinə görə onlar sağ qalmalıdır; çünki onlar ən güclü, ən qüvvətlidir. Qədim ağaca bax, üç yüz metr hündürlüyündə, üç min yaşında. Ağacın varlığı belə güc yaradır; güc və qüvvə hissi verir. Milyonlarla kök torpağın dərinliklərinə yayılıb, ağac böyük ehtişamla dayanıb. Əlbəttə ki, ağac mübarizə aparır – güzəştə getmək, təslim olmaq istəmir – amma güclü fırtınadan sonra aşır, məhv olur, artıq, sağ deyil, bütün qüvvəsi gedib. Fırtına həddindən artıq güclüydü. Fırtına, həmişə daha güclüdür, çünki fırtına bütövlükdən gəlir, ağac isə təkdir.

Sonra, balaca bitkilər və adi otlar var. Fırtına gəldiyi vaxt, otlar əyilir və fırtına onlara heç bir zərər verə bilmir. Uzaqbaşı, onları yaxşıca təmizləyir, bu qədər; üzərində yığılıb qalmış bütün çirki təmizləyib aparır. Fırtına otları yuyub təmizləyir. Amma fırtına bitəndən sonra balaca bitkilər və otlar yenə ucalır. Otların, demək olar ki, kökləri belə yoxdur, bunlar yalnız balaca uşaq tərəfindən belə çıxarıla bilər, amma fırtınanı məğlub ediblər. Nə baş verib?

Otlar Tao-nun yoluyla gediblər; Lao Tzu-nun yoluyla, nəhəng ağac isə Çarlz Darvinin yoluyla gedib. Nəhəng ağac çox məntiqli idi: Müqavimət göstərməyə çalışdı, gücünü göstərməyə çalışdı. Əgər sən gücünü göstərməyə çalışsan, məğlub olmağa məhkum olacaqsan. Bütün Hitlerlərin, Napoleonların, İskəndərlərin hamısı böyük, güclü ağaclar sayılırdı. Onların hamısı məğlubiyyətə uğradılacaqdı. Lao Tzular, balaca otlar kimidir; onları heç kim məğlub edə bilməz, çünki onlar həmişə güzəştə getməyə hazırdırlar. Təslim olan birini necə məğlub edə bilərsən?! "Mən, onsuz da məğlub edilmişəm", ya da "Qələbənizin ləzzətini çıxarın, cənab, narahatlıq yaratmağa ehtiyac yoxdur. Mən məğlubam". Hətta Böyük İskəndər belə Lao Tzu qarşısında özünü gücsüz hiss edəcək, heç nə edə bilməyəcək. Bu belə baş verdi; eynilə belə baş verdi...

Böyük İskəndər Hindistanda olduğu vaxtlar orada Dandamis adlı bir sannyasin, mistik yaşayırmış. Dostları İskəndərdən səfərdən qayıdarkən bir sannyasin gətirməyini istəyirlər, çünki o nadir çiçək, təkcə, Hindistanda böyüyüb çiçəkləyirmiş. Onlar, "Bizə çox şey gətirəcəksiniz, amma xahiş edirik, sannyasini unutmayın; biz, onun nə olduğunu görmək istəyirik, sannyasinin nə olduğunu tam olaraq bilmək istəyirik" deyiblər.

İskəndər, müharibələr, mübarizələr üzündən o qədər məşğul olur ki, sannyasini unudur. Geri qayıdarkən, düz Hindistan sərhədini tərk etmək üzrəykən birdən yadına düşür. Hindistanın ən son kəndindən çıxmaq üzrəymiş, ona görə əskərlərinə kəndə gedib bu ərazilərdə bir sannyasin olub-olmadığını soruşmaqlarını istəyib. Həmin vaxt, təsadüfən Dandamis də o kənddə, çay kənarındaymış. Adamlar, "Düz vaxtında gəlmisiniz. Bir neçə sannyasin var, amma əsl sannyasin çox nadir tapılır. O, hazırda bura-dadır. Gedib onu ziyarət edə, dərs ala bilərsiniz" deyiblər.

İskəndər gülərək, "Mən buraya dərs almağa gəlməmişəm, əskərlərim gedib onu alacaqlar və mən də onu ölkəmin pay-taxtına aparacağam", deyib.

Kəndlilər "Bu, o qədər də asan deyil..." deyə cavab veriblər.

İskəndər qulaqlarına inana bilmir, nə çətinlik ola bilərdi ki?! O, imperatorları məğlub edib, böyük krallıq-ları fəth etmişdi, bir dilənçiylə, bir sannyasinlə nə çətinlik yaşaya bilərdi?! Əskərlər çayın kənarında çılpaq dayanan Dandamisi görməyə gedirlər. Onlar: "Böyük İskəndər səni ölkəsinə dəvət edir. Ehtiyacın olan hər şey sənə veriləcək. Kral qonağı olacaqsan" deyirlər.

Çılpaq dərviş gülərək deyir: "Sən get və ustana de ki, özünə böyük deyən heç kim böyük ola bilməz. Heç kim məni heç yerə apara bilməz. Bir sannyasin bulud kimi hərəkət edər, tamamilə azad. Mən heç kimin köləsi deyiləm".

Əskərlər ona belə verirlər: "İskəndərin adını eşitmiş olarsan, çox təhlükəli adamdır. Əgər ona yox desən, bunu qəbul etməz, başını kəsər!"

Sannyasin onlara: "Ən yaxşısı, sizin onu buraya gətirməyinizdir, bəlkə onda mənim nə demək istədiyimi an-layar".

İskəndər onun yanına getmək məcburiyyətində qalır, çünki əskərlər geri dönüb ona belə demişdilər: "O, nadir şəxsdir, sanki parıldayır, ətrafında naməlumdan qaynaq-lanan nəsə var. Çılpaqdır, amma onun yanında çılpaqlığı hiss etmirsən, daha sonra xatırlayırsan. O, elə güclüdür ki, onun yanında bütün dünyanı unudursan. Cazibəsi var, ətrafında böyük sakitlik yaradıb və sanki ətrafındakı hər şey onun varlığından məmnunluq duyur. Diqqətəlayiq insandır, ancaq yazıq kişini gələcəkdə təhlükələr gözləyir, çünki heç kimin onu harasa apara bilməyəcəyini, heç kimin qulu olmadığını deyir".

İskəndər əlində qınından çıxmış qılıncıyla onu görməyə gedir. Dandamis gülərək deyir: "Qılıncını endir, burada faydasızdır. Qınına sal; o burada heç bir işə yaramaz, çünki sadəcə, bədənimi kəsə bilərsən, mənsə onu çoxdan tərk etmişəm. Sənin qılıncın məni kəsə bilməz, ona görə də onu aşağı sal; uşaqlıq etmə".

Deyilənlərə görə, İskəndər həyatında ilk dəfə kiminsə əmrini yerinə yetirir; çünki bu insanın hüzurunda kim olduğunu belə unutmuşdu. Qılıncını qınına salır və deyir: "Həyatımda bu qədər gözəl adama rast gəlməmişəm". Düşərgəyə geri qayıdanda fikirlərini belə izah etdi: "Ölməyə hazır olan adamı öldürmək çox çətindir. Onu öldürməyin mənası yoxdur. Vuruşan birini öldürərsən; onda öldürməyin bir mənası olar, amma ölməyə hazır olan, "Başım buradadır, kəsə bilərsən", deyən bir adamı öldürə bilməzsən".

Əslində, Dandamis belə demişdi: "Bu mənim başımdır, onu kəsə bilərsən. Başım yerə düşəndə onu qumların üstünə düşərkən görəcəksən, mən də eyni şeyi görəcəyəm, çünki mən bədən deyiləm. Mən şahidəm (ruham)".

İskəndər, bunu dostlarına danışdı: "Buraya gətirə biləcəyim sannyasinlər vardı, ancaq onlar sannyasin deyildi. Sonra, həqiqətən də tayı-bərabəri olmayan bir adama rast gəldim və siz doğru eşitmisiniz, bu çiçəyin tayı-bərabəri yoxdu, amma heç kim onu heç nəyə məcbur edə bilməz, çünki o ölümdən qorxmur. Ölümdən qorxmayan insana necə məcburən nəsə etdirə bilərsən?"

Səni qul edən şey sənin qorxularındır; öz qorxuların. Qorxusuz olduğun vaxt, artıq qul deyilsən; əslində, başqalarını, onlar səni qul etmədən qul olmağa məcbur edən şey sənin öz içindəki qorxudur.

Qorxusuz insan, nə başqalarından qorxur, nə də başqalarını qorxudur. Qorxu, tamamilə yox olur.

ÜRƏYİN YOLU

İngiliscə cəsarət mənasını verən *"courage"* kəlməsi çox maraqlıdır. Bu, latınca "ürək" mənasını verən "cor" kökündən gəlir. *"Courage"* kəlməsi "ürək" mənasını verən "cor" birləşməsindən əmələ gəlib "cəsur olmaq", "ürəklə yaşamaq" deməkdir. Qorxaqlar, sadəcə, qorxaqlar başlarıyla yaşayarlar. Qorxduqları üçün ətraflarında məntiqdən təhlükəsizlik divarı yaradarlar. Qorxularıyla hər qapı-pəncərəni bağlayarlar, bütün boşluqları örtərlər və bu bağlı qapılar arxasında gizlənərlər.

Ürəyin yolu qoçaqlığın yoludur. Təhlükəsizlik içində yaşamaqdır; sevgi və inam içində yaşamaqdır, naməlum məkanda hərəkət etməkdir. Keçmişi tərk edib, gələcəyin yaşanmasına imkan verməkdir. Cəsarət, təhlükəli yollarda hərəkət etməkdir. Həyat təhlükəlidir və təkcə qorxaqlar təhlükədən qaçar, amma onlar onsuz da ölüdürlər. Yaşayan insan, həqiqətən yaşayan, var olan insan həmişə bilinməyənə doğru gedər. Təhlükə var, amma o, risk edir. **Ürək, həmişə riskə getməyə hazırdır, ürək qumarbazdır. Baş isə biznesmendir. Baş həmişə hesablayar, çox hiyləgərdir.** Ürək isə hesab-kitabçı deyil.

İngiliscə "cəsarət" mənasını verən "courage" çox gözəl və maraqlı sözdür. "Ürəklə yaşamaq", "mənanı kəşf etmək" deməkdir. Şair ürəyi ilə yaşayar və yavaş-yavaş ürəyi ilə naməlum səslərə qulaq asmağa başlayar. Baş isə qulaq asa bilmir; o, bilinməyəndən çox uzaqdır. Baş bilinənlərlə doludur.

Fikrin nədir? O, bildiyin hər şeydir. O, keçmişdir, ölmüş və geridə qalmış şeylərdir. Fikir, yığılıb qalan keçmişdən başqa bir şey deyil, hafizədir. Ürək isə gələcəkdir; ürək həmişə ümiddir, ürək həmişə, haradasa, gələcəkdədir. Baş, keçmiş haqqında fikirləşir; ürək gələcəyi arzulayar.

Gələcək hələ gəlməyib. Gələcək hələ olmayıb. Gələcək, hələ ki, sadəcə, ehtimaldır; gələcəkdir, gəlməyə başlayıb belə. Yaşanan hər anda gələcək indiki zamana çevrilərkən yaşadığımız an isə keçmiş olur. Keçmişdə heç bir ehtimal yoxdur, o, artıq tükənib, ölüb, məzar kimidir. Gələcək toxum kimidir; o yaxınlaşır, dayanmadan gəlir, həmişə gəlir və yaşadığımız an ilə görüşür. Sən həmişə hərəkət edirsən. İndiki zaman gələcəyə doğru hərəkətdən başqa şey deyil. Sənin, artıq, atmış olduğun addımdır; gələcəyə doğru atılan addım.

DÜNYADA HƏR KƏS DÜRÜST OLMAQ İSTƏYİR, çünki dürüst olmaq o qədər böyük həzz və xoşbəxtlik gətirir ki, insan niyə saxta olsun ki?! Bir az daha dərin qavrayış üçün cəsarətin olmalıdır. **Niyə qorxursan? Dünya sənə nə edə bilər? Adamlar sənə gülə bilər; bu onlara yaxşı təsir edir, gülmək, həmişə dərmandır, sağlamlıqdır. Adamlar sənin dəli olduğunu fikirləşə bilər...** Onların səni dəli hesab etməsi sənin dəli olduğun mənasına gəlməz.

Əgər sevincin, göz yaşların rəqsində səmimisənsə, əvvəl-axır səni anlayacaq adamlar olacaq. Sonra onlar sənin karvanına qoşularlar. Mən bu yola tək çıxmışdım, sonra insanlar gəlməyə başladı və dünya səviyyəli karvana çevrildi!

Mən heç kimi dəvət etməmişəm; mən, sadəcə, ürəyimdən gələnləri, hiss etdiyim şeyləri etmişəm.

Mənim məsuliyyətim öz ürəyimdədir; dünyadakı başqa heç kimlə deyil. Sənin məsuliyyətin də, təkcə, öz varlığınladır. Onun əleyhinə getmə, çünki ona qarşı çıxmaq intihar etmək, özünü yox etmək deməkdir. Onsuz nə qazanacaqsan? Adamlar sənə hörmət etsə, sənin alicənab, nüfuzlu, ağıllı adam olduğunu fikirləşsə belə bunlar sənin varlığını bəsləməz. Həyata və onun möhtəşəm gözəlliklərinə dair nələrisə anlamağına kömək etməz.

Səndən əvvəl bu dünyada neçə milyon insan yaşayıb? Adlarını belə bilmirsən; onların yaşayıb-yaşamadıqları heç nəyi dəyişdirmir. Müqəddəslər və günahkarlar olub. Çox nüfuzlu adamlarla bərabər hər cür ekssentrik, başdanxarab insanlar da yaşayıb bu dünyada, amma hamısı yox olub, dünyada onlardan bircə iz belə qalmayıb.

Sənin yeganə məqsədin, ölüm bədənini və idrakını yox edəndə özünlə apara biləcəyin keyfiyyətlərə qayğı göstərib qorumaq olmalıdır, çünki bu keyfiyyətlər sənin tək dostların olacaq. Həqiqi dəyərlər, təkcə, onlardır və onları tapan insanlar yaşayarlar; digərləri yaşamağı imitasiya edərlər.

Qaranlıq bir gecədə KQB agenti Yussel Finkelşteynin qapısını döyür. Yussel qapını açır. KQB agenti qışqırır: "Yussel Finkelşteyn burada yaşayır?"

"Yox!"– pijama ilə qapıda dayanan Yussel cavab verir.

"Yox? Bəs sənin adın nədir?"

"Yussel Finkelşteyn".

KQB agenti onu yerə yıxır və deyir: "Bir az əvvəl burada yaşamadığını demədin sən?"

Yussel cavab verir: "Sən buna yaşamaq deyirsən?"

Sadəcə, yaşamaq, həmişə yaşamaq demək deyil. Həyatına bax. Onu hədiyyə, mövcudluğun hədiyyəsi hesab etmək olar? Bu həyatın təkrar-təkrar sənə verilməyini istəyərsən? **MÜQƏDDƏS KİTABLARA QULAQ ASMA** – öz ürəyinin səsini dinlə. Mənim tövsiyə edə biləcəyim tək kitabə budur: çox diqqətlə dinlə, ürəyini bütün varlığınla dinləsən heç vaxt səhv etməzsən. Ürəyinə qulaq assan heç vaxt bölünməzsən. Ürəyinin səsinə qulaq asdığın müddətcə nəyin doğru, nəyin yanlış olduğunu düşünmədən doğru yola addım atmağa başlayarsan.

Yeni insanlığın sənəti ürəyinin səsini diqqətlə, şüurla və hər şeyinlə dinləmə sirrindən ibarətdir. Səni haraya aparırsa onu izlə. Hə, bəzən səni təhlükələrə aparacaq; amma unutma, səni yetişdirmək üçün o təhlükələr lazımlıdır. Bəzən, səni yanlış yola salacaq, amma yenə unutma, o yanlış yollar sənin böyüməyinin bir parçası olacaq. Dəfələrlə yıxılacaq, yenidən qalxacaqsan, çünki insan belə güc toplayır – yıxılıb qalxaraq. İnsan belə bütünləşir.

Amma kənardan qoyulan qaydaları izləmə. Qoyulan heç bir qayda doğru ola bilməz, çünki qaydalar səni idarə etmək istəyən adamlar tərəfindən icad edilir! Bəli, bəzən, bu dünyada aydınlanmış, böyük insanlar da yaşayıb – Budda, İsa, Krişna, Məhəmməd kimi adamlar. Onlar dünyaya qayda qoymayıb, sadəcə, sevgilərini veriblər. Amma xeyli müddət sonra davamçıları bir yerə toplaşıb davranış kodeksləri yaratmağa başlayıblar. Usta getdikdən, işıq söndükdən sonra hamısı qaranlıqda qalır və əməl etmək üçün müəyyən qaydalar qoyurlar, çünki görmələrinə şərait yaradan işıq artıq yoxdur. Ona görə də indi onlar qaydalardan asılı olmaq məcburiyyətindədirlər.

İsa öz ürəyinin pıçıldadıqlarını etdi, amma xristianların etdikləri şey ürəklərinin dedikləri deyil. Onlar imitatorlardır[1] və imitasiya etməyə başladığın an öz insanlığını təhqir edirsən, öz Tanrını təhqir edirsən.

Heç vaxt imitator olma, həmişə orijinal ol, saxta olma. Amma bütün dünya bunlarla əhatələnib – saxtalarla.

Əgər orijinal olsan, həyat həqiqətən bir rəqsdir və sən orijinal olmaq üçün yaradılmısan. Krişnanın Buddadan nə qədər fərqli olduğunu düşün. Əgər Krişna Buddanın izi ilə getsəydi, biz, yer üzünün ən gözəl adamlarından birindən məhrum olacaqdıq. Ya da əgər, Budda Krişnanın yoluyla getsəydi, o, sadəcə, yazıq bir varlıq olardı. Buddanın fleyta çaldığını düşün! O, çoxlu adamın yuxusunu qaçırardı: O fleytaçı deyildi. Buddanı rəqs edərkən düşün; çox gülməli, absurd görünərdi.

Eyni şey Krişna üçün də keçərlidir. Əlində fleyta, başında tovuz quşu lələklərindən tacı, əynində gözəl paltarlar olmadan bir dilənçi kimi gözlərini yumub ağacın altında otursa, ətrafında oynayan heç kim olmasa, nə rəqs, nə mahnı olsa, Krişna çox məzlum, çox yazıq görünərdi. **Budda Buddadır, Krişna Krişnadır və sən də sənsən. Sən heç bir halda başqalarından daha aşağı səviyyəli deyilsən. Özünə, daxili SƏNinə hörmət elə və onun ardınca get.**

Və unutma, mən sənə həmişə doğru yola gedəcəyinin zəmanətini vermirəm. Dəfələrlə, bir çox şey səni yanlış yola yönləndirəcək, çünki doğru qapıya gəlmək üçün insan əvvəlcə bir çox yanlış qapını döyməlidir. Əgər qəfildən doğru qapıya rast gəlsən, onun doğru qapı olduğunu anlaya bilməzsən. Ona görə də yadda saxla, son həddə qədər heç

---
[1] Təqlid edən

bir səy boşuna deyil; hər səy, hər cəhd sənin inkişafının kulminasiya nöqtəsinə çatmağına öz töhfəsini verir.

Qərarsız olma. Yanlış yola getdiyinə görə narahat olma. Problemlərdən biri budur: İnsanlara heç vaxt səhv etməmələri öyrədilir, onlar da səhv etməkdən o qədər qorxmağa başlayırlar ki, heç bir şey etmirlər. Yanlış nəsə baş verə bilər deyə hərəkət etmirlər. Beləliklə, onlar qaya kimi olurlar, hərəkət qabiliyyətlərini itirirlər.

Mümkün qədər çox səhv et, amma tək bir şeyi yadda saxla: eyni səhvi təkrarlama. Onda inkişaf edə bilərsən. Aza bilmək azadlığın bir parçasıdır. Tanrıya qarşı çıxmaq belə ləyaqətinin bir parçasıdır. Bəzən Tanrıya qarşı çıxmaq belə gözəldir. Bu halda "onurğa sütununa" malik olmağa başlayarsan; əks təqdirdə, milyonlarla onurğasız adam var, onlardan biri olarsan.

Sənə deyilmiş hər şeyi unut: "Bu düzdür və bu səhvdir!" Həyat o qədər dəqiq deyil. Bu gün düz olan bir şey, sabah səhv ola bilər; hazırda yanlış olan bir şey, bir neçə saniyə sonra doğru ola bilər. Həyat o qədər asan təsnif edilə bilməz: "Bu doğrudur və bu yanlışdır". Həyat etiket deyil, ya da hər şüşənin üzərində nişan olan və nəyin nə olduğu məlum olan aptek də deyil. Həyat başdan-başa sirdir.

Mənim doğruluğa verdiyim tərif nədir? Mövcudluqla ahəngdar olan doğrudur və mövcudluqla ahəngdar olmayan yanlışdır. Hər an hazır olmalısan, çünki qərar anında verilməlidir. Nəyin doğru, nəyin yanlış olduğu haqqında hazır cavablara güvənə bilməzsən. Təkcə axmaq adamlar hazır cavablara güvənir, çünki onda onların ağıllı olmalarına ehtiyac olmur, orada ehtiyac yoxdur. Nəyin doğru, nəyin yanlış olduğunu onsuz bilirsən, siyahını yadda saxlaya bilərsən; siyahı o qədər də uzun deyil.

On hökm: Bu çox sadədir! – Sən nəyin doğru, nəyin yanlış olduğunu bilirsən. Amma hər şey mütəmadi olaraq dəyişir. Əgər Musa dünyaya yenidən gəlsəydi, eyni "On əmr"i verəcəyini düşünmürəm; verə bilməz. Aradan üç min il keçəndən sonra eyni əmrləri necə vermək olar? Yeni nələrsə icad etməli olacaq.

Amma mənim anlayışıma görə, nə vaxt belə əmrlər verilsə insanlar üçün çətinliklər yaradırlar, çünki verildikləri vaxt belə köhnəlmiş olurlar. Həyat çox sürətlə irəliləyir; dinamikdir, statik deyil. Həyat durğun su deyil; Qanq kimi daima axan çaydır. İki an heç vaxt bir-biri ilə eyni ola bilməz. Ona görə də bu an doğru olan bir şey, növbəti anda doğru olmaya bilər.

Onda nə etmək lazımdır? Ediləcək tək mümkün şey adamları, bu dəyişən həyata necə reaksiya verəcəklərinə, ancaq özlərinin qərar verə biləcəyinə xəbərdar etməkdir.

Zen hekayəsi:

Bir-birinə rəqib iki məbəd varmış. Bu məbədlərin baş keşişləri – onlar, sadəcə, sözdə keşiş imişlər, həqiqi keşiş belə ola bilməz – bir-birinin o qədər əleyhinə olublar ki, şagirdlərinə digər məbədə baxmağı belə qadağan edibmişlər.

Bu iki keşişin də hərəsinin bir dənə oğlan uşağı xidmətçisi varmış, onların bütün tapşırıqlarını bu xidmətçilər yerinə yetirirmiş. Birinci məbədin keşişi öz xidmətçisinə: "Digər xidmətçi ilə heç vaxt danışma. Onlar təhlükəli adamlardır" demişdi.

Amma uşaqlar bütün hallarda uşaqdırlar. Yolda rast-laşırlar və birinci məbədin xidmətçisi o birindən soruşur: "Hara gedirsən?"

Digəri cavab verir: "Külək məni haraya aparsa". Yəqin ki, məbəddə söylənilən Zen hekayələrini yaxşı dinləyirmiş: "Külək məni haraya aparsa" deyir. Tərtəmiz Tao, möhtəşəm fikirdir!"

Birinci oğlan çox pərt olur, utanır və cavab tapa bilmir. Məyus olur, hirslənir və özünü günahkar hiss edir... "Ustam bu adamlarla danışmamağımı istəmişdi. Bu adamlar, həqiqətən də təhlükəlidirlər. Bu nə cür cavabdır? Məni təhqir etdi".

Ustasının yanına gedib baş verənləri danışır: "Onunla danışdığım üçün üzr istəyirəm. Haqlıymışsınız, o adamlar, həqiqətən də çox qəribədirlər. Bu nə cür cavabdır? Ona haraya getdiyini soruşdum – sadə, formal sual – onun, eynən mənim kimi, bazara getdiyini bilirdim. Amma o, "Külək məni haraya aparsa" cavabını verdi".

Usta danışmağa başlayır: "Səni xəbərdar etmişdim, amma qulaq asmadın. İndi qulaq as; sabah yenə eyni yerdə dayan. O gəldiyi vaxt "Haraya gedirsən?" deyə soruş, sənə "Külək məni haraya aparsa" cavabını verəcək. Onda sən də fəlsəfi cavab verməlisən. "Ayaqların yoxdu?" deyərsən, çünki ruh bədənsizdir və külək ruhu heç bir yerə apara bilməz – "Buna nə deyirsən"?" deyir.

Xidmətçi oğlan tamamilə hazır olmaq istəyirdi; bütün gecə bu fikirləri dəfələrlə təkrarlayır. Növbəti gün səhər tezdən oraya gedir və düz həminki yerdə dayanıb gözləməyə başlayır, digər oğlan da düz vaxtında gəlir. Birinci uşaq özünü çox xoşbəxt hiss edir, indi ona həqiqi fəlsəfənin nə olduğunu göstərəcək: "Haraya gedirsən?" sualını verir və gözləyir...

İkinci xidmətçi oğlan isə soyuqqanlı şəkildə cavab verir: "Bazardan tərəvəz almağa gedirəm".

İndi o, öyrəndiyi fəlsəfəni neyləyəcəkdi?!

Həyat belədir. Ona görə də hazırlaşa bilməzsən, onu hazır şəkildə gözləyə bilməzsən. Gözəlliyi budur, mənası budur, səni həmişə təəccübləndirir, sürprizlərlə doludur. Əgər gözlərin varsa, hər anın sürprizlərlə dolu olduğunu və heç bir əvvəlcədən hazırlanmış cavabın tətbiq oluna bilmədiyini görürsən.

ZƏKANIN YOLU

Zəka canlılıqdır, öz-özündən əmələ gəlir. Açıqlıqdır, qərəzsizlikdir, hər hansı nəticəni gözləmədən yaşama cəsarətidir. Mən niyə onu cəsarət adlandırıram? O bir cəsarətdir, çünki nəticəyə görə hərəkət edəndə, o nəticə səni qoruyar; nəticə sənə təhlükəsizlik, güvən hissi verir. Onu çox yaxşı bilirsən, necə gələcəyini bilirsən, onda çox effektivsən. Nəticəsiz fəaliyyət göstərmək günahsızlıq içində fəaliyyət göstərməkdir. Heç bir təminat yoxdur; səhv edə bilərsən, aza bilərsən.

Həqiqət adlandırılan şeyi araşdırmağa hazır olan adam da bir çox səhv etməyə, bu riski etməyə də hazır olmalıdır. Bu yolda aza da bilər, amma insan həqiqətə belə çatır. Getdiyin yolda bir neçə dəfə azanda adam azmamağı öyrənir. **Bir çox səhv edərək insan səhvin nə olduğunu öyrənir və necə etməyəcəyini görür. Səhvin nə olduğunu bilərək adam həqiqətə daha da yaxınlaşır. Bu fərdi araşdırmadır; başqalarının gəldiyi nəticəyə güvənə bilməzsən.**

SƏN FİKİRSİZ DOĞULMAMISAN. Bunun ürəyinin dərinliklərinə kimi getməsinə imkan ver; çünki bunun sayəsində bir qapı açılır. Əgər fikirsiz doğulsaydın, onda fikir ictimai məhsul olardı. Təbii şey deyil; sonradan yaradılan. O sənin başınla bir yerdə yaradılıb. Ürəyinin dərinliklərində isə hələ də azadsan, bundan xilas ola bilərsən. İnsan təbiətindən kənara çıxa bilməz; amma süni bir şeydən qərarını verdiyin an xilas ola bilərsən.

Mövcudluq düşüncədən əvvəl gəlir. Belə ki, mövcudluq zehni vəziyyət deyil, ondan kənar haldır. *Olmaq* kökdə olanı qavramağın yoludur; düşünmək deyil. Elm düşünmək deməkdir, fəlsəfə düşünmək deməkdir, ilahiyyat düşünmək deməkdir. Dini yanaşma düşünmək demək deyil. Bu daha səmimi məsələdir; səni reallığa daha yaxın edər. Bütün maneələri aşar, zəncirləri qırar; həyatın içinə axmağa başlayarsan. Özünü kənardan baxan, ayrı bir şey olduğunu düşünməzsən. Özünü müşahidəçi, uzaq, soyuq düşünməzsən. Tanış olar, qaynayıb-qarışar və reallıqla birləşib bütövləşərsən.

Bilməyin başqa növü də var. Buna "bilik" demirlər. O, daha çox sevgi, daha az bilik kimidir. O qədər səmimidir ki, "bilik" sözü onu izah etməyə kifayət deyil. "Sevgi" kəlməsi daha münasibdir, daha yaxşı ifadə edər.

İnsan şüuru tarixində inkişaf edən ilk şey sehrdir. Sehr, elm ilə dinin qarışığıdır. Sehrdə həm fikirdən, həm də fikirsizlikdən nələrsə var. Sonra sehrdən fəlsəfə yarandı. Daha sonra isə fəlsəfənin içindən elm əmələ gəldi. Sehr həm fikirsizlik, həm fikirdir. Fəlsəfə, təkcə, fikirdir. Nəhayət, fikirlə təcrübə birləşərək elm oldu. Dindarlıq isə fikirsizlik vəziyyətidir.

Dindarlıq və elm, həqiqəti tapma yolunda iki yanaşmadır. Elm, məsələyə ikinci yollar üzərindən yanaşmağa çalışır; dindarlıq isə birbaşa. Elm, dolayı yaxınlaşmadır; dindarlıq isə birbaşa yaxınlaşma. Elm ətrafında fırlanarkən, dindarlıq həqiqətin ürəyinə ox kimi sancılmağa çalışır.

Bir neçə şey də var... Düşüncə, ancaq bilinən şeyləri düşünə bilir; artıq çeynənmiş olanı çeynəyir. Düşüncə heç vaxt orijinal ola bilməz. Məlum olmayan şeyi necə düşünə bilərsən? Düşünməyi bacardığın hər şey bilinənə aid olacaq. Yalnız bildiyin üçün düşünə bilərsən. Düşüncə ən yaxşı ehtimalla yeni kombinasiyalar yarada bilər. Səmada uçan qızıl at haqqında düşünə bilərsən; amma burada yeni heç nə yoxdur. Səmada uçan quşları bilirsən, qızılı bilirsən, atı bilirsən; sən, sadəcə, üçünü birləşdirirsən. Düşüncə, ən çoxu, yeni kombinasiyalar təsəvvür edə bilər, amma naməlum bir şeyi bilə bilməz. Bilinməyən onun kənarında qalır. Çeynənmiş olanı təkrar-təkrar çeynəyir. Düşüncə heç vaxt orijinal deyil.

Reallıqla birbaşa olaraq, hər hansı vasitəçi olmadan üzləşmək, sanki mövcud olan ilk insan kimi həqiqətə çatmaq: bax, bu azadlaşdırar. Onun bu yeniliyi azadlaşdırar. **HƏQİQƏT TƏCRÜBƏDİR, İNANC DEYİL.** Həqiqət, haqqında araşdırma aparılıb öyrəniləcək şey deyil; həqiqətlə qarşılaşmaq lazımdır, həqiqətlə üzləşmək lazımdır. Sevgini dərs kimi oxuyub öyrənməyə çalışan insan, eynən, Himalay dağlarına xəritədən baxaraq öyrənməyə çalışan insan kimidir. Xəritə dağ deyil! Xəritəyə inanmağa başlasan, dağdan yayınmağa başlayarsan. Əgər xəritə səninçün qopa bilmədiyin bir şeyə çevrilsə, dağ gözünün qarşısında belə olsa onu görməyəcəksən.

Bu belədir. Dağ qarşındadır, amma sənin gözlərin xəritələrlə doludur; dağın xəritələri, eyni dağın müxtəlif tədqiqatçılar tərəfindən çəkilmiş xəritələri ilə. Kimsə dağa şimaldan qalxıb, kimsə şərqdən. Hərəsi də müxtəlif xəritələr hazırlayıblar: Quran, İncil, Gita – eyni həqiqətin müxtəlif xəritələrini... Amma sən xəritələrlə o qədər dolusan ki, onların ağırlığı kürəyində o qədər ağır yük yaradıb ki, bir düym belə hərəkət edə bilmirsən. Düz qarşında dayanan dağı belə görə bilmirsən: səhər günəşində əl dəyməmiş qarlı zirvəsi qızıl kimi parıldayır. Səndə onu görəcək gözlər yoxdur.

Qərəzli göz kordur, gəlinmiş nəticələrlə dolu ürək ölüdür. Həddindən çox həqiqiliyi mühakimə oluna bilməz ehtimalı doğru qəbul edəndə zəkan itiliyini, gözəlliyini itirməyə başlayır. Kütləşir.

Küt zəkaya ağıl deyilir. Sənin ziyalı adlandırdıqların, əslində, həqiqətən də zəki deyillər, sadəcə, ağıllıdırlar. Ağıl isə meyitdir. Sən onu bəzəyə bilərsən, böyük mirvarilər, almazlar, zümrüdlərlə bəzəyə bilərsən, amma meyit hələ də meyitdir.

Sağ olmaq, tamamilə, başqa məsələdir.

ELM DƏQİQ, ŞÜBHƏSİZ OLMALIDIR, faktlar barədə dəqiq olmaq mənasında. Həqiqətlər haqqında çox dəqiq olsan, onda sirri hiss edə bilməzsən: nə qədər dəqiq olsan, sirr o qədər buxarlanıb yox olar. Sirrin bir az qeyri-müəyyənliyə ehtiyacı var; sirrin təyin olunmamış, sərhədləri çəkilməmiş bir şeyə ehtiyacı var. Elm faktikidir; sirr faktiki deyil, ekzistensialdır.

Həqiqət, mövcudluğun, sadəcə, bir hissəsidir, çox kiçik bir hissəsi və elm, hissələrlə məşğul olur, çünki hissələrlə məşğul olmaq daha asandır. Daha kiçik olduğu üçün analiz edə bilərsən; onlar tərəfindən ələ keçirilə bilməzsən, sən özün onları ələ keçirə bilərsən. Onları kiçik hissələrə ayıra bilərsən, təhlil edə bilərsən, onlara nişan vura bilər, onların keyfiyyətləri, miqdarları, xüsusiyyətləri, imkanları haqqında məlumatlara əmin ola bilərsən – amma bu müddət ərzində sirr öldürülür. **Elm, sirrin öldürülməsidir.**

Sirri yaşamaq istəyirsənsə başqa qapıdan girməlisən, tamamilə, fərqli ölçüdən. Fikrin ölçüsü, elmin ölçüsüdür.

Meditasiyanın ölçüsü isə möcüzəvi olanın, sirli olanın öl-çüsüdür.

Meditasiya hər şeyi qeyri-müəyyən edər. Meditasiya səni naməlum, xəritədə olmayan yerlərə aparar. Meditasiya səni yavaş-yavaş müşahidəçi ilə müşahidə edilənin əriyib birləşdiyi nöqtəyə aparar. Elmdə bu mümkün deyil. Müşahidəçi, müşahidəçi olmaq məcburiyyətindədir və müşahidə edilən isə müşahidə edilən olmaq məcburiyyətindədir; aradakı dəqiq müəyyən edilmiş xətt daima qorunmalıdır. Bir an belə özünü unutmamalısan; hər an araşdırmaqda olduğun obyektlə maraqlanmalı, ehtirasla, əriyərək, təslim olaraq və sevgiylə ona yaxınlaşmalısan. Ondan ayrı olmalısan, çox soyuq olmaq məcburiyyətindəsən və tamamilə laqeyd yanaşmalısan. Laqeydlik sirri öldürür.

Əgər sən həqiqətən də sirli olanı təcrübədən keçirmək istəyirsənsə, onda varlığında yeni qapı açmalı olacaqsan. Sənə alimlikdən əl çək demirəm; sadəcə, elm səninçün periferik fəaliyyət olaraq qalsın. Laboratoriyada elm adamı ol, amma, laboratoriyadan çıxanda isə elmlə bağlı hər şeyi unut. Onda quşları dinlə, amma elmi yolla deyil! Çiçəklərə bax; elmi yolla yox, çünki bir gülə elmi nəzərlərlə baxsan, əslində tamamilə fərqli şeyə baxmış kimi olarsan. O, şairin gördüyü güllə eyni deyil.

Təcrübə obyektdən asılı olmur, təcrübə onu yaşayandan, yaşananların keyfiyyətindən asılıdır.

ÇİÇƏYƏ BAXARKƏN ÇİÇƏK OL; çiçəyin ətrafında rəqs et, mahnı oxu. Külək sərindir, əsir, günəş istidir və çiçək inkişafının ilkin mərhələsindədir. Çiçək küləkdə rəqs edir, mahnı oxuyur, ilahi nəğmələr səsləndirir. Ona qoşul. Laqeydlikdən, obyektivlikdən, ayrı dayanmaqdan uzaqlaş. Bütün elmi yanaşmalardan uzaq dur. Bir az daha axıcı ol, bir az yumşaq hala gəl, sərhədlərini aradan götür. İmkan ver çiçək ürəyinlə danışsın, imkan ver çiçək varlığına hopsun. Onu dəvət et – o, qonaqdır! Ancaq o vaxt sirrin dadına baxmış olarsan.

Sirrə tərəf aparan ilk addım budur və son addım da budursa: bir anlıq iştirakçı ola bilsən, açarın nə olduğunu öyrənmiş olar, sirrini açarsan. Ondan sonra etdiyin hər şeyi iştirakçı olaraq et. Gəzmək: bunu mexaniki olaraq etmə, özünü müşahidə edərək gəzmə; gəzmək ol. Rəqs etmək, texniki olaraq oynama, texnika qəbul edilməyəndir. Texniki olaraq doğru olsan belə bütün ləzzətini qaçırırsan. Özünü rəqsin içində ərit, rəqsin özü ol, rəqqas haqqında hər şeyi unut.

Həyatının bir çox sahəsində belə dərin bütünləşmələr baş verməyə başlayanda, ətrafındakı hər şey yox olmağa başlaması ilə möhtəşəm təcrübələrə sahib olmağa başlayanda, eqosuz, heç nə olaraq... çiçək oradadır və sən yoxsan, göy qurşağı oradadır və sən yoxsan... içində və ətrafındakı səmada buludlar dolaşır və sən yoxsan... sənin yerinə tam sakitlik olanda – içində heç kim yoxkən, məntiq, düşüncə, emosiya, hiss tərəfindən korlanmamış, təkcə təmiz səssizlik, bakir sükunət varkən – meditasiya anına çatırsan. Fikir gedib və fikir gedəndə sirr içəri girər.

ETİBARIN YOLU

ETİBAR ƏN BÖYÜK ZƏKADIR. Adamlar niyə etibar etmir? Çünki onlar öz zəkalarına etibar etmirlər. Qorxurlar, aldadılmaqdan qorxurlar. Qorxurlar; ona görə şübhə edirlər. Şübhə qorxudan qaynaqlanır. Şübhə, öz zəkandakı bir növ etibarsızlıqdan qaynaqlanır. Etibar edə biləcəyindən əmin olmadığına görə etibara arxayın ola bilmirsən. Etibarın, böyük zəkaya, cəsarətə və bütünlüyə ehtiyacı var. Onun dərinliyinə enmək üçün böyük ürəyə ehtiyac duyulur. Əgər kifayət qədər zəki deyilsənsə, şübhə edərək özünü qoruyarsan.

Əgər zəkan varsa naməluma addım atmağa hazırsan; çünki əgər bütün məlum dünya yox olsa və naməlumun ortasında tək qalsan belə orada yaşaya biləcəyini bilirsən. Naməlumun içində özünə yuva qura bilərsən. Zəkana güvənirsən. Şübhə müdafiədədir; zəka özünə hər qapını açıq saxlayar, çünki o, "Nə olmağından asılı olmayaraq mübarizəni qəbul edirəm, adekvat cavab verə biləcəyimi bilirəm" deyə bilir. Adi fikrin belə bir güvəni yoxdur. Biliyi ortadır.

Bilməmə vəziyyətində olma zəkadır, həssaslıqdır və bu, qeyri-kumulyativdir. Yaşanan hər an yox olur, arxasında heç bir iz qoymaz, heç bir mövcudluq izi qoymadan yox olur. İnsan onun içindən yenidən daha təmiz, daha günahsız, uşaq kimi çıxar.

Həyatı anlamağa çalışma. Onu sev! Sevgini anlamağa çalışma. Sevgiyə doğru hərəkət et. Onda biləcəksən – və o bilik, sənin yaşadıqlarından üzə çıxar. Bu bilik, sirri heç vaxt yox etməz: nə qədər bilirsən bil, daha çoxunun bilinmək üçün gözlədiyini bilirsən.

Həyat problem deyil. Onu problem hesab etmək yola yanlış addımla başlamaqdır. O, yaşanacaq, seviləcək, sınaqdan keçiriləcək bir sirdir.

Əslində, mütəmadi olaraq açıqlama arxasınca qaçan fikir, qorxmuş fikirdir. O böyük qorxu səbəbindən hər şeyin açıqlamasını istəyir. Özünə izah edilmədən heç nəyə addım ata bilməz. İzahatlar sayəsində, artıq, o sahə tanış gəlir; artıq, coğrafiyasını bilir, artıq, əlindəki xəritəyə, bələdçiyə və cədvəllə hərəkət edə bilir. Heç vaxt xəritəsiz, bələdçisiz, naməlum bir ərazidə addım atmağa hazır deyil. Amma həyat belədir və mütəmadi olaraq dəyişdiyi üçün xəritəsini çəkmək mümkün deyil. Hər an, indiki zamandır. Günəş altında köhnə heç nə yoxdur, sənə deyirəm ki, hər şey yenidir. Tam hərəkətdə olan, inanılmaz dinamizmdir. Təkcə, dəyişiklik daimidir, təkcə, dəyişiklik heç vaxt dəyişməz.

Hər şey dəyişməyə davam edər, ona görə xəritən olmaz; xəritə hazır olduğu an, artıq köhnəlmişdir. Xəritə əlinə keçdiyi an, artıq faydasız olar, çünki həyat yolunu dəyişdirmişdir. Həyat yeni oyun oynamağa başlamışdır. Xəritələrlə həyatın öhdəsindən gələ bilməzsən; çünki həyat ölçülə bilən deyil, bələdçi kitablarla məsləhətləşərək də həyatın öhdəsindən gələ bilməzsən; çünki bu kitablar, ancaq hər şey sabit olduğu vaxt keçərlidir. Həyat sabit deyil, dinamikdir, davam edən prosesdir. Onun xəritəsinə sahib ola bilməzsən. Bu ölçülə bilən deyil, bu ölçülməyən sirdir. İzahat gözləmə.

Mən buna fikrin yetkinliyi deyirəm: İnsanın həyata heç bir sual vermədən baxdığı və cəsarətlə, qorxu hiss etmədən içinə atıldığı vaxtdır.

BÜTÜN DÜNYA SAXTA DİNDARLARLA DOLU-DUR: Kilsələr, məbədlər, məscidlər dindar insanlarla doludur. Dünyanın tamamilə dinsiz olduğunu görə bilmirsən? Bu qədər çox dindar insan varkən dünya dindarlıqdan məhrumdur; belə möcüzə necə ola bilir? Hər kəs dindardır, amma hamısı dindən məhrumdur. Din saxtadır. Adamlar "süni" etibara sahibdirlər. Etibar təcrübə deyil, inanc olub. Onlara inanmaları öyrədilib, onlara bilmələri öyrədilib; insanlığın uduzduğu nöqtə də budur.

Heç vaxt inanma. Əgər etibar etmirsənsə, şübhə etmək daha yaxşıdır, çünki şübhə sayəsində nə vaxtsa etibar etmə ehtimalı yaranacaqdır. Əbədi olaraq şübhəylə yaşaya bilməzsən. Şübhə xəstəlikdir; bu rahatsızlıqdır. Şübhə edərkən heç vaxt razı qalmadığını hiss edərsən; şübhə edərkən həmişə titrəyərsən; şübhə edərkən həmişə sıxıntı içində, bölünmüş və qətiyyətsiz qalarsan. Şübhə edərkən, mütəmadi olaraq, qarabasma yaşayarsan. Ona görə də bir gün bundan necə xilas olacağının axtarışına başlayarsan. Buna görə də mən deyirəm ki, teist olmaqdansa, psevdo-teist[1] olmaqdansa ateist olmaq daha yaxşıdır.

Sənə inanmaq öyrədildi; uşaqlıqdan etibarən hamının fikri inanmağa şərtləndirildi: Tanrıya inan, ruha inan, ona inan, buna inan. Artıq, bu inam sümüklərinə və qanına girib, amma hələ də inanc olaraq qalır; sən bilməmisən. Və bilmədən azad edilə bilməzsən. Bilik azadlaşdırır, təkcə, bilmək azadlaşdırır. **Bütün inanclar borc alınır; sənə**

---

[1] Saxta inanca sahib olan.

başqaları tərəfindən verilib, onlar sənin içində açan **çiçəklər deyil. Borc götürülən şey səni necə həqiqətə apara bilər, mütləq həqiqətə?** Başqalarından aldığın hər şeyi kənara at. Dilənçi olmaq zəngin olmaqdan yaxşıdır. Öz alın tərinlə qazandıqlarınla deyil, oğurluq şeylərlə; borc alınmış şeylərlə zəngin olmaq, ənənələrlə zəngin olmaq, mirasla zəngin olmaqdansa, dilənçi olmaq daha yaxşıdır. Kasıb, amma özünə məxsus şeylərlə olmaq daha yaxşıdır. O kasıblığın bir zənginliyi var, çünki həqiqidir və sənin inancının zənginliyi isə çox kasıbdır. O inancların heç vaxt çox dərinə getməz; ən çoxu səthdə qalarlar. Bir az qurdalayanda da inancsızlıq ortaya çıxar.

Tanrıya inanırsan; sonra işlərin uğursuzluğa uğrayanda qəfil inamsızlıq ortaya çıxar. "İnanmıram, Tanrıya inana bilmirəm" deyirsən. Tanrıya inanırsan və çox sevdiyin adam öləndə inancsızlıq meydana çıxır. Tanrıya inanırsan və təkcə sevdiyin bir adamın ölməsiylə bu inanc məhv olur? O qədər də əhəmiyyəti yoxdur. Etibar, heç vaxt məhv edilə bilməz, heç nə onu yox edə bilməz. Heç nə, birmənalı olaraq heç nə onu məhv edə bilməz.

Ona görə də unutma, etibarla inanc arasında çox böyük fərq var. **Etibar fərdi məsələdir; inanc isə ictimai. Etibarın içində inkişaf etmək məcburiyyətindəsən; inancın içində olduğun kimi qala bilərsən, necəsənsə elə də qalarsan, inanc sizə qəbul etdirilir. İnanclardan uzaq durun.** Onda qorxu meydana çıxacaq, çünki əgər inancdan uzaqlaşarsansa, şübhə doğular. Hər inanc şübhəni hardasa gizlənməyə məcbur edər; şübhəni sıxışdırır. Bu səni narahat etməsin; qoy şübhə gəlsin. Hər kəs günəş işığını görmək üçün qaranlıq gecədən keçmək məcburiyyətindədir. Hər kəs şübhədən keçməlidir. Səfər uzun, gecə isə qaranlıqdır.

Ancaq uzun səfər sona çatdıqdan və günəş doğulandan sonra anlayacaqsan ki, buna dəyərmiş. Etibar "yetişdirilə bilməz", heç vaxt onu əkin kimi becərməyə çalışma; bütün insanlıq tərəfindən edilən şey budur. Yetişdirilmiş etibar, inanca çevrilir. Etibarı öz içində kəşf et; onu yaratma. Varlığının daha da dərinliyinə get, varlığının əsl qaynağına və onu kəşf et.

AXTARIŞ ETİBARA EHTİYAC DUYACAQ, çünki naməlum yerlərə girəcəksən. Çox böyük etibar və cəsarət tələb edəcək, çünki ənənəvi və məlum olandan uzaqlaşırsan; izdihamdan uzaqlaşırsan. Sahilsiz dənizə girəcəksən və başqa sahilin olub-olmadığı məlum deyil.

Etibara sahib olma məsələsinə hazırlamadan səni belə bir axtarışa göndərə bilməzdim. Bu, bir az ziddiyyətli görünəcək, amma nə edə bilərəm? – Həyat belədir. Təkcə, böyük etibara sahib insan böyük şübhəyə, böyük axtarışa sahib ola bilər.

Çox az etibara sahib olan insan, çox az da şübhə edə bilər. Heç bir etibarı olmayan insan, təkcə, özündən şübhə edər. Dərin axtarışa girə bilməz. Dərinlik etibardan irəli gəlir və bu, bir riskdir.

Səni bu xəritəsiz dənizə göndərməzdən əvvəl, sənin tək getməli olacağın bu səfərə hazırlamaq məcburiyyətindəyəm – amma səni qayığına qədər apara bilərəm. Əvvəlcə etibarın gözəlliyini və ürəyin yolunun ləzzətini bilməlisən; beləliklə, həqiqətin sahilsiz okeanına girəndə davam edəcək cəsarətə sahib olacaqsan. Nə baş verirsə versin, özünə olan güvənin kifayət qədər olacaq.

Təkcə bunu anla: özünə güvənmirsənsə, başqasına, ya da başqa şeyə necə güvənə bilərsən? Qeyri-mümkündür. Əgər özündən şübhələnirsənsə, necə güvənə bilərsən?

Güvənməli adam sənsən və sən özünə güvənmirsən; onda öz güvəninə necə güvənəcəksən? Ağıl zəkaya çevrilmədən əvvəl ürəyin açılmış olması zəruridir. Ağıl ilə zəka arasındakı fərq budur.

Zəka, ağlın ürəklə harmoniyasıdır.

Ürək necə etibar edəcəyini bilir.

Ağıl necə axtarış edəcəyini bilir və axtarır.

Qədim bir şərq hekayəsi var:

Kəndin kənarında iki dilənçi yaşayarmış. Biri kormuş, o birinin də ayaqları yoxmuş. Bir gün kəndin kənarında, dilənçilərin yaşadığı yerə yaxın meşədə yanğın baş verir. Əlbəttə ki, onlar həm də rəqib imişlər, eyni sənətdə, – eyni insanlardan dilənirmişlər. Tez-tez bir-birinə hirslənirmişlər. Onlar dost deyil, düşmənmişlər.

Eyni sənətdə olan insanlar dost ola bilməzlər. Bu çox çətindir, çünki rəqabət məsələsidir; kiminsə müştərilərini əlindən alırsan. Dilənçilər müştərilərini nişan vurur: "Yadda saxla, bu mənim adamımdır; onu narahat etmə". Sən hansı dilənçiyə mənsub olduğunu, hansı dilənçinin sənə yiyələndiyini bilməzsən, amma küçədəki bir dilənçi sənə sahib çıxıb. Bəlkə də mübarizə aparıb və ola bilsin ki, döyüşüb, döyüşü qazanıb və sən, artıq, onun mülküsən...

Universitetin yaxınlığında həmişə yaşlı bir dilənçi görürdüm; bir gün onu bazarda gördüm. O, həmişə orada, universitetin ətrafındaydı, çünki cavan adamlar daha əliaçıq olur; yaşlı adamlar yavaş-yavaş xəsisləşməyə başlayırlar, daha qorxaq olurlar. Ölüm yaxınlaşmaqdadır və artıq pul kömək edə biləcək tək şey olaraq görünür. Onların pulu varsa, başqaları belə onlara kömək edə bilər; əgər pulları yoxdursa öz oğulları, qızları belə onları vecinə almayacaq. Amma cavan adamlar bədxərc olurlar. Onlar gəncdir, qazana bilərlər; həyatları oradadır, irəlidə yaşa-nacaq uzun həyat var.

O, varlı dilənçiydi, çünki Hindistanda ancaq var-lı ailələrin uşaqları universitet səviyyəsinə çata bi-lir; əks təqdirdə isə onlar universitetdə oxumaq üçün mübarizə aparmalıdırlar. Çox az sayda kasıb adamlar da universitetə gedə bilər, amma bu çox ağrılı, çətindir. Mən də kasıb ailədənəm. Bütün gecə bir qəzetdə redaktor işləyib gündüzləri universitetə getmişəm. İllərlə gündə 3-4 saatdan artıq yata bilməmişəm – gecə, ya gündüz, vaxt tapan kimi yatırdım.

Yəni bu dilənçi çox güclüydü. Başqa heç bir dilənçi uni-versitet küçəsinə daxil ola bilməzdi, hətta girişləri qadağan olunmuşdu. Hər kəs universitetin kimə aid olduğunu bilir-di: bu dilənçiyə! Bir gün qəfildən bir cavan oğlan gördüm; qoca kişi orada deyildi. "Nə oldu? Qoca kişi haradadır?" – deyə soruşdum.

"O mənim qayınatamdır. Mənə universiteti hədiyyə kimi verdi" – dedi. İndi universitet sahibinin dəyişdiyini, artıq başqa sahibi olduğunu bilmirdi. Cavan oğlan "Mən onun qızıyla evləndim"– dedi.

Hindistanda kimsə qızıyla evlənəndə sənə cehiz verirlər. Təkcə, qızıyla evlənməklə bitməz; qayınatan varlıdırsa, sənə avtomobil, ev verməlidir. Əgər o qədər də varlı deyilsə, ən azından balaca da olsa bir skuter, o da olmasa, ən azından velosiped, amma mütləq nəsə – radio, musiqi seti, televizor – və ya pul verməlidir. Əgər həqiqətən də varlıdırsa, sənə xaricdə oxuyub daha da təhsilli olmaq imkanı verər: Həkim, və ya mühəndis olarsan və bütün xərcləri o ödəyər.

Bu dilənçinin qızı evlənmişdi və cehiz olaraq kürəkənə universitet verilmişdi. "Bu gündən etibarən bu küçə, bu

40

universitet mənə məxsusdur. Qayınatam kimlərin mənim müştərilərim olduğunu mənə bir-bir göstərib" – deyirdi.

Qoca dilənçini bazarda gördüm və yaxınlaşıb "Əla! Çox yaxşı cehiz vermisən!" – dedim.

"Bəli" – dedi, – "Bircə qızım var və kürəkənim üçün nələrsə etmək istədim. Ona ən yaxşı dilənmə yerini vermişəm. İndi bazarda yenidən monopoliya yaratmağa çalışıram. Bu, çox çətin işdir; çünki çoxlu dilənçi var, əvvəlki dilənçilər müştəriləri çoxdan bölüşdürüb. Amma narahat olmalı heç nə yoxdur. Mən bacaracağam; bir neçə dilənçini buradan qovacağam". Dediyini də etdi.

Meşə yanarkən iki dilənçi bir anlıq fikirləşdi. Bir-birləri ilə düşmən idilər, hətta danışmırdılar; amma bu fövqəladə vəziyyət idi. Kor olan ayaqları olmayanı çağırdı: "Xilas olmağın bir yolu var. Səni çiyinlərimə götürəcəyəm; sən mənim ayaqlarımdan istifadə edəcəksən. Tək xilas yolumuz budur".

Vəziyyət dərhal anlaşıldı. Ortada heç bir problem yox idi. Ayaqsız adam çölə çıxa bilmirdi, yanan meşədən sürətlə keçməsi qeyri-mümkün idi, hər tərəf odlar içindəydi. Bir az hərəkət edə bilərdi, amma bu ona kömək etməzdi. Sürətli, hətta çox sürətli şəkildə çıxmaq lazım idi. Kor dilənçi də çıxa bilməyəcəyindən əmin idi. Yanğının harada olduğunu, yolun harada olduğunu, hansı ağacların yandığını və hansılarının yanmadığını bilmirdi. Kor adamdı; meşədə azardı. Amma ikisi də ağıllı adamlar idilər; düşmənliklərini bir kənara qoyub dost oldular və həyatlarını xilas etdilər.

Bu bir şərq nağılıdır. Sənin ağlın və ürəyin haqqındadır. Dilənçiliklə əlaqəsi yoxdur; səninlə bağlıdır. Meşə yanğınıyla da heç bir əlaqəsi yoxdur, səninlə əlaqəsi var, çünki yanmaqda olan sənsən. Hər an yanır, əziyyət çəkir, əzablar içində yaşayırsan. Ağıl təkbaşına kordur. Ayaqları var, sürətlə qaça bilər, çox sürətlə hərəkət edə bilər, amma kor olduğu üçün hansı istiqamətə gedə biləcəyini bilməz. Ona görə də tez-tez yıxılar, özünə zərər vurar və həyatın mənasız olduğunu düşünər. Dünyadakı bütün intellektuallar bunu deyər: "Həyat mənasızdır".

Həyat onlara mənasız gəlir, çünki kor olduqları halda işığı görməyə cəhd edirlər. Bu qeyri-mümkündür.

İçində görən, hiss edən, amma ayaqları olmayan bir ürək var; o, qaça bilmir. Olduğu yerdə qalar, tez-tez vurar, gözləyər. Bir gün ağıl başa düşəcək və ürəyinin gözlərindən istifadə edə biləcək.

Mən etibar deyəndə ürəyinin gözlərini nəzərdə tuturam. Şübhə deyəndə ağlının ayaqlarını nəzərdə tuturam.

İkisi birləşəndə yanğından xilas ola bilər; heç bir problem olmaz. Amma yadda saxla, ağlın, ürəyi çiyinlərinin üzərində qəbul etməlidir. Buna məcburdur. Ürəyin ayaqları yoxdur, təkcə, gözləri var və ağıl ürəyi dinləyib onun, özünü istiqamətləndirməsinə yol verməlidir.

Ürəyin əllərində ağıl zəkaya çevrilir. Bu çevrilmədir; tam enerji çevrilməsi. Onda adam intellektual deyil, əməlli-başlı müdrik olur.

Müdriklik ürəklə ağlın birləşməsiylə meydana çıxır. Ürək döyüntülərinlə ağlının istehsal etdikləri arasında uyğunluq yaratma sənətini bir dəfə ki öyrəndin, bütün sirri əllərinin içinə alarsan: Bütün sirlərin qapısını açacaq sirrə sahib olarsan.

MƏSUMLUĞUN YOLU

Əsas məsələ cəsarət məsələsi deyil. Əsas məsələ, bilinənin ölmüş və bilinməyənin sağ olmasıdır. Bilinənə yapışmaq meyitdən yapışmaqdır. Ondan uzaqlaşmaq üçün cəsarətə ehtiyac yoxdur; əslində, meyitə yapışmağa davam etmək üçün cəsarət lazımdır. Sadəcə, çözməlisən... Sənə tanış olanlar, yaşamış olduqların sənə nə verib? Nəyə nail olmusan? Hələ də boş deyilsən? İçində dərin mənasızlıq, dərin kədər yoxdu? Necəsə bacarırsan; həqiqəti gizlədərək, yalanlar yaradaraq, həyatdan yapışmağı, özünü məşğul etməyi davam etdirirsən.

Bax, məsələ budur: bildiyin hər şeyin keçib getdiyini, keçmişdə qaldığını açıq şəkildə görmək. Bu, qəbiristanın bir hissəsidir. Qəbirdə olmaq istəyirsən, ya sağ olmaq? Bu, təkcə, bu günün problemi deyil; sabah da, birigün də eyni problemlə qarşılaşacaqsan. Son nəfəsinə qədər eyni problem davam edəcək.

Bildiyin hər şey, yığdıqların: məlumatlar, bilik, təcrübə; onları kəşf etdiyin an, onlarla işin bitir. İndi, o boş sözləri daşımaq, o ölü yükünü kürəyində daşımaq sənə əziyyət verər, həyatını ağırlaşdırar; hər an səni gözləməkdə olan o gümrah, sevinc dolu varlıq olmağının qarşısını alar.

Başa düşən insan hər an keçmişinə ölər və gələcəyə yenidən doğular. Yaşadığı an daimi dəyişilmədir, yenidən

doğulmadır, dirilişdir. Bu, o qədər də cəsarət məsələsi deyil; başa düşülməli olan ilk şey budur. Bu, bir fikri aydınlıq məsələsidir; nəyin nə olduğu haqqında konkret olmaqdır.

İkincisi, cəsarətlə bağlı məsələ budur ki, onu heç kim sənə verə bilməz. Bu, hədiyyə kimi verilə biləcək şey deyil. Bu, sənə doğulmamışdan verilən xüsusiyyətdir, sən, sadəcə, onun böyüməsinə, özünü təsdiq etməsinə imkan verməmisən.

GÜNAHSIZLIQ – CƏSARƏT VƏ AYDINLIĞIN BİRLİYİDİR.

Əgər sən günahsızsansa, cəsarətə ehtiyacın yoxdur. Aydınlığa da ehtiyacın yoxdur; çünki heç bir şey günahsızlıqdan daha aydın, daha şəffaf ola bilməz. Ona görə də əsl məsələ öz günahsızlığını necə qoruyacağındır.

Günahsızlıq əldə ediləcək şey deyil. Öyrəniləcək şey deyil. Rəssamlıq, musiqi, şairlik, heykəltəraşlıq kimi istedad deyil. Bu cür şeylərə bənzəmir. Bu, daha çox nəfəs almaq kimidir; anadangəlmə bir şey.

Günahsızlıq hamının təbiətində var. Heç kim günahkar olaraq doğulmur. İnsan günahkar olaraq necə doğula bilər? Doğum bu dünyaya boş lövhə olaraq gəldiyin mənasına gəlir; üzərinə heç nə yazılmamış. Təkcə gələcəyin var; keçmişin yoxdur. Günahsızlığın mənası budur. Ona görə də əvvəlcə günahsızlığın bütün mənalarını anlamağa çalış.

Birincisi, keçmiş yoxdur, təkcə gələcək var.

Keçmiş zədələyir, çünki sənə xatirələr, təcrübələr, gözləntilər verər. Bütün bunlar birləşəndə səni ağıllı edər, amma aydın ola bilməzsən. Səni hiyləgər edər, amma ağıllı yox. Bu dünyada uğurlu olmağına kömək edə bilər, ancaq varlığının dərinliklərində uğursuz olarsan. Və sonda qarşılaşacağın uğursuzluqlar qarşısında bu dünyanın bütün uğurlarının heç bir mənası olmaz, çünki son nəticədə sən, yalnız öz daxili səsinlə birgə qalarsan. Qalan hər şey yox olar, uğurların gücün, adın, şöhrətin, hamısı kölgə kimi yox olar.

Sonda səninlə, sadəcə, başlanğıcda özünlə gətirdiklərin qalar. Bu dünyadan, yalnız, gətirdiklərini apara bilərsən.

Hindistanda belə bir məşhur fikir var, dünya dəmir yolu stansiyasının gözləmə otağı kimidir; o, sənin evin deyil. Gözləmə otağında həmişəlik qalmayacaqsan. Gözləmə otağındakı heç nə sənə mənsub deyil: mebellər, divardakı şəkillər... Onlardan istifadə edərsən; rəsmə baxarsan, kresloda oturarsan, çarpayıda uzanarsan, amma heç nə sənə aid deyil. Sadəcə, bir neçə dəqiqəliyinə, ya da ən çoxu bir neçə saatlığına oradasan, sonra çıxıb gedəcəksən.

Bəli, gözləmə otağına özünlə nə gətirdinsə, təkcə, onları götürüb gedəcəksən: sənə aid olanları. Bu dünyaya nə gətirmisən? Dünya, əlbəttə ki, bir gözləmə otağıdır. Gözləmə, saniyələr, dəqiqələr, saatlar, günlər deyil, illərlə davam edə bilər; amma yeddi saat, ya da yetmiş il gözləməyin nəyi dəyişdirir?

Yetmiş ildə gözləmə otağında olduğunu unuda bilərsən. Oranın sahibi olduğunu, hətta öz tikdiyin ev olduğunu fikirləşməyə başlaya bilərsən. Gözləmə otağının divarına üzərində soyadın yazılan lövhə qoya bilərsən.

Bəzi insanlar... Çox səfər etdiyim üçün görmüşəm: insanlar gözləmə otaqlarının tualetlərinə adlarını yazırlar. İnsanlar gözləmə otaqlarının mebellərinə adlarını həkk edirlər. Axmaqca görünür, amma bu hərəkət, adamların bu dünyaya etdiklərinə çox oxşayır.

Qədim Jaina kitabələrində çox əhəmiyyətli bir hekayə var. Hindistanda kimsə bütün dünyanın imperatoru ola biləcəyinə inanılırsa, o adam "çakravartin" adlandırılır. Çakravartin sözünün mənası – çakra kəlməsi təkər mənasını verir. Qədim dövrlərdə Hindistanda lazımsız döyüş və zorakılığın qarşısını almaq üçün bir yol olub: bir at arabası, çox qiymətli qızıldan bir at arabası, çox güclü və gözəl atlarla birgə bir krallıqdan digər krallığa gedərmiş. Əgər ikinci krallıq müqavimət göstərmədən arabanın girişinə icazə verərsə, o krallıq arabanın sahibinin üstünlüyünü qəbul etmiş sayılırmış. O halda müharibə aparmağa ehtiyac olmazmış.

Ona görə də araba yola çıxar və insanlar harada arabanın qarşısını kəsərlərsə, orada müharibə olurdu. Əgər arabanın qarşısı kəsilməzsə, onda kralın üstünlüyü hər hansı müharibə aparılmadan isbat edilmiş olurdu: O kral bir çakravartin olardı, təkərləri hər yerə hərəkət edən və heç kimin mane ola bilmədiyi bir insan. Bütün kralların arzusu çakravartin olmaqdı.

Əlbəttə ki, bunun üçün Böyük İskəndərdən daha güclü olmaq lazımdır. Təkcə, araba göndərə bilmək üçün çox böyük gücə sahib olmalısan. Əgər arabanın yolu kəsilərsə, kütləvi qırğın olacağına dair tam əminliyə ehtiyac var. Bu da, o adamın haranısa fəth etmək istərsə, buna mane olmağın hər hansı yolu olmadığının bəlli olduğu və qəbul edildiyini göstərir.

Amma bu çox simvolik yoldur, daha mədəni. Hücum etməyə ehtiyac yoxdur, anında öldürməyə başlamağa ehtiyac yoxdur; sadəcə, simvolik mesaj göndər. Kralın bayrağı ilə gedən araba gedər və əgər digər kral, müqavimət göstərməyin mənasız olduğunu, müharibənin məğlubiyyət, lazımsız zorakılıq və dağıntı mənasına gəldiyini hiss edərsə, atı sevinclə qəbul edər; paytaxtına girən araba çiçəklərlə qarşılanar.

Sovet İttifaqı və Amerika kimi ölkələrin edəcəyindən daha mədəni yol olduğu görünür. Bircə, gözəl araba göndər; amma bu halda gücünə tamamilə arxayın olmalısan və təkcə sən deyil, hamı buna tamamilə əmin olmalıdır. Ancaq o halda belə bir simvol kömək edə bilər. Ona görə də hər kralın içində nə vaxtsa çakravartin olmaq arzusu olardı.

Bu hekayə **çakravartin** olmağı bacaran insan haqqındadır və sadəcə, min ildə bir nəfər **çakravartin** səviyyəsinə yüksəlir. Böyük İskəndər belə dünyanı fəth edə bilməmişdi; işğal edə bilmədiyi çox yer qalmışdı. Çox cavan öldü, öləndə otuz üç yaşındaydı: dünyanı fəth edəcək qədər vaxtı belə olmamışdı. Fəth etməyi kənara qoyun, bütün dünya hələ kəşf olunmamışdı belə! Dünyanın yarısı hələ naməlum olaraq qalırdı və məlum yarısı belə fəth edilməmişdi. Hekayəsini danışacağım bu adam isə **çakravartin** olmağı bacarmışdı.

Əfsanəyə görə, bir **çakravartin** öldüyü vaxt – **çakravartin**, yalnız, minlərlə ildə bir olduğu üçün çox nadir varlıqdır – cənnətdə böyük sevinclə qəbul edilir və xüsusi yerə aparılır.

Jaina mifologiyasına görə, cənnətdə Himalaya paralel bir dağ var. Himalay, sadəcə, qayalardan, torpaqdan və buzdan yaranıb. Himalay dağının cənnətdəki paraleli isə Sumeru adlanır. Sumeru ən yüksək dağ deməkdir: ondan daha yüksək heç nə ola bilməz, heç nə ondan yaxşı ola bilməz. Bu, bərk qızıldandır; qayaların əvəzinə almazlar, yaqutlar, zümrüdlər var.

Bir chakravartin öləndə onun adını həkk etmək üçün Sumeru dağına aparılır. Bu, sadəcə, min ildə bir yaşanan çox nadir fürsətdir. Əlbəttə ki, bu insan adını Sumeruya yazacağı üçün çox həyəcanlıdır. Çünki bu, bütün böyük şəxsiyyətlərin adlarının yazıldığı kataloqdur və hətta ondan sonra gələcək böyük insanların adlarının da yazılacağı kataloqdur. Bu imperator supermenlər siyahısına qoşulurdu.

Qapıdakı gözətçi ona adını yazması üçün lazımlı alətləri verir. Ölərkən, sırf imperatorları ölür deyə intihar etmiş adamlarından bir neçəsini də özüylə aparmaq istəyir; onlar imperatorlarının olmadığı həyatı təsəvvür edə bilməmişdilər. Arvadı, baş naziri, baş komandiri, ətrafındakı bütün böyük insanlar intihar etmişdi və onunla birlikdə gəlmişdilər.

İmperator, gözətçidən hamısını içəri salmasını və onların, adını dağa həkk edərkən onu müşahidə etmələrini istədiyini deyir, çünki əgər səni görəcək heç kim yoxdursa, içəri tək girib adını yazmağın nə ləzzəti var ki?! Çünki əsl ləzzət dünyanın onu görməsindəydi.

Gözətçi belə deyir: "Mənim məsləhətimə qulaq as; çünki bu peşə mənə miras qalıb. Atam da gözətçiydi, onun atası da gözətçiydi; əsrlər boyu biz Sumeru dağının gözətçisi olmuşuq. Məsləhətimə qulaq as: onları özünlə aparma, yoxsa peşman olacaqsan".

İmperator başa düşmür, amma məsləhəti dinləməyə bilməzdi də, çünki o adamın onu çəkindirməkdə nə marağı ola bilərdi ki?!

Gözətçi davam edir: "Əgər görməklərini istəyirsənsə, əvvəl get adını yaz, sonra geri qayıt və əgər istəsən onları aparıb göstərərsən. Onlarla indi getmək istəsən belə etiraz etmərəm, amma əgər qərarını dəyişsən, sonra fikrini dəyişdirmə şansın olmayacaq; onlar səninlə olacaq. Tək get". Bu çox mükəmməl məsləhət idi.

İmperator cavab verir: "Lap yaxşı. Tək gedəcəyəm, adımı həkk edəcəyəm, geri qayıdıb sizləri çağıracağam".

"Mən bununla tamamilə razıyam" – deyir gözətçi. İmperator gedib minlərlə günəş altında parıldayan Sumeru dağını görür – cənnət, bircə günəşə sahib olacaq qədər kasıb olmadığı üçün minlərlə günəş var – minlərlə günəş və Himalaydan daha hündür, qızıldan dağ. Himalay dağı hardasa üç min iki yüz mil hündürlüyündədir! Bir müddət gözlərini aça bilmir; dağ o qədər parlaq işıq saçır. Sonra adını yazmaq üçün münasib boş yer axtarmağa başlayır, ancaq həmin an çaşıb qalır: boş yer yoxdur; bütün dağ həkk edilmiş adlarla örtülüb.

Gözlərinə inana bilmir. İlk dəfəydi ki, nə olduğunun fərqinə varır. İndiyə kimi özünü min ildən bir gələn supermen kimi hiss edirdi. Amma vaxt əbədilikdən gəldiyi üçün minlərlə il belə hər hansı fərq yaratmırdı, ona görə də keçmişdə həddindən çox çakravartin yaşamışdı. Kainatın ən böyük dağında bapbalaca, adını yazacaq qədər boş yer qalmamışdı.

Geri qayıtdı və artıq, gözətçinin arvadını, baş nazirini, baş komandirini və digər yaxın dostlarını özüylə aparmamasındakı təkidində haqlı olduğunu anlamışdı. Onların bu vəziyyəti görməməsi yaxşı idi. Onlar hələ də imperatorlarının nadir varlıq olduğuna inana bilərdilər.

Gözətçini kənara çəkib deyir: "Amma orada boş yer yoxdu".

Gözətçi cavab verir: "Mən də sənə onu deyirdim. Bir neçə adı silib öz adını yazmalısan. İndiyə qədər ancaq belə ediblər; mən həyatım boyu belə edildiyini görmüşəm. Atam da belə edildiyini görüb, atamın atası da. Mənim ailəmdən heç kim heç vaxt Sumeruda ad yazılacaq bir yer, ya da hər hansı boşluq görməyib.

Haçan bir çakravartin gəlsə bir neçə ad silib öz adını yazmalı olub. Bu hələ çakravartinlərin bütün tarixi deyil. Dəfələrlə silindi, dəfələrlə yazıldı. Sən get və işini gör, əgər dostlarına göstərmək istəsən, onları içəri apara bilərsən".

İmperator cavab verir: "Yox, onlara göstərmək istəmirəm, adımı belə yazmaq istəmirəm. Nə mənası var ki? Nə vaxtsa kimsə gəlib onu siləcək".

"Bütün həyatım tamamilə mənasızlaşdı. Bu mənim tək ümidim idi: Cənnətdəki qızıl dağında, Sumeruda adım yazılacaqdı. Mən bunun üçün yaşamışam, bunun üçün həyatımı təhlükəyə atmışam; bunun üçün bütün dünyanı öldürməyə hazır idim. Başqa biri gəlib adımı siləndən sonra özününkünü yaza bilər. Adımı yazmağın nə mənası var ki?! Mən adımı yazmayacağam". Gözətçi gülür.

İmperator soruşur: "Niyə gülürsən?"

Gözətçi cavab verir: "Çox qəribədir, çünki bunu babalarımdan eşitmişəm: "Çakravartinlər gəlir və burdakı vəziyyəti gördükdən sonra adlarını belə yazmadan geri qayıdırmışlar. Sən birinci deyilsən: bir az ağlı olan hər kəs eyni şeyi edər".

Bu nəhəng dünyada nə əldə edə bilərsən? Yanında nə apara bilərsən? Adını, nüfuzunu, ya ləyaqətini? Pulunu, gücünü, ya nəyi? Diplomunu?.. Heç nə apara bilməzsən. Hər şeyi burada qoymalı olacaqsan. O anda sahib olduğun hər şeyin əslində sənin olmadığını başa düşəcəksən: Yiyələnmə fikri əvvəlcədən səhv idi. Sahib olduğun o şeylərə görə də korlanmış vəziyyətdə idin.

Mülkiyyətini artırmaq üçün; daha çox pul, daha çox güc, daha çox torpaqlar əldə etmək üçün, özünün belə doğru olduğunu söyləyə bilməyəcəyin şeyləri edirdin. Yalan danışdın, dürüst deyildin. Yüzlərlə fərqli rola girdin. Bir an olsun belə nə özünə, nə də başqalarına dürüst olmadın, bunu etmədin. Saxta, yalançı, özünü tülkülüyə qoyan biri olmaq məcburiyyətində qaldın; çünki bu dünyada uğurlu olmağına kömək edən şeylər bunlardır. Dürüst olmaq sənə kömək etməyəcək.

Sahib olduqların, uğur, şöhrət olmadan sən kimsən? Bilmirsən. Sən adınsan, sən şöhrətinsən, sən etibarınsan, sən gücünsən. Amma bunlardan kənarda sən kimsən? Ona görə də bu mülkiyyət sənin şəxsiyyətin olur. Səndə varlığına dair yanılma hissi yaradır. Bu, eqodur.

Eqo sirli şey deyil; çox sadə bir şeydir. Kim olduğunu bilmirsən və kim olduğunu bilmədən yaşamaq qeyri-mümkündür. Əgər mən kim olduğumu bilmirəmsə, onda burada nə edirəm? Onda etdiyim hər şey mənasını itirir. Birinci və ən önəmli şey kim olduğumu bilməyimdir. Bəlkə ondan sonra təbiətimi doyduracaq şeylər edər, razı qalar, özümü evimdə hiss edə bilərəm.

Amma əgər kim olduğumu bilmirəmsə və nələrsə etməyə davam edirəmsə, təbiətimin nail olmalı olduğu nöqtəyə necə çatacağam, oraya necə yönələcəyəm? Ömrüm boyu ora-bura qaçdım, amma heç vaxt elə bir nöqtə olmadı ki, belə deyə bilim: "İndi gəlib çatdım; axtardığım yer buradır".

Sən kim olduğunu bilmirsən, ona görə onun yerinə keçəcək saxta şəxsiyyətə ehtiyac var. O saxta şəxsiyyəti sənə sahib olduqların verir.

Bu dünyaya günahsız müşahidəçi olaraq gəlirsən. Hamı eyni cür, eyni şüur xüsusiyyətləri ilə dünyaya gəlir. Amma böyüklərin dünyasında sövdələşməyə başlayırsan. Sənə verəcək çox şeyləri var; sənin isə verəcək cəmi bir şeyin var: öz bütövlüyün və ləyaqətin. Sənin o qədər də çox şeyin yoxdur; bircə şeyin var. Bunu istədiyin kimi adlandıra bilərsən; günahsızlıq, zəka, özünəməxsusluq. Yalnız, bir şeyin var.

Bir uşaq, təbii olaraq, ətrafında gördüyü hər şeylə maraqlanır. Dayanmadan onu, bunu istəyir; bu insanın təbiətinin bir parçasıdır. Əgər balaca uşağa baxsan, yeni doğulmuş körpə belə, əlini sağa-sola uzatmağa başlayır, əlləri həmişə nəsə tapmağa çalışır. O, artıq, səfərə başlayıb.

Bu səfərdə özünü itirəcək, çünki bu dünyada əvəzini ödəmədən heç nə əldə edə bilməzsən. Yazıq uşaq verdiyi şeyin nə qədər qiymətli olduğunu başa düşməz, öz bütövlüyünü bir tərəfə qoyub, digər tərəfə bütün dünyanı qoysan belə; bütövlük daha ağır gələr, daha qiymətlidir. Uşağın bunu bilmə şansı yoxdur. Məsələ budur, çünki sahib olduğu şey, onsuz içindədir. Bu, onun mükafatıdır.

Qoy bunu izah etmək üçün bir hekayə danışım.

Bir varlı insan, sonda böyük məyusluq keçirir. Ki, bu da uğurun təbii nəticəsidir. Heç nə uğur qədər uğursuz ola bilməz. Uğur, sən uğursuzsansa əhəmiyyətlidir. Bir dəfə uğur qazananda dünyanın, cəmiyyətin səni aldatdığını artıq bilirsən. İnsanda hər cür sərvət var, ancaq mənəvi rahatlığı yoxdur. Bu rahatlığı axtarmağa başlayır.

Bu hadisə Amerikada baş verir. **Başqa heç yerdə olmadığı qədər çox adam Amerikada mənəvi rahatlıq axtarışına çıxır. Hindistanda mənəvi rahatlıq axtaran bir insana da rast gəlməmişəm. Əvvəlcə, mədənin qayğısına qalmaq lazımdır; mənəvi rahatlıq həddindən artıq uzaqdadır.** Mədədən baxanda mənəviyyat milyonlarla mil uzaqda görünür.

Amma Amerikada hər kəs mənəvi rahatlıq axtarışındadır və əlbəttə ki, sən belə bir axtarışdasansa, insanlar da onu sənə vermək üçün hazır olacaqlar. Bu sadə bir iqtisadiyyat qanunudur: tələb var, təklif də var. Axtardı-ğın şeyin, həqiqətən də ehtiyacın olan şey olub-olmadığı o qədər də əhəmiyyətli deyil. Təklif edilən şeyin sənə nə verəcəyi insanların vecinə olmaz; saxta reklam, təbliğat, ya da həqiqətən mühüm nəsə ola bilər.

Tələbin olduğu yerdə, təklifin olacağı prinsipini bilən ağıllı və hiyləgər insanlar var və biri irəli keçər. Artıq "Tələbin yaranmasını gözləməyə ehtiyac yoxdur; tələbi yarada bilərsən" deyirlər. Reklam sənəti də budur: Tələb yaratmaq.

Reklamı oxumadan əvvəl belə bir tələbin yox idi, belə bir ehtiyacın olduğunu hiss etməmişdin. Amma reklamı oxuyanda, qəfildən, belə hissə qapılarsan: "Aman Tanrım, bunu necə gözdən qaçırmışam. Necə axmağam, belə şeyin mövcud olduğunu heç vaxt bilməmişəm!"

Biri, bir şeyi emal etməyə, istehsala başlamazdan əvvəl, hətta illər əvvəl – üç, dörd il əvvəldən – reklam etməyə başlayar. Məhsul hələ bazara çıxarılmamış tələb insanların beyninə çatmalıdır. Tələb bir dəfə yaranandan sonra, təklifin təqdimatı da hazır olmuş olur.

Bernard Şounun dediyinə görə, birinci kitabını çap etdirəndə, təbii ki, onun kitablarına heç bir tələbat yox idi. Heç kim Corc Bernard Şounu tanımırdı. Necə tələb edə bilsin ki, Corc Bernard Şounun kitabını istəyirəm?! Buna görə də o, nə etdi, bütün gün gəzib-dolaşdı... Özü naşir idi, lazımi pulu toplayıb kitabını özü nəşr etdi. Sonra, kitab mağazalarını bir-bir gəzərək, "Corc Bernard Şounun kitabı var?" deyə soruşmağa başladı.

"Corc Bernard Şou? Bu adı heç eşitməmişik" cavabını alırdı.

"Çox qəribədir. Kitab mağazasında işləyirsiniz və belə böyük yazar haqqında eşitməmisiz? Yoxsa müasir yazarları tanımırsınız? İlk fürsətdə, mütləq, Corc Bernard Şounun kitabını alın" deyirdi. Təkcə, bir kitab çap etdirmişdi, amma bir neçə kitabın reklamını edirdi. Çünki onsuz kitab dükanlarını gəzərkən, niyə, təkcə, bir kitabın reklamını edəsən ki?! Nəticədə bir kitab hər hansı adamı böyük yazar edə bilməz.

Müxtəlif paltarlarla; bəzən şlyapa, bəzən eynək taxıb gedərdi. Adamlar Corc Bernard Şounun evinə zəng vurmağa başladı. Bütün bu reklamı və tələb yaratmağı özü etməli olmuşdu. İki kitabını belə satdı. Küçədəki insanlardan soruşurdu, "Eşitmisiniz? Mən Bernard Şou adında yazarın yazdığı kitab haqqında çox şey eşidirəm. İnsanlar, möhtəşəm, əla olduğunu deyirlər. Siz eşitmisiniz?"

İnsanlar, "Xeyr, daha əvvəl adını belə eşitməmişik" cavabını verəndə, "Çox qəribədir. Mən Londonu mədəni cəmiyyət hesab edirdim" deyirmiş. Sonra kitabxanalara, kitab klublarına və tələb yaradacağını düşündüyü hər yerə gedərək o tələbi yaratdı. Kitabı satıldı – hələ də bunu etməkdədir – və nəhayət, dövrünün ən böyük yazarlarından biri oldu. Tələbi özü yaratmışdı.

Amma əgər uğurlu olsan, heç kimin səndə mənəvi rahatlıq tələbi yaratmağa ehtiyacı olmaz. Çünki uğur qazanarkən, sən o yolda mənəvi rahatlığını itirirsən. Bu, təbii gedişatdır. Uğur, içindəki bütün dincliyi götürüb aparar. Həyatda əhəmiyyətli olan hər şeyi sorur: sülh, sakitlik, sevinc, sevgi – hər şeyi. Hər şeyi səndən almağa başlayar. Nəhayət, əllərin köhnə-kürüşlə dolar və əsl qiymətli olan hər şeyi itirərsən. Qəfildən, mənəvi rahatlığa ehtiyac duyduğunu başa düşərsən.

Dərhal, istehsalçılar ortaya çıxar; nə mənəviyyat, nə də rahatlıq haqqında heç nə bilməyən istehsalçılar. Yəhudi ravvini Joshua Liebmanın yazdığı, "Mənəvi rahatlıq" adında bir kitab oxudum, kitabı bitirdim, adam nə rahatlıq, nə də mənəviyyatın nə olduğunu bilir. Amma o, biznesmendir. Mənəvi rahatlıq haqqında heç nə bilmədən çox yaxşı iş ortaya çıxarıb.

Kitabı, dünyanın ən çox satılan kitablarından biridir; çünki mənəvi rahatlıq axtaran hər kəs, əvvəl-axır, Joshua Liebmanın kitabına rast gələcək. Çox gözəl yazıb. Çox yaxşı yazardı, çox aydın və təsirli yazır; səni təsir altına salacaq, amma mənəvi rahatlıq sənə həmişəki qədər uzaq olacaq; hətta bu kitabı oxuyaraq, onu daha da uzaqlaşdıra bilərsən.

Nəticədə, əgər kimsə rahatlığın nə olduğunu bilirsə, mənəviyyatın nə olduğunu bilirsə, "Mənəvi rahatlıq" adında kitab yazmaz, çünki, bütün narahatlığın, bütün sıxıntının səbəbi mənəviyyatın özüdür. Rahatlıq, mənəviyyat olmayan yerlərdə var. Ona görə də, mənəvi rahatlıq deyə bir şey mövcud deyil.

Əgər mənəviyyat ordadısa, rahatlıq yoxdur. Rahatlıq ordadısa, mənəviyyat yoxdur. Amma "Mənəviyyatsızlığın rahatlığı" adında kitab yazsan heç kim onu almaz. Mən belə fikirləşirəm, heç kim "Mənəviyyatsızlığın rahatlığı" adında kitab almaz. Bu onlara təsir etməyəcək, ancaq həqiqət olan budur.

Uşaq özüylə gətirdiyi şeyin nə olduğundan xəbərsizdir. Bu varlı insan da eyni vəziyyətdədir. Dünyanın bütün sərvətinə sahibdir, amma indi isə o, mənəvi rahatlıq axtarışındadır. Bir müdrik insanın yanından digərinin yanına gedib və hamısı da əla məsləhətlər veriblər, amma məsləhət heç kimə kömək etməz.

Fakt budur ki, təkcə, axmaqlar nəsihət verər və təkcə, axmaqlar nəsihət alar. Müdrik insanlar nəsihət verməyə həvəs göstərməzlər, çünki müdrik insan bu dünyada havayı verilən və heç kimin almadığı yeganə şeyin nəsihət olduğunu bilir. Elə isə niyə narahat olur?

Müdrik insan, əvvəlcə, nəsihət qəbul etməyin üçün səni hazırlayar. O, sənə, sadəcə, məsləhət verməz; sənin hazırlanmağın da lazımdır. Səni hazırlamaq illərlə çəkə bilər, əvvəlcə tarlanı şumlamalısan, ancaq ondan sonra toxumları əkə bilərsən. Yalnız, axmaq insan qayaların, daşların üzərinə toxum səpərkən, əslində, onları məhv etdiyini anlamaz.

Bütün bu müdriklər ona nəsihət verdilər, lakin heç nə həll olmadı. Nəhayət, heç nə soruşmadığı, heç kimin tanımadığı bir insan – hətta kəndin ağıldankəmi kimi tanınırdı – bir gün yolda gedərkən onu dayandırdı və belə dedi: "Sən vaxtını boş yerə xərcləyirsən. Bu adamların heç biri müdrik deyil, onları yaxşı tanıyıram, lakin axmaq olduğum üçün heç kim mənə inanmır. Bəlkə sən də mənə inanmayacaqsan, amma mən bir müdrik tanıyıram.

Mənəvi rahatlıq üçün özünə bu qədər əziyyət verdiyini görəndə sənə doğru olan şəxsi göstərməyim daha yaxşı olar deyə fikirləşdim. Onsuz da mən axmağam, heç kim məndən məsləhət istəməz və mən də heç vaxt heç kimə məsləhət vermərəm. Ancaq dözə bilmədim: səni bu qədər qəmgin, bədbəxt görəndə səssiz qala bilmədim. Qonşu kənddəki bu adamın yanına get".

Varlı insan, dərhal, çox qiymətli almazlarla dolu böyük torbasını götürüb atına minib gedir. Kəndə çatır və həmin adamı görür – bu adam, sufilərin Molla Nəsrəddini idi. Molladan soruşur: "Mənəvi rahatlıq əldə etməyimə kömək edə bilərsən?"

Molla cavab verir: "Kömək? Mən onu sənə verə bilərəm".

Varlı adam fikirləşir: "Qəribədir. Əvvəlcə, axmaq məsləhət verdi... Mən də ümidsizlikdən, sınamaqdan ziyan gəlməz deyib buraya gəldim. Bu adam daha böyük axmağa oxşayır. "Onu sənə verə bilərəm" deyir".

Varlı adam deyir: "Mənə istədiyimi verə bilərsən? Hər cür müdrikin yanına getdim; hamısı məsləhət verdi: onu et, bunu et, intizamlı yaşa, mərhəmətli ol, kasıblara kömək et, xəstəxana aç, daha nələr, nələr... Bunları dedilər və mən də hamısını etdim, amma heç nə kömək etmədi. Hətta daha çox narahatlıqlar meydana çıxdı. İndi sən onu mənə verəcəyini deyirsən?"

Molla cavab verir: "Bu çox sadədir. Atdan düş". Varlı adam atından düşür. Torbasını əlində tutur. Molla soruşur: "Niyə o torbanı ürəyinə bu qədər yaxın tutursan?"

Varlı adam cavab verir: "Bunlar çox qiymətli almazlardır. Əgər mənə rahatlıq verə bilsən, sənə bu çantanı verəcəyəm. Amma sən nə baş verdiyini belə müəyyənləşdirə bilmədin". Molla torbanı adamın əlindən qaparaq qaçır.

Bir anlıq şok vəziyyətinə düşən varlı adam nə edəcəyini bilmir. Sonra mollanın arxasına düşür. Amma bura mollanın öz şəhəri idi, hər küçəni, hər tini tanıyırdı və qaçırdı. Varlı adam ömrü boyu heç vaxt qaçmamışdı və çox kök idi... Ağlayır, əsəbiləşir, fısıldayaraq nəfəs alıb verir və gözlərindən yaşlar süzülürdü. "Aldadıldım! Bu adam həyatım boyu qazanıb topladığım bütün əməyimi, hər şeyimi əlimdən aldı" – deyə qışqırırdı.

Beləliklə, ətrafa adamlar toplaşır və hamısı adama gülürlər. Varlı adam: "Hamınız axmaqsınız, bu şəhər axmaqlarla doludur?! Mən məhv olmuşam, sizlərsə oğrunu tutmağa çalışmaq yerinə gülürsünüz" – deyir.

İzdihamın içindən səslər yüksəlir: "O, oğru deyil, çox müdrik adamdır".

Varlı adam: "Başıma bu bəlanı, kəndimdəki o axmaq açdı!" – deyə deyinir. Amma birtəhər də olsa qaçaraq, qantər içində mollanı izləyir. Molla varlı adamın atının hələ də dayandığı ağacın altına gələrək əlində çantayla ağacın kölgəsində oturur. Varlı adam ağlayaraq gəlib ona çatır. Molla, "Torbanı götür" – deyir. Adam, torbanı alıb ürəyinə sıxır. Molla soruşur: "İndi necəsən? Bir az rahatlıq hiss edirsən?"

Varlı adam cavab verir: "Bəli, çox rahatlıq hiss edirəm. Qəribə adamsan və qəribə metodların var".

Molla cavab verir: "Heç bir qəribəlik yoxdur, sadə riyaziyyatdır. Sahib olduğun şey gözünün qabağında olanda ona əhəmiyyət vermirsən. Sənə onun itirilmə ehtimalı göstərilməlidir; ancaq o halda nə itirdiyini anlayarsan. Yeni heç nə əldə etmədin; bu narahatlıq – içində saxladığın torbandır. İndi, eyni torbanı ürəyinə sıxırsan və hər kəs necə xoşbəxt, rahat olduğunu görür: mükəmməl müdrikdir! İndi, evinə get və başqalarını narahat etmə".

Uşağın problemi də budur, çünki o günahsızlıqla doğulur və o, günahsızlığı verərək hər şeyi almağa hazırdır. Hər hansı zibili alıb əvəzində cəsarətini verməyə hazırdır. Sadəcə, oyuncaq almağa hazırdır, bu dünyada onsuz da oyuncaqdan başqa nə var ki?! – beləcə, sağlığını itirir. Təkcə, bütün bu oyuncaqlara yiyələndiyi vaxt onlardan ləzzət almadığını hiss edər və anlayar: Heç bir şey əldə edə bilməz, heç bir nailiyyət zövq verməz. Onda nəyi itirdiyini anlayar, bunu da özü edib.

Daha yaxşı dünyada hər ailə öz uşaqlarından öyrənəcək. Onlara nəsə öyrətmək üçün nə qədər tələsirsən! Heç kim onlardan nəsə öyrənmək istəmir, əslində, onların sənə öyrədəcəyi o qədər şey var ki... Səninsə onlara öyrədəcəyin heç nə yoxdur.

Sadəcə, daha böyük və güclüsən deyə kim olduğunu, daxili dünyanda hansı mərtəbəyə çatdığını fikirləşmədən, onu özünə oxşatmağa başlayarsan. Sən səfalət içindəsən; eyni şeyi uşağın üçün də istəyərsən?

Ancaq heç kim fikirləşmir; əks təqdirdə, böyüklər balaca uşaqlardan öyrənərdi. Uşaqlar, başqa dünyadan çox şey gətirirlər, çünki onlar hələ təzə gəliblər. Onlar hələ də uşaqlığın sakitliyini, mövcudluğun səssizliyini daşıyırlar.

HƏMİŞƏ YADDA SAXLA, NAMƏLUMA GÜVƏN. Məlum, özü, bir fikirdir. Naməlum isə fikir ola bilməz. Başqa şey ola bilər, amma, fikir ola bilməz. Fikir haqqında dəqiq bir şey var: Fikir toplanmış məlum şeylərdir. Ona görə də; məsələn: yolda yoxuşa rast gəlsən fikir sənə, "Bu yoldan get, bura tanışdır" deyər; fikir budur. Əgər hisslərinə qulaq assan, onda tanış olmayan yoldan getmək istəyərsən: naməluma. Hissiyyat, həmişə macərapərəstdir. Fikir, həmişə çox ortodoksaldır, mühafizəkardır. O, həmişə izlərlə hərəkət etmək, daha əvvəl təkrar-təkrar getdiyin yoldan getmək istəyər: ən təhlükəsiz olan yolla.

Ona görə də həmişə naməluma qulaq as. Cəsarətini toplayıb naməluma addım at. Taleyinlə böyümək böyük cəsarət istəyər, qorxusuzluğa ehtiyac var. Qorxu dolu adamlar məlumdan kənara addım atmaz. Məlum, bir növ rahatlıq, təhlükəsizlik verir; çünki məlumdur. İnsan nəylə qarşılaşacağını bilir; insan nə edəcəyini bilir. İnsan, demək olar ki, yatanda belə lazım olanı edir. Xüsusi əziyyətə ehtiyac yoxdur; məlumun verdiyi rahatlıq budur.

Məlumun sərhədini aşdığın an içində qorxu yüksəlir; çünki artıq cahilsən, nə etməli olduğunu, ya da nə etməli olmadığını bilmirsən. Artıq, özündən o qədər də əmin ola bilməzsən; səhvlər edə bilərsən, aza bilərsən. Bu qorxuya görə insanlar məluma bağlanır və insan məluma bir dəfə bağlandısa artıq ölüdür.

Həyat, ancaq təhlükəli yaşanır; onu yaşamağın başqa yolu yoxdur. Ancaq təhlükə sayəsində həyat yetkinləşməyi və inkişafı təmin edər. İnsan macərapərəst olmalıdır; həmişə naməlum üçün məlumu riskə atmağa hazır olmalıdır. İnsan, azadlığın və qorxusuzluğun dadını biləndən sonra heç vaxt peşmanlıq duymaz; çünki artıq ən üst səviyyədə yaşamağın nə demək olduğunu öyrənib. İnsan ondan sonra həyatın məşəlini hər iki tərəfdən yandırmağın nə demək olduğunu bilir. O hissi bircə anlıq yaşamaq belə, ömrünün axırına qədər adi adam kimi yaşamaqdan daha xoşdur.

YENİLİK QAPINI DÖYƏNDƏ... QAPINI AÇ!

Yenilik yaddır. Dost da ola bilər, düşmən də, hardan bilmək olar? Bunu bilməyin heç bir yolu yoxdur! Bilməyin tək yolu ona icazə verməkdir; narahatlıq və qorxu ona görə yaşanır.

Yenilik sənin içində doğulmaz; o kənardan gəlir. O, sənin bir hissən deyil. Bütün keçmişin təhlükədədir. Yeniliyin möhkəmliyi yoxdur, ona görə də qorxarsan. Sən birtərəfli yaşamısan, birtərəfli fikirləşmisən, inancların üzərində rahat həyat qurmusan. Sonra, yeni nəsə qapını döydü. İndi bütün keçmiş vərdişlərin narahat olacaq. Əgər, yeniliyin girməyinə icazə versən bir də heç vaxt həminki kimi olmayacaqsan. Yenilik səni dəyişdirəcək.

Bu təhlükəlidir. İnsan yeniliklə haraya gedib çıxacağını heç vaxt bilməz. Köhnə olan tanışdır, doğmadır; uzun müddətdir onunla yaşayırsan, ona alışmısan. Yenilik yaddır. Dost da ola bilər, düşmən də, hardan bilmək olar? Bunu bilməyin heç bir yolu yoxdur! Bilməyin tək yolu ona icazə verməkdir; narahatlıq və qorxu ona görə yaşanır.

Amma onu rədd edə bilməzsən; çünki köhnə olan hələ sənə axtardığını verməyib, köhnə sənə söz verib, lakin sözlərini yerinə yetirməyib. Köhnə tanışdır, ancaq yazıq gündədir. Yenilik, bəlkə narahat edəcək, amma bir ehtimalı özündə saxlayır; sənə əbədi xoşbəxtliyi gətirə bilər. Ona görə də onu nə rədd edə bilərsən, nə də qəbul edə bilərsən; ona görə silkələnərsən, titrəyərsən. Varlığında böyük narahatlıq meydana çıxar. Bu, təbiidir; heç bir yanlışlıq yoxdu. Bu, həmişə belə olub, həmişə də belə olacaq.

Yeniliyin görünüşünü başa düşməyə çalış. Dünyada hər kəs yeni olmaq istəyər, çünki heç kəs köhnəylə kifayətlənmir. Heç kim köhnəylə kifayətlənməz, çünki nə olmağından asılı olmayaraq, onu bilirsən. Bir dəfə bilindisə sonra təkrarlanır; bir dəfə bilindisə sonra sıxıcı, monoton olur. Ondan qurtulmaq istəyərsən. Kəşf etmək, macəra yaşamaq istəyərsən. Yeni olmaq istəyərsən, amma buna rəğmən, yenilik gəlib qapını döyəndə çıxıb gedərsən, keçmişdə gizlənərsən, dilemma budur.

Necə yenilənəcəyik? Hər kəs yeni olmaq istəyir! Buna görə cəsarətə ehtiyac var, adi cəsarətə yox, qeyri-adi cəsarətə ehtiyac var. Dünya qorxaqlarla doludur və ona görə də insanlar inkişafı dayandırıb. Əgər qorxaqsansa, necə inkişaf edə bilərsən? Hər yeni imkanda gözlərini yumub geri çəkilirsən. Necə inkişaf edə bilərsən? Necə var ola bilərsən? Sadəcə, özünü yaşayırmış kimi apararsan.

Özün artmadığına görə onun əvəzinə saxta artımlar tapmalı olursan. Sən arta bilməzsən, amma bank hesabın arta bilər, bu, həqiqi olanın yerinə saxta nəsə qoymaqdır. Bunun üçün cəsarətə ehtiyac yoxdur, o qorxaqlığına mükəmməl uyğunlaşır. Bank hesabın artar və sən, elə bilərsən ki, sən artırsan. Daha nüfuzlu olursan. Adın və şöhrətin artır, sən də artdığını düşünərsən; sən, sadəcə, özünü aldadırsan. Sən adın da deyilsən, şöhrətin də. Bank hesabın sənin varlığın deyil, amma varlığını fikirləşməyə başlayanda titrəyərsən, çünki əgər onu artırmaq istəyirsənsə bütün qorxaqlığından imtina etməlisən.

Necə yenilənəcəyik? Öz-özlüyümüzdən yeni olmuruq. Yenilik kənardan gəlir, Tanrıdan gəlir. Yenilik mövcudluqdan gəlir. Fikir, həmişə köhnədir. Fikir, heç vaxt yeni deyil; o, toplanıb saxlanılan keçmişdir. Yenilik kənardan gəlir; bu, Tanrının hədiyyəsidir. O, kənardan gəlir və kənara aiddir.

Naməlum və ağlasığmaz şeylər ruhuna hopar. Sənin ruhuna hopar, çünki sən heç vaxt ayrı düşməmisən, yalnız yaşamamısan; **sən ada deyilsən. Sən ətrafı unutmuş ola bilərsən, amma o səni unutmaz. Uşaq ananı unutmuş ola bilər, amma ana uşağını unuda bilməz. Hər hansı hissə, "mən ayrıyam" deyə düşünməyə başlaya bilər, amma bütövlük sənin ayrı olmadığını bilir.** Tamlıq, sənin içindədir, o, hələ də səninlə təmasdadır. Ona görə sən xoş qarşılamasan da yenilik mütəmadi olaraq qarşına çıxar. Hər səhər gələr, hər axşam gələr. Min yoldan gələr. Əgər görəcək gözlərin varsa onun daima gəldiyini görəcəksən.

Mövcudluq, daima üzərinə yağar, amma sən keçmişlə əhatələnmisən. Sanki məzar içindəsən. Laqeyd olmusan. Qorxaqlığın üzündən bütün həssaslığını itirmisən. Həssas olmaq, yenilik, hiss ediləcək deməkdir. Yeniliyin həyəcanı, yeniliyin ehtirası və macəra meydana çıxar və haraya getdiyini bilmədən, naməluma doğru hərəkət edərsən.

Fikir, bunun dəlilik olduğunu fikirləşir. Fikir, keçmişi tərk etməyin məqbul olmadığını düşünür. Amma Tanrı həmişə yenidir. Ona görə də Tanrı üçün keçmiş, ya da gələcək zamanı istifadə edə bilmirik. "Tanrı vardı" deyə bilmərik, "Tanrı olacaq" da deyə bilmərik, yalnız, indiki zamanda istifadə edə bilərik, yəni "Tanrı var". O, həmişə təzə və bakirdir. O sənin içindədir.

Yadda saxla, həyatına gələn hər yenilik Tanrının mesajı-dır. Əgər onu qəbul etsən, dindar, rədd etsən dinsiz olarsan. İnsanın bir qədər rahatlayıb yeniliyi qəbul etməsi lazım-dır; bir az daha açıq olub yeniliyin içəri girməyinə icazə verməlidir. Tanrının içinə girməsi üçün Ona yol ver.

Dua və ya meditasiyanın mənası da budur: sən özünü açırsan və "İçəri gir" deyirsən. "Həmişə səni gözləmişəm və gəldiyin üçün sənə minnətdaram" deyirsən. Yeniliyi həmişə böyük sevinclə qəbul et. Bəzən, yenilik səni çətinliyə salsa belə yenə də buna dəyər. Yenilik səni çuxura yönəltsə belə yenə də buna dəyər. Çünki insan ancaq səhv edərək öyrənir və ancaq çətinlikləri dəf edərək böyüyür. Yenilik, həmişə, çətinlik gətirəcək. Məhz ona görə, sən köhnəni seçirsən; o, heç bir çətinlik gətirmir. O, bir təsəllidir, sığınacaqdır.

Səni, təkcə, dərindən və tamamilə qəbul edilmiş yeni-lik dəyişdirə bilər. **Sən yeniliyi həyatına gətirə bilməzsən; yenilik özü gəlir. Sən onu, ya qəbul edər, ya da rədd edə bilərsən.** Əgər rədd etsən, daş kimi qapalı və ölü olaraq qalırsan. Əgər onu qəbul etsən, bir çiçəyə çevrilərsən və açmağa başlayarsan... və açılma özü bir bayramdır.

Təkcə, yeniliyin gəlişi səni dəyişdirə bilər, dəyişilmənin başqa heç bir yolu yoxdur. Unutma ki, bunun səninlə və sənin səylərinlə heç bir əlaqəsi yoxdur. Ancaq heç nə etməmək hərəkət etməmək demək deyil; keçmişdən bir istək, istiqamət, ya da impuls olmadan hərəkət etmək deməkdir. Yenilik axtarışı adi axtarış deyil, çünki yeniliyin axtarışındasan; onu necə axtara bilərsən? Onu tanımırsan, onunla heç vaxt rastlaşmamısan. Yeniliyi axtarmaq, sonu olmayan araşdırmaya başlamaq kimi olacaq. İnsan bil-mir. İnsan bilmədiyi halda başlamaq məcburiyyətindədir və uşaq kimi günahsız, imkanların həyəcanını hiss edərək hərəkət etməlidir... imkanlarsa həddindən çoxdur.

Yenilik yaratmaq üçün heç nə edə bilməzsən, çünki nə edərsən et, o keçmişin olacaq, keçmişə aid olacaq. Amma bu o demək deyil ki, sən hərəkət etməyi dayandırmalısan. Keçmişdən bir istək, istiqamət, ya da impuls olmadan hərəkət etməkdir. Keçmişdən hər hansı istək, impuls və ya istiqamət götürmədən hərəkət et: meditasiya halında hərəkət etmək budur. Spontan hərəkət et. Qoy yaşanan an həlledici olsun.

Öz qərarını təlqin etmə, çünki o qərar keçmişdən gələcək və yenini yox edəcək. **Uşaq kimi yaşadığın an içində hərəkət et. Özünü tamamilə o anın coşqusuna həvalə et, onda, hər gün yeni açılışlar, yeni işıqlar, yeni anlayışlar tapacaqsan. O, yeni anlayışlar səni dəyişdirməyə davam edəcək.** Bir gün, qəfildən hər anının yeni olduğunu görəcəksən. Daha, keçmiş ətrafında dolanmaz, bulud kimi ətrafında fırlana-fırlana qalmaz. Şeh damcısı kimi təzə və şux olarsan.

Dirilişin əsl mənası da budur. Əgər bunu başa düşsən yaddaşından azad olacaqsan, psixoloji yaddaşından. Yaddaş ölü şeydir. Yaddaş həqiqət deyil və heç vaxt da ola bilməz, çünki həqiqət həmişə diridir, həqiqət həyatdır, yaddaş, artıq olmayan şeydə dirəşib qalmaqdır. Qarabasma dünyasında yaşamaqdır, ancaq, bizi özündə saxlayar, bizim həbsxanamızdır. Əslində, o bizik. Yaddaş düyünü atar və "mən" deyilən eqo kompleksini yaradar. Süni olan "mən" adındakı varlıq, təbii olaraq, mütəmadi olaraq ölümdən qorxar. Ona görə sən də yenilikdən qorxarsan.

Əslində, qorxan bu "mən"dir, həqiqi sən yox. Varlığın heç bir qorxusu yoxdur, ancaq eqoda qorxu var, çünki eqo ölməkdən çox qorxar. O, sünidir, əsassızdır. İstənilən an dağıla bilər. Yenilik gələn yerdə qorxu var. Eqo qorxar, dağıla bilər. Birtəhər özünü möhkəm, bütöv saxlamağı bacarar və yenilik gələr, bu dağıdıcı bir şeydir. Ona görə də yeniliyi sevinclə qəbul etmirsən. Eqo, öz ölümünü sevinclə qəbul edə bilməz. Öz ölümünü necə sevinclə qəbul edə bilərsən ki?!

Eqo olmadığını anlayana qədər yeniliyi qəbul edə bilməyəcəksən. Eqonun keçmiş yaddaş olduğunu və başqa heç nə olmadığını gördüyün vaxt, yaddaşdan ibarət olmadığını görərsən. Yaddaş, eynən bio-kompüter kimidir, o maşındır, istifadəsi rahatdır, amma istənilən halda bir mexanizmdir. Lakin sən bundan daha fərqli bir şeysən. Sən, şüursan, yaddaş yox. Yaddaş, şüurun içində əlavə qatqı maddəsidir, sən isə bu şüurun özüsən.

Məsələn, yolda gedərkən kimisə görürsən. Üzü xatırlayırsan, amma adı yadına düşmür. Əgər sən yaddaş olsaydın adı xatırlamalıydın. Amma sən "Üzü tanıyıram, amma adını xatırlamıram" deyirsən. Sonra yaddaşını qurdalayırsan, yaddaşının içinə girib o tərəf-bu tərəfə göz gəzdirirsən və qəfildən, ad yadına düşür və sən, "Həə, onun adı budur" deyirsən. Yaddaş, sənin qeydlərindir. Sən, o qeydlərə baxan adamsan, sən qeydlərin özü deyilsən.

Bu, dəfələrlə baş verir, əgər sən nəyisə xatırlamaq üçün həddindən çox gərginləşsən o şeyi yada salmaq çətinləşər. Yaddaş o gərginlik ucbatından, varlığındakı gərginlik ucbatından içindəki informasiyanı sənə ötürmür. Həmin insanın adını xatırlamağa çalışarsan... çalışarsan, amma nə qədər dilinin ucunda olduğunu desən də dilinə gəlmir. Bildiyini bilirsən, amma hələ də ad ortaya çıxmır.

Bu çox qəribədir. Əgər sən yaddaşsansa, sənə maneə törədən kimdir, niyə xatırlamırsan? Yaxşı, bəs "Bilirəm, amma dilimin ucundadır, deyə bilmirəm" deyən kimdir? Sonra cəhd edərsən, nə qədər çox cəhd etsən o qədər çətinləşir. Sonra isə cəhd etməkdən cana gəlirsən, bağa gəzintiyə çıxırsan və qəfildən, qızılgül ağacına baxarkən xatırlayırsan, hər şey üzə çıxır.

Sən, yaddaş deyilsən. Sən şüursan, yaddaş isə məzmundur. Amma yaddaş eqonun bütün həyat enerjisidir. Yaddaş, əlbəttə ki, köhnədir və yenilikdən qorxur. Yenilik, narahatedici ola bilər, yenilik, həzmedilməz ola bilər. Yenilik, narahatlıq gətirə bilər. Özünü yenidən dəyişdirməyə ehtiyac var, özünü dəyişdirməli olacaqsan. Özünü, təzədən nizamlamalı olacaqsan. Bu, çətin görünür. Yeni olmaq üçün özünü eqodan ayırmalısan. Eqodan bir dəfə ki ayrıla bildin, onun ölməyi, ya da yaşamağı vecinə olmaz. İstər yaşasın, istər ölsün, onun, onsuz da ölü olduğunu bilirsən. O, sadəcə, mexanizmdir. Ondan istifadə et, amma onun tərəfindən istifadə edilmə. Eqo, mütəmadi olaraq, ölümdən qorxar, çünki əsassızdır, ona görə də qorxur. O, varlıqdan yaranmayıb, varlıqdan yarana bilməz, çünki varlıq həyatdır, həyat ölümdən necə qorxa bilər ki?! Həyat, ölümə dair heç nə bilməz. Eqo, əsassız şəkildə süni olaraq meydana çıxır; yalandır, psevdodur. Onun getməyinə imkan vermək, eqonun bu ölümü, adamı sağlam edər. Eqoda ölmək, varlıqda doğulmaqdır.

Yenilik, Tanrının elçisidir, yenilik, Tanrının mesajıdır. İlahi mesajdır! Yeniliyi dinlə, yeniliklə birgə hərəkət et. Qorxduğunu bilirəm. Qorxuya baxmayaraq yeniliklə birlikdə hərəkət et, həyatın get-gedə daha da zənginləşəcək və bir gün, içində həbs edilən ehtişamı azad edə biləcəksən.

HƏYATDA ÇOX ŞEYDƏN MƏHRUM OLURUQ,

çünki biz cəsarət çatışmazlığı hiss edirik. Əslində, bacarmaq üçün heç bir səyə ehtiyac yoxdur, cəsarət yetər. Onda, sənin onlara tərəf getməyinə ehtiyac yoxdur, hər şey özü sənə gəlməyə başlayar, ən azından daxili dünyada bu belədir.

Xoşbəxt olmaq ən böyük cəsarətdir. Bədbəxt olmaq qorxaqlıqdır. Əslində, bədbəxt olmaq üçün heç nəyə ehtiyac duyulmur. İstənilən adam onu edə bilər, istənilən axmaq onu edə bilər. Hər kəs bədbəxt olma bacarığına malikdir, amma xoşbəxt olmaq üçün böyük cəsarət lazımdır. Bu, çox daha çətin məsələdir.

Adətən, belə fikirləşmirik. "Xoşbəxt olmaq üçün nə lazımdır? Hər kəs xoşbəxt olmaq istəyir", deyə fikirləşirik. Bu, tamamilə səhvdir. Hər kəsin bunu deməyinə baxmayaraq, xoşbəxt olmağı istəyən adama nadir hallarda rast gəlinir. **Çox nadir adamlar xoşbəxt olmağa hazırdır, insanlar bədbəxt olmağa o qədər sərmayə qoyurlar ki, bədbəxt olmaqdan ötrü ölürlər, əslində, bədbəxt olduqlarına görə xoşbəxtdirlər.**

Başa düşülməli çox şey var, əks təqdirdə, əzabının cığırından çıxmaq çox çətindir. Birincisi, heç kim səni orada tutub saxlamır; əzab zindanında qalmağa qərar verən sən özünsən. Heç kim heç kimi tutmur. Oradan çıxmağa hazır olan insan o dəqiqə oradan çıxa bilər. Başqa heç kim məsuliyyət daşımır. Əgər kimsə bədbəxtdirsə, günah özündədir, amma bədbəxt insan günahını heç vaxt boynuna almır, bədbəxt olaraq qalmağın yolu budur. O deyir ki, "Məni başqası bədbəxt edir".

Əgər səni başqa biri bədbəxt edirsə, təbii olaraq heç nə edə bilməzsən. Amma sən özünü bədbəxt edirsənsə nəsə edilə bilər... dərhal nəsə edilə bilər. Onda, xoşbəxt, və ya bədbəxt olmamaq sənin öz əlindədir. İnsanlar məsuliyyəti, mütəmadi olaraq, başqasının üstünə atar; bəzən, arvadına, bəzən ərinə, bəzən ailəyə, bəzən şərtlərə, uşaqlığa, anaya, ataya... bəzən cəmiyyətə, tarixə, taleyə, Tanrıya, mütləq həmişə başqa şeyə atarlar. Adlar fərqlidir, ancaq hiylə həmişə eynidir.

Bir insan bütün məsuliyyəti öz üzərinə götürəndə əsl insan olur. İnsan nədirsə məsuliyyəti odur. Bu birinci cəsarətdir, ən böyük cəsarət budur. Bunu qəbul etmək çox çətindir, çünki fikir mütəmadi olaraq soruşar: "Əgər sən məsuliyyət daşıyırsansa, niyə bunu yaradırsan?" Bundan boyun qaçırmaq üçün həmişə günahı başqasının üstünə atarıq: "Mən nə edə bilərəm? Mən çarəsizəm... Mən qurbanam! Məndən daha böyük qüvvələr tərəfindən ora-bura itələnirəm, heç nə edə bilmirəm. Ona görə də edə biləcəyim tək şey bədbəxtliyimə görə ağlamaq və ağladıqca daha da bədbəxt olmaqdır". Hər şey böyüyür. Nə qədər təcrübədən keçirirsənsə, o a o qədər böyüyür. Ona görə daha da dərinə gedər, daha dərinə basdırılarsan.

Heç kim, başqa heç bir qüvvə sənə heç nə etmir. Bu sənsən, təkcə, sən! Karmanın bütün fəlsəfəsi də budur. Hər şeyi sən edirsən; "karma" "etmək" deməkdir. Bunu sən etmisən və bunu həll edə biləcək insan da sənsən. Bunun üçün gözləməyə, ləngiməyə ehtiyac yoxdur. Vaxta ehtiyac duyulmur; istədiyin an tullanıb çıxa bilərsən! Amma biz buna öyrəşmişik. Əgər bədbəxt olmağı dayandırsaq, özümüzü çox tənha hiss edərik, ən yaxın dostumuzu itirərik. O, bizim kölgəmiz olub bizi hər yerdə izləyir. Yanında heç kim olmadığı vaxt belə ən azından bədbəxtliyin olur, insan onunla evlənir. Bu, uzunmüddətli evlilikdi; bir neçə yaşayış boyu bədbəxtliyinlə evli qalırsan.

Artıq, ondan boşanmaq vaxtı çatıb. Mən buna böyük cəsarət deyirəm, bədbəxtlikdən boşanmaq – insanın fikrinin ən köhnə vərdişini, ən uzunmüddətli yoldaşını itirməsidir.

SEVMƏ CƏSARƏTİ

Qorxu, sevgi əskikliyindən başqa şey deyil.
Etdiklərini sevgiylə et, qorxunu unut.
Əgər yaxşı sevsən, qorxu yox olar.

Əgər dərindən sevsən, qorxu yaranmaz. Qorxu, mənfilikdir, yoxluqdur. Bunu çox-çox dərindən anlamalısan. Əgər bunu anlaya bilməsən, qorxunun təbiətini heç vaxt başa düşə bilməzsən. Qorxu, qaranlıq kimidir. Qaranlıq mövcud deyil, sadəcə, varmış kimi görünür. Əslində, sadəcə, işığın yoxluğudur. İşıq mövcuddur; işığı uzaqlaşdır, qaranlıq ora gəlir.

Qaranlıq deyə bir şey yoxdur, sən qaranlığı uzaqlaşdıra bilmirsən. Nə edirsən et, amma qaranlığı yox edə bilməzsən. Onu gətirə bilməzsən, onu ata bilməzsən. Əgər qaranlıqda nəsə etmək istəyirsənsə, işıqla nəsə etmək məcburiyyətində qalacaqsan; çünki ancaq mövcud olan nəyləsə əlaqə qurula bilər. İşığı söndürsən qaranlıq olar, işığı yandırsan qaranlıq yox olar, amma sən işıqla nələrsə edirsən. Sən, qaranlıqla heç nə edə bilməzsən.

Qorxu qaranlıqdır. Sevginin yoxluğudur. Qorxuyla heç nə edə bilməzsən, nə qədər etməyə çalışsan, o qədər çox qorxacaqsan; çünki yavaş-yavaş bunun mümkün olmadığını daha yaxşı hiss edəcəksən. Problem daha da mürəkkəb hala gələcək. Əgər qaranlıqla mübarizə aparsan, məğlub olarsan. Əlinə bir qılınc götürüb qaranlığı öldürməyə cəhd edə bilərsən; sadəcə, yorğunluqdan tükənəcəksən. Nəhayət, "Qaranlıq o qədər güclüdür ki, onu məğlub etməyim mümkün deyil" deyə düşünməyə başlayacaqsan.

Məntiqin səhv etdiyi yer buradır. Bu, tamamilə, məntiqlidir; əgər qaranlıqla mübarizə aparırsansa və onu yox edə bilmirsənsə, onu məğlub edə bilmirsənsə, "Qaranlıq çox güclüdür, mən onun qarşısında çarəsizəm" nəticəsinə gəlmək, tamamilə məntiqlidir. Amma reallıq bunun tam əksidir. Çarəsiz olan sən deyilsən, qaranlığın özüdür. Əslində, qaranlıq orada deyil, ona görə onu məğlub edə bilmədin. Olmayan bir şeyi necə məğlub edə bilərsən?

Qorxuyla mübarizə aparma; əks təqdirdə, daha çox qorxmağa başlayarsan və yeni bir qorxu varlığına girər: çox təhlükəli olan şey qorxu qorxusudur. Birincisi, qorxu yoxluqdur, ikincisi, qorxudan qorxmaq, yoxluğun yoxluğundan qorxmaq deməkdir. Sonra dəli olmağa başlayarsan!

Qorxu, sevginin yoxluğundan başqa bir şey deyil. Etdiklərini sevgiylə et, qorxunu unut. Əgər yaxşı sevsən, qorxu yox olar. Əgər dərindən sevsən, qorxu yaranmaz.

Kiməsə, bir anlıq belə olsa aşiq olduğun vaxt ortada qorxu var idi? İki insanın bir-birini, bir anlıq belə olsa, dərindən sevdiyi bir münasibətdə, bir yerdə olanda, bir-birləri ilə tam uyğunlaşanda heç vaxt qorxu ortaya çıxmır. Elə bil ki, işıq yandırılıb və qaranlıq aradan çıxıb. Məxfi açar budur: Daha çox sev.

Əgər varlığında qorxu hiss edirsənsə, daha çox sev. Sevgidə cəsur ol, cəsarətini topla. Sevgidə macərapərəst ol; daha çox sev və qeyd-şərtsiz sev, çünki nə qədər çox sevsən qorxu o qədər azalır.

Sevgi dediyim zaman, sevginin dörd qatının hamısını nəzərdə tuturam. Seksdən samadhiyə[1] qədər...

Dərindən sev!

Əgər cinsi əlaqədə dərindən sevsən, bədəndən çox böyük qorxu yox olacaq. Əgər sənin bədənin qorxuyla titrəyirsə, bu seks qorxusudur; dərin cinsi əlaqən olmayıb. Bədənin titrəyər, bədənin rahat deyil, yuvasında deyil.

Dərindən sev; seksual orqazm bədəndəki bütün qorxuları dağıdacaq. Bütün qorxuları dağıtmaq deyəndə bir igid olacağını demirəm, çünki igidlər, əslində, sadəcə, tərsinə qorxaqlardır. Qorxu yox olacaq deyəndə qorxaqlıq və igidlik olmayacaq demək istəyirəm. Bunlar qorxunun iki tərəfidir. İgid dediyin insanlara bax: əslində, onların içlərində qorxduqlarını görəcəksən, onlar, sadəcə, zirehə bürünüblər. İgidlik, qorxusuzluq deyil, yaxşı qorunmuş, yaxşı gizlənmiş, zireh arxasında gizlənmiş qorxudur.

Qorxu yox olanda sən qorxusuz olursan. Qorxusuz insan, heç kimdə qorxu yaratmayan və heç kimin onda qorxu yaratmağına imkan yaratmayan insandır.

Dərin seksual orqazm bədənə yuvada olma hissi verir. Bədəndə çox-çox dərin sağlamlıq baş verir, çünki bədən bütün olduğunu hiss edir.

Sonra, ikinci addım sevgidir. İnsanları sev, qeyd-şərtsiz sev. Əgər fikrində bəzi şərtlər varsa, heç vaxt sevə bilməzsən, o şərtlər sədlərə çevrilir. Sevgi sənin üçün o qədər faydalıdır ki, niyə şərtlərlə vaxtını itirəsən? Sevgi o qədər faydalı, o qədər dərin sağlamlıq halıdır; qeyd-şərtsiz sev, qarşılığında heç nə istəmə. Əgər, insanları sevərək

---

[1] Yoqa sistemlərindən biri; supermeditasiya texnikaları; azadlıq və aydınlığa qovuşma.

qorxusuzluğunun böyüyəcəyini başa düşə bilsən, təkcə, bunun həzzi üçün sevəcəksən!

Adətən, insanlar, ancaq şərtləri yerinə yetiriləndə sevirlər. "Bu cür olmalısan, ancaq o halda səni sevərəm" deyərlər. Bir ana uşağına, "Dəcəllik etməsən, səni sevəcəyəm" deyər. Bir həyat yoldaşı ərinə, "Belə hərəkət etsən, səni sevə bilərəm" deyər. Hər kəs şərtlər yaradır; sevgi yox olur.

Sevgi, sonsuz səmadır! Onu şərtlərlə, məhdudlaşdıraraq, dar çərçivə içinə sıxışdıra bilməzsən. Əgər evini havalandırdıqdan sonra hər yeri bağlasan, bütün qapıları, pəncərələri bağlasan, o, təmiz hava bir müddət sonra köhnələr. Nə vaxt sevgi yaransa, bu azadlığın bir hissəsidir; o təmiz havanı evinə gətirəndən sonra hər şey köhnəlib çirklənir.

Bütün insanlığın ən dərin problemlərindən biri budur. Bu, həmişə problem olub. Aşiq olduğun vaxt, hər şey gözəl görünür; çünki o vaxtlar heç bir şərt irəli sürmürsən. İki adam heç bir şərtsiz birlikdə hərəkət edirlər. Münasibət oturuşandan sonra, bir-birlərini qısqanmağa başlayandan sonra şərtlər qoyulmağa başlanır. "Belə olmalısan, belə hərəkət etməlisən; yalnız, o halda səni sevərəm". Elə bil ki, sevgi sövdələşmədir.

Bütün qəlbinlə sevməyəndə sövdələşmə edərsən. Yanındakı insanı səninçün nələrsə etməyə məcbur etmək istəyirsən, ancaq o halda onu sevəcəksən, əks təqdirdə, sevginə xəyanət edəcəksən. Yəni sevgini cəza, ya da məcburiyyət kimi istifadə edirsən, amma sevmirsən. Ya sevgindən imtina etməyə çalışırsan, ya da sevgini verirsən, amma hər iki halda da məqsəd sevgi olmur, başqa bir şey olur.

Ərsənsə həyat yoldaşına hədiyyə aparırsan. Xoşbəxt olur, səni qucaqlayır, öpür, amma evə nəsə gətirməyəndə məsafə qoyur; səni qucaqlamır, sənə yaxınlaşmır. Belə şeylər edəndə sevginin, təkcə başqalarına deyil, sənə faydası olduğunu unudursan. Sevgi, birinci növbədə sevənlərə kömək edir. İkinci növbədə sevilənlərə kömək edir.

İnsanlar həmişə mənim yanıma gəlib, "O məni sevmir" deyirlər. Heç kəs gəlib "Mən onu sevmirəm" demir. Sevgi tələbə çevrilib: "Həyat yoldaşım məni sevmir". Başqa insanları unut! Sevgi elə gözəl hissdir ki, əgər sən sevsən, zövq alacaqsan.

Nə qədər çox sevsən, o qədər seviləcəksən. Nə qədər az sevsən, və başqalarının səni sevməyini tələb etsən, o qədər az sevilərsən, getdikcə daha çox özünə qapanar, eqonun içində sıxışıb qalarsan. Küsəyən olarsan, hətta kimsə sənə sevmək üçün yaxınlaşsa belə qorxmağa başlayarsan, çünki rədd edilmə, geri çəkilmə ehtimalı var.

Səni heç kim sevmir – bu, sənin içində özünə yaxşıca yer eləmiş fikrə çevrilib. Bu insan sənin fikrini dəyişməyə necə cəhd edir? Səni sevməyə cəhd edir? Mütləq ki, nəsə yalanlar var, səni aldatmağa cəhd edir? Bic bir fırıldaqçı olmalıdır. Özünü qorumalısan. Sən heç kimin səni sevməyinə imkan vermirsən və sən özün də başqalarını sevmirsən. Sonra ortaya qorxu çıxar. Onda dünyada tək qalarsan, əlaqələrin qopar.

Onda qorxu nədir? **Qorxu, mövcudluq ilə təmasın olmadığı hissdir. Qoy bu, qorxunun tərifi olsun: mövcudluqla təmasın itdiyi vəziyyət qorxudur.** Sən tək qalmış, evdə ağlayan uşaqsan, valideynlərin, bütün ailə teatra gedib. Uşaq beşiyində dayanıb ağlayır. Heç kimlə əlaqə yarada bilmir, qoruyacaq heç kim yoxdur, sakitləşdirəcək heç kim yoxdur, sevəcək heç kim yoxdur, hər tərəfdə tənhalıq, ucsuz-bucaqsız tənhalıq var. Qorxu vəziyyəti budur.

Bu, belə yaşanır, çünki sən sevginin yaşanmasına imkan verməyəcək şəkildə böyüdülmüsən. Bütün insanlıq başqa şeylər üçün öyrədilib, sevgi üçün yox. Öldürmək üçün öyrədilmişik. Ordular var, illərlə öldürmək öyrədilir! Hesablamaq öyrədilir; kolleclər, universitetlər var, illərlə təhsil verərək sənə hesablamağı öyrədir ki, heç kim səni aldada bilməsin, sən hamını aldada biləsən. Amma heç yerdə sevgiyə, azad sevgiyə imkan verən fürsət yaranmır!

Hətta bu qədər də deyil, cəmiyyət sevmək üçün edilən hər cəhdə mane olur. Valideynlər uşaqlarının aşiq olmağını xoşlamır. Heç bir ata, heç bir ana, onların narazılıqlarından asılı olmayaraq, uşaqlarının aşiq olmağını xoşlamır. Onlar, razılaşdırılmış nikahı xoşlayırlar.

Niyə? Çünki cavan oğlan bir qadına, ya da bir qıza aşiq olanda öz ailəsindən uzaqlaşır; yeni ailə yaradır. O öz ailəsinə qarşı gedir: "Mən, artıq, gedirəm, öz evimi yaradacağam" deyir. Öz qadınını seçir; atanın, ya da ananın edə biləcəyi heç nə yoxdur, tamamilə uzaqlaşdırılırlar.

Yox, bunu onlar təşkil etmək istəyərlər: "Sən bir ev qur, amma imkan ver, hər şeyi biz təşkil edək, bizim də söz haqqımız olsun. Əsla, aşiq olma, çünki aşiq olsan bütün dünyan ondan ibarət olar" deyərlər. Əgər məntiq evliliyidirsə, bu, sadəcə, ictimai hadisədir. Sən aşiq deyilsən, sənin həyat yoldaşın sənin bütün dünyan deyil, sənin ərin bütün dünyan deyil. Ona görə də razılaşdırılmış evlilik davam edirsə, ailə davam edir. Harada sevgi evliliyi olarsa, ailə yox olar.

Qərbdə ailə yox olur. Razılaşdırılmış evliliyin bütün məntiqini görə bilərsən: Ailə mövcud olmaq istəyir. Sən yox edilsən, aşiq olma ehtimalın yox edilsə, bunun əhəmiyyəti yoxdur: ailə üçün qurban edilməlisən. Əgər nikah razılaşdırılırsa, onda ailələr birləşə bilir. Əgər nikah razılaşdırılıbsa, bu ailədə yüz adam belə yaşaya bilir. Amma əgər bir oğlan, ya da bir qız kiməsə aşiq olursa, onda özlərindən ibarət bir dünya olurlar. Tək hərəkət etmək istəyirlər, məhrəmlik istəyirlər. Ətraflarında yüz adam olsun istəmirlər, əmilər, əmilərin əmiləri, əmi oğulları, əmi oğullarının əmisi oğulları; onlar ətraflarında belə bazar olsun istəmirlər. Öz şəxsi dünyalarına malik olmaq istəyirlər; bu da narahatedici olur.

Ailə, sevgiyə qarşıdır. Ailənin sevgi mənbəyi olduğunu eşitmiş olmalısan, amma mən sənə deyirəm ki, ailə sevgiyə qarşıdır. Ailə, sevgini öldürərək mövcud olur; sevginin yaranıb böyüməsinə imkan vermir.

Cəmiyyət, sevgiyə imkan vermir, çünki əgər kimsə dərin sevgi içindədirsə o, təsir altına düşməz. Onu müharibəyə göndərə bilməzsən. "Mən olduğum yerdə xoşbəxtəm! Məni haraya göndərirsən? Niyə gedib evlərində xoşbəxt olan tanımadığım insanları öldürməliyəm? Heç bir konfliktimiz yoxdur, maraqlarımız toqquşmur..." – deyəcək.

Əgər gənc nəsil sevgi yolunda daha çox dərinlərə gedərsə, müharibələr yox olacaq; çünki müharibəyə getmək üçün kifayət qədər ağılsız insan tapa bilməyəcəksən. Əgər sevsən, həyatda hər şeyin dadına baxmış olarsan, onda ölümü və adamları öldürməyi sevə bilməzsən. Amma əgər sevmədinsə, həyatın dadını bilmədinsə, ölümü sevərsən.

Qorxu öldürür, öldürmək istəyir. Qorxu dağıdıcı, sevgi yaradıcı enerjidir. Sevəndə yaratmaq istəyərsən, mahnı oxumaq, şəkil çəkmək, ya da şeir yazmaq istəyərsən, süngü taxıb, ya da atom bombası alıb heç tanımadığın insanları, heç nə etməyən, sənin tanımadığın və səni tanımayan insanları öldürmək üçün heç yerə getməzsən.

Dünyaya, təzədən, sevgi gətirəndə bütün müharibələr geridə qalacaq. Siyasətçilər sevməyini istəmir, cəmiyyət sevməyini istəmir, ailə sevməyinə imkan vermir. Etmək istədikləri tək şey, sevgi enerjini idarə etməkdir; çünki mövcud olan tək enerji odur. Ona görə də qorxurlar.

Əgər məni yaxşı başa düşürsənsə, bütün qorxulardan uzaqlaş və daha çox sev, qeyd-şərtsiz sev. Sevəndə, başqa biri üçün nəsə etdiyini fikirləşmə; özünçün nəsə edirsən. Sevmək səninçün xeyirlidir. Ona görə də gözləmə; başqaları sevəndə sevəcəyini demə, çünki məqsəd bu deyil.

Eqoist ol. Sevgi eqoistdir. İnsanları sev; bu səni təmin edəcək, bunun sayəsində özünü daha çox xoşbəxt hiss edəcəksən.

Sevgi dərinləşdikcə qorxu yox olur; sevgi işıqdır, qorxu isə qaranlıq.

Sonra, sevginin üçüncü mərhələsi var: dua. Kilsələr, dinlər, sektalar, sənə dua etməyi öyrədir. Amma əslində, sənin dua etməyinə mane olurlar, çünki dua öz-özünə yaranan hadisədir, bu, öyrədilə bilməz. Əgər sənə uşaqlığında dua etmək öyrədilibsə, demək, yaşaya biləcəyin çox gözəl təcrübə əlindən alınıb. Dua spontan hadisədir.

Sənə çox sevdiyim bir hekayəni danışacam. Lev Tolstoy bir qısa hekayə yazıb: *"Qədim Rusiyanın müəyyən bölgəsində bir göl var imiş və bu göl üç möminə görə məşhur olub. Bütün ölkə həmin göllə maraqlanmağa başlayıb. Minlərlə insan, o, üç mömini görmək üçün ölkənin dörd bir yanından o gölə gedirmiş.*

Ölkənin baş yepiskopu qorxur: Nə baş verir? Bu "möminlər" haqqında daha əvvəl heç nə eşitməmişdi, onlar kilsə tərəfindən də təsdiq edilməmişdilər; onları kim mömin etmişdi? Xristianlıq dünyanın ən ağılsız işlərindən birini edir; Sertifikat verir: "Bu adam mömindir", deyirlər. Elə bil kimisə sertifikatla mömin edə bilərsən?!

Amma insanlar dəliyə dönmüşdü, dayanmadan möcüzələr baş verdiyinə dair xəbərlər gəlirdi. Ona görə də yepiskop ora baş çəkib vəziyyəti öz gözüylə görməliydi. O, üç kasıb adamın yaşadığı adaya getmək üçün qayığa minir; onlar, sadə, yoxsul, amma çox xoşbəxt adamlardır, çünki əslində, tək bir yoxsulluq var, o da sevməyən ürəyin yoxsulluğudur. Bu adamlar kasıb idi, amma çox zəngindilər, yer üzündə tapa biləcəyin ən zəngin insanlardır.

Bir ağacın altında xoşbəxt şəkildə oturub gülür, ləzzət alırmışlar. Yepiskopu görən kimi qarşısında əyilirlər. Yepiskop soruşur: "Burada nə edirsiniz? Sizin böyük möminlər olduğunuza dair şayiələr gəzir. Necə dua etməyi bilirsiniz?" Yepiskop onları görən kimi onların tamamilə təhsilsiz olduqlarını hiss etmişdi, hətta bir az axmaqdırlar, xoşbəxt, amma axmaq.

İnsanlar bir-birlərinə baxdılar: "Üzr istəyirik, cənab, kilsə tərəfindən düzgün hesab edilən duaları bilmirik, çünki xəbərsizik. Amma özümüz bir dua yaratmışıq, bizim yaratdığımız bir şey var. Əgər əsəbiləşməyəcəksinizsə, sizə göstərə bilərik".

Yepiskopa maraqlı gəlir və deyir: "Bəli, onu mənə göstərin, görüm necə ibadət edirsiniz". Bundan sonra adamlar izah eləyirlər: "Fikirləşdik, fikirləşdik, fikirləşməkdən yorulduq, çünki biz böyük mütəfəkkirlər deyilik, axmaq adamlar, cahil kəndlilərik. Sonra, sadə duada qərarlaşdıq. Xristianlıqda Tanrı üçlük olaraq düşünülür: Ata, Oğul və Müqəddəs Ruh. Biz də 3 nəfərik. Ona görə də belə dua yaratdıq; sən üçsən, biz üçük, bizə mərhəmətini göstər. Bizim duamız belədir: Biz üçük, sən də üçsən, bizə mərhəmətini göstər".

Yepiskop çox qəzəblənir: "Bu nə cəfəngiyyatdır! Biz heç vaxt belə bir dua eşitməmişik. Bunu dayandırın! Siz, bu

79

yolla mömin ola bilməzsiniz. Siz, sadəcə, axmaqsınız". On-
lar yepiskopun ayaqlarına düşərək "Bizə həqiqi, əsl duanı
öyrət" deyirlər.

Yepiskop onlara Rus Pravoslav Kilsəsinin təsdiq edilmiş
duasını oxuyub. Çox uzun, mürəkkəb, çətin sözlərlə dolu
olan bir duaymış. Üç mömin bir-birlərinə baxıblar. Bunu
yadda saxlamaları qeyri-mümkün görünürmüş; cənnətin
qapıları onların üzünə bağlanmışdı. "Lütfən, təzədən, bir
dəfə də deyin, çünki çox uzundu və biz, bir az təhsilsizik".
O, duanı təzədən oxuyur. "Bir də oxuyun, cənab, çünki
yaddan çıxardarıq, yanlış şey deyərik". Yepiskop bir dəfə
də təkrarlayır. Adamlar yepiskopa səmimiyyətlə təşəkkür
ediblər və yepiskop da bu, üç axmaq insanı kilsəyə qazan-
dırdığı, faydalı iş gördüyü üçün özünü yaxşı hiss edir.

O, qayığıyla üzüb uzaqlaşarkən gölün ortalarında
gözlərinə inanmır; o, üç şəxs, o, axmaq insanlar suyun
üstündə qaçırmışlar! Onlar qışqırırmışlar: "Gözləyin... bir
də təkrar edin... biz unutmuşuq!"

Yepiskop gözlərinə inanmır! Onların ayaqlarına yıxılıb:
"Məni bağışlayın, siz, elə bildiyiniz kimi dua etməyə davam
edin" deyib.

Üçüncü sevgi enerjisi duadır. Dinlər, təşkilatlanmış
kilsələr bunu məhv ediblər. Onlar sənə əvvəlcədən hazır-
lanmış dualar veriblər. Dua öz-özlüyündən yaranan hissdir.
Dua edərkən bunu yadda saxla; qoy duan öz-özlüyündən
yaranan bir şey olsun. Əgər dua belə səmimi, spontan ol-
mursa, başqa nə elə olacaq? Əgər, Tanrıyla birlikdə olanda
belə əvvəlcədən hazırlanmış şeyləri istifadə edirsənsə nə
vaxt səmimi, təbii və həqiqi olacaqsan?

Demək istədiyin şeyləri de. Tanrıyla, sanki müdrik bir
dostunla danışırmışsan kimi danış. Amma söhbətə qəti

rəsmiyyət qatma. Rəsmi münasibət, münasibət belə deyil. Tanrıyla da rəsmi olacaqsan? Bütün təbiiliyi itirərsən.

Duaya sevgi qat. Onda danışa bilərsən! Bu, çox gözəl şeydir, kainatla dialoq qurmaqdır.

Heç müşahidə etmisən? Əgər həqiqətən də səmimi olsan, insanlar səni dəli hesab edəcək. Əgər bir ağaca yaxınlaşıb danışmağa başlasan, bir çiçəklə, güllə söhbət etsən, hər kəs dəli olduğunu fikirləşər. Əgər kilsəyə gedib bir xaçla, bir heykəllə danışsan, heç kim dəli olduğunu fikirləşməz; əksinə, dindar olduğunu düşünərlər. Məbəddəki bir daşla söhbət edərsən və hər kəs dindar olduğunu fikirləşər, çünki təsdiq edilmiş forma budur.

Əgər istənilən daş heykəldən daha canlı, daha müqəddəs olan bir güllə danışsan... Əgər kökü olmayan istənilən xaç yerinə, kökləri Tanrıya gedib çatan bir ağacla danışsan... Xaçın kökü yoxdur, o, ölü şeydir, ona görə də öldürür... Ağac canlıdır, kökləri torpağın dərinliklərində, budaqları səmadadır. Tamlıq, bütövlüklə birləşir; günəş işıqlarıyla, ulduzlarla bütövləşir. Ağaclarla söhbət et; ilahi olanla əlaqə nöqtəsi ola bilər.

Ancaq əgər belə də danışsan, hər kəs dəli olduğunu fikirləşəcək. Səmimilik dəlilik hesab edilir. Rəsmiyyət sağlam fikirlilik hesab olunur. Əslində, reallıq, bunun tam əksidir. Bir məbədə girib əzbərlədiyin duanı təkrarlayırsansa, sən, sadəcə, səfehsən. Ürəkdən ürəyə söhbət apar. Dua çox gözəldir, sən, onun sayəsində çiçək açmağa başlayacaqsan.

Dua aşiq olmaqdır; bütövlüyə aşiq olmaqdır. Bəzən, bütövlüyə hirslənər və danışa bilməzsən; bu gözəldir! "Danışmayacağam, bu qədər bəsdir, sən məni dinləmirsən" – deyərsən. Nə gözəl hərəkətdir, cansız deyil. Bəzən, ümumiyyətlə, duadan uzaqlaşarsan, çünki dua edirsən və

Tanrı sənə qulaq asmır. Dərindən bağlı olduğun münasibət olduğu üçün hirslənirsən. Bəzən özünü yaxşı hiss edir, minnətdar olursan, bəzən də sənə əhəmiyyət vermədiyini hiss edirsən. Qoy o, belə canlı münasibət olsun. Onda, dua gerçək olar. Əgər sən qrammofon kimi hər gün eyni şeyi təkrar edirsənsə, o, dua deyil.

Həyatını da işi kimi mexaniki yaşayan bir vəkil varmış. Hər gecə yatağına girməzdən əvvəl səmaya baxıb belə deyərmiş: "Eynisindən. Başqa günlərdəki kimi". Yalnız, bircə dəfə dua edib. Həyatında ilk dua; sonra, həmişə, "eynisindən", deyərmiş. Sanki hüquqi şeymiş kimi eyni duanı təkrar etməyin nə mənası var? İstər, eynisindən de, istər, hamısını təkrar et, ikisi də eyni şeydir.

Dua, yaşanan təcrübə olmalıdır, ürəkdən ürəyə dialoq olmalıdır. Qısa müddət sonra, əgər həqiqətən də ürəkdən danışırsansa, təkcə danışdığını hiss etməzsən, qarşılığı da orada olar. Onda dua özünü tapır, yetkinləşir. Qarşılığı hiss etdiyin vaxt, təkcə, sən danışmazsan – əgər monoloq davam edirsə, bu, hələ də dua deyil – bu, dialoqa çevrilir. Sən, təkcə, danışmazsan, həm də dinləyərsən.

Mən sənə deyirəm ki, bütün mövcudluq qarşılıq verməyə hazırdır. Ürəyin bir dəfə açıldısa, O, sənə qarşılıq verir.

Dua qədər gözəl şey yoxdur. Heç bir sevgi dua qədər gözəl ola bilməz. Necə ki, heç bir seks sevgi qədər gözəl ola bilməz, eləcə də heç bir sevgi dua qədər gözəl ola bilməz.

Sonra, bir də dördüncü mərhələ var. Mən bunu meditasiya adlandırıram. Orada dialoq da yox olur. Onda səssizlik içində dialoq qurursan. Sözlər yox olur, çünki ürək, həqiqətən də dolub-daşanda sən danışa bilməzsən. Ürək dolub-daşanda, təkcə səssizlik ünsiyyət vasitəsi ola bilər. Çünki orada "başqası" olmur. Sən, kainatla bir olursan. Nə nəsə

82

deyərsən, nə də nəsə eşidərsən. Sən, kainatla, bütövlüklə birləşərsən. Tam bərabərləşərsən: Meditasiya budur.

Bunlar sevginin dörd mərhələsidir və hər mərhələdə qorxunun yox olmağı reallaşacaq. Əgər seks gözəl yaşanarsa, bədən qorxusu yox olacaq. Bədən nevrotik olmayacaq. İşimlə bağlı, normal olaraq, minlərlə bədən müşahidə etdim; hamısı nevrotik, havalanmış, təmin olunmamış, yuvasında olmayan bədənlər.

Əgər sevgi yaşanarsa, qorxu fikirdən yox olar. Onda sərbəst, dinc və özünü evində hiss etdiyin həyatın olacaq. Heç bir qorxu gəlməyəcək, heç bir qarabasma olmayacaq.

Əgər dua baş verərsə, onda, qorxu tamamilə yox olur, çünki dua sayəsində sən bir olursan; bütövlüklə dərin duyğu birləşməsi hiss edərsən. Ruhundakı qorxu yox olar; yalnız dua edəndə ölüm qorxusu yox olar, ondan əvvəl heç vaxt yox olmaz.

Meditasiya edəndə isə qorxusuzluq belə yox olar. Qorxu yox olar, qorxusuzluq yox olar. Heç nə qalmaz. Ya da təkcə heçlik qalar. Ucsuz-bucaqsız təmizlik, bəkarət, günahsızlıq.

MÜNASİBƏT DEYİL, MÖVCUDLUQ VƏZİYYƏTİ

Sevgi, münasibət deyil. Sevgi, mövcudluq vəziyyətidir; başqa heç kimlə heç bir əlaqəsi olmur. İnsan sevməz, insan sevgi olur. Əlbəttə ki, insan sevgi olanda sevər də, amma bu nəticədir, əlavə məhsuldur, mənbə deyil. Mənbə, insanın sevgi olmağıdır.

Yaxşı, onda, kim sevə bilər? Təbii olaraq, əgər kim olduğunun fərqində deyilsənsə sevgi ola bilməzsən. Qorxu olarsan. Qorxu, sevginin tam əksidir. Yadda saxla, insanların fikirləşdiyi kimi sevginin əksi nifrət deyil. Nifrət, baş-ayaq qalmış sevgidir, sevginin əksi deyil. **Sevginin əsl əksi qorxudur. İnsan sevgiylə böyüyür, qorxuyla kiçilir. İnsan, qorxu olanda qapanır, sevgiylə açılır. Qorxuda şübhə var, sevgidə etibar.** İnsan, qorxuda tək qalır. Sevgidə isə yox olur; ona görə də tənhalıqdan söhbət belə gedə bilməz. Yoxsa insan necə tək ola bilər? Çünki sevgi varkən, bütün bu ağaclar, quşlar, buludlar, günəş, ulduzlar, hamısı səninçündür. Sevgi, öz daxili səmanın fərqinə varanda yaşanır.

Balaca uşaqda qorxu yoxdur; çünki uşaqlar qorxusuz doğulur. Əgər cəmiyyət onlara kömək edib qorxusuz qalmalarını dəstəkləyə bilsə; ağaclara, dağlara dırmaşmalarına, okeanlarda və çaylarda üzmələrinə kömək edə bilsə... Əgər

84

cəmiyyət onların macərapərəst olmaları və naməlumun arxasınca qaçmaları üçün əlindən gələn, mümkün olan hər şeyi etsə; əgər cəmiyyət balaca uşaqlara ölü inanclar vermək əvəzinə onlarda böyük həvəs hissi yarada bilsə... onda, uşaqlar böyük aşiqlərə çevriləcəklər. Əsl din budur. Sevgidən daha üstün din yoxdur.

Meditasiya et, oyna, mahnı oxu və öz içinə gedərək daha dərinə en. Quşların səsinə daha diqqətlə qulaq as. Çiçəklərə daha təəccüblə, heyrətlə bax. Məlumatlı olma, nələrəsə nişan vurmağa çalışma. Məlumatlı olmaq, hər şeyə nişan vurmağın, kateqoriyalara bölməyin sənətidir. İnsanlarla tanış ol, insanlarla qaynayıb-qarış, mümkün olduğu qədər çox insanla ünsiyyətdə ol, çünki hər insan Tanrının bir başqa üzünü ifadə edir. İnsanlardan öyrən. Qorxma, mövcudluq sənin düşmənin deyil. Bu mövcudluq sənin anan kimidir, bu mövcudluq səni hər yolla dəstəkləməyə hazırdır. İnan, onda, içində yeni bir enerjinin yüksəlişini hiss etməyə başlayacaqsan. Bu enerji sevgidir. Bu enerji bütün mövcudluğa xeyir-dua vermək istəyir, çünki o enerjinin içində insan özünü müqəddəs hiss edir. Əgər sən özünü xeyir-dua almış kimi hiss edirsənsə, bütün mövcudluğa xeyir-duadan başqa nə verə bilərsən?

Sevgi, bütün mövcudluğa xeyir-dua vermək üçün duyulan dərin arzudur.

BU TORT ÇOX LƏZZƏTLİDİR!

Sevgi çox nadir şeydir. Bir insanın ürəyinin dərinliyinə toxunmaq böyük inqilab eləməkdir, çünki əgər bir insanın ürəyinə toxunmaq istəyirsənsə, o insana da sənin ürəyinə toxunma imkanını verməlisən. Onda, müdafiəsiz qalarsan, tamamilə zəifləyərsən.

Bu risklidir. Başqa bir insanın ürəyinə toxunmağına imkan verməyin riskli və təhlükəlidir, çünki o insanın sənə nə edəcəyini bilə bilməzsən. Bütün sirlərini öyrəndikdən, bütün gizlədiklərin üzə çıxandan, özünü tamamilə aşkara çıxarandan sonra başqa insanın nə edəcəyini heç vaxt bilməzsən. Qorxu oradadır. Ona görə də biz heç vaxt özümüzü açmarıq.

Sadəcə, tanışlıq olan şeyin sevgi olduğunu fikirləşirik. Periferiyalar görüşür və biz tanış olduğumuzu zənn edərik. Sən periferiyan deyilsən. Əslində, periferiya sənin bitdiyin sərhəddir, sadəcə, ətrafında meydana gələn çəpərlərdir. O, sən deyilsən! Periferiya sənin bitdiyin və dünyanın başladığı nöqtədir.

İllərlə birlikdə yaşamış ər-arvadlar belə, sadəcə, tanışlıq yaşamış ola bilərlər. Bəlkə də bir-birlərini həqiqətən tanımayıblar. Bir insanla nə qədər uzun müddət birlikdə yaşasan, onun ürəyi ilə heç tanış olmadığını o qədər çox unudarsan.

Beləliklə, başa düşülməli olan ilk şey tanışlığı sevgi hesab etməməkdir. Sevişə bilərsən, cinsi yaxınlığın ola bilər, amma seks də həmçinin periferikdir. Ürəklər bir olmadığı müddətcə seks, sadəcə, iki bədənin görüşməsindən ibarət olur. İki bədənin görüşü sizin görüşünüz deyil. Seks də tanışlıq olaraq qalır; fiziki, cismani, ancaq, hələ də tanışlıq səviyyəsində. Kimsə sənin ürəyinə girməyinə, ancaq, qorxmayanda, qorxu yaşamayanda imkan verirsən.

İki cür yaşayış tipi var: qorxu yönümlü və sevgi yönümlü. Qorxu yönümlü yaşayış səni heç vaxt dərin münasibətə apara bilməz. Sən qorxmağa davam edər və başqa birinə heç vaxt imkan verə bilməzsən. Onun, sənin dərinliyinə, daxilinə nüfuz etməyinə heç vaxt imkan verə bilməzsən.

Ona bir yerə qədər imkan verərsən, sonra divar yaranır və hər şey dayanır.

Sevgi yönümlü adam gələcəkdən qorxmayan insandır. Nəticələrdən və ola biləcəklərdən qorxmaz, burada və bu anla yaşayar. Nəticələri fikirləşmə, bu qorxu yönümlü fikirlərə aid şeydir. Sonunda nələr olacağını düşünmə. Burada ol və bütün mənliyinlə hərəkət et. Hesabçı olma. Qorxu yönümlü insan həmişə hesablayır, planlaşdırır, razılığa gəlir və qoruyucu divarlar yaradır. Beləliklə, bütün həyatını heç edər.

Yaşlı Zen rahibi haqqında bir hekayə eşitmişəm:

Bir Zen rahibi ölüm yatağındaymış. Son günü gəlir və o, artıq axşam öləcəyini elan edir. Ona görə müridləri, həvariləri və dostları yanına gəlməyə başlayır. Onun çoxlu sevənləri varmış, hamısı da gəlmək istəyirmiş; çox uzaqlarda olanlar belə gəlib.

Ən köhnə müridlərindən biri ustasının ölmək üzrə olduğunu eşidən kimi dərhal bazara qaçıb. Kimsə ondan soruşub: "Usta daxmasında ölür, sən niyə bazara gedirsən?" Köhnə mürid cavab verib: "Ustamın, xüsusi növ tortu çox sevdiyini bilirəm. Gedib ona o tortdan alacağam".

Tortu tapmaq çətin olur, amma axşamçağı birtəhər tapıb, əlində tortla daxmaya qaçır.

Daxmada hər kəs narahat imiş, elə bil usta kimisə gözləyirmiş. Gözlərini açıb ətrafa göz gəzdirəndən sonra təzədən bağlayırmış. Mürid daxmaya gələn kimi soruşur: "Nəhayət gəldin. Tort haradadır?" Mürid tortu göstərir. O, ustası tortu soruşduğuna görə çox xoşbəxt olur.

Ölmək üzrə olan usta tortu əlinə alır, amma əli titrəmir. Çox yaşlı olmağına baxmayaraq əli titrəmirmiş. Ona görə də kimsə soruşur: "Bu qədər yaşlısan və ölüm ayağındasan.

Tezliklə son nəfəsini verəcəksən, amma əllərin belə əsmir".
Usta cavab verir: "Mən heç vaxt titrəmərəm, çünki heç bir
qorxum yoxdur. Bədənim yaşlanmış ola bilər, amma mən
hələ də gəncəm və bədənim məni tərk edəndən sonra belə
gənc qalacağam".

Sonra tortdan bir dişlək götürüb çeynəməyə başlayır.
Onda kimsə soruşur: "Son sözün nə olacaq, usta? Tezliklə
bizi tərk edəcəksən. Nəyi xatırlamağımızı istəyirsən?"

Usta gülümsəyərək deyir: "Ah, bu tort çox ləzzətlidir".

Anı yaşayan insan budur: bu tort çox ləzzətlidir! Hətta
ölüm belə önəmsizdir. Sonrakı an belə mənasızdır. Bu anda,
bu tort çox ləzzətlidir. Əgər bu anda yaşaya bilirsənsə, in-
dini bu anda hər şeyiylə birlikdə yaşaya bilirsənsə, ancaq
onda sevə bilərsən.

Sevgi, nadir hallarda açan çiçəkdir. O, nadir hallarda ya-
şanır. Milyonlarla insan sevgili olduqlarını sandıqları yalan
münasibətdə yaşayırlar. Onlar, güman edirlər ki, sevirlər,
amma bu yalnız onların inamlarıdır.

**Sevgi, nadir hallarda açan çiçəkdir. Bəzən baş verir.
Bu, nadirdir, çünki ancaq heç bir qorxu olmayanda re-
allaşa bilir, daha əvvəl deyil.** Belə ki, sevgi, yalnız, dərin
mənəviyyata sahib dindar bir insanın başına gələ bilir. Seks
hamı üçün mümkündür. Tanışlıq hamı üçün mümkündür.
Sevgi isə yox.

Qorxmayanda gizlədəcək heç nə olmur; yalnız onda bü-
tün sərhədləri götürüb açıq insan ola bilərsən. Yalnız onda
bir başqa insanı öz ürəyinin dərinliklərinə toxunması üçün
dəvət edə bilərsən.

Yadda saxla; əgər kiminsə ürəyinin dərinliklərinə toxun-
mağına imkan versən, o insan da sənin onun ürəyinin

dərinliklərinə toxunmağına imkan verəcək, çünki etibar yaradılıb. Sən qorxmayanda qarşındakı insan da qorxusuz olar.

Sənin sevgində həmişə qorxu var. Ər arvadından qorxur, qadın ərindən qorxur. Sevgililər həmişə qorxur. Onda yaşanan sevgi olmaz. Bu, sadəcə, bir-birini asılı olan iki qorxu dolu şəxsin arasında olan razılıqdır: dava-dalaş, istismar, manipulyasiya, idarəçilik, sahiblənmək var, amma sevgi deyil.

Əgər sevginin yaranmağına imkan versən, duaya ehtiyac qalmaz, meditasiyaya ehtiyac qalmaz, heç bir kilsəyə, heç bir məbədə ehtiyac qalmaz. Əgər sevə bilirsənsə, Tanrını tamamilə unuda bilərsən, çünki sevgi sayəsində hər şeyi yaşamış olacaqsan: meditasiyanı da, duanı da, Tanrını da. İsa, "Sevgi Tanrıdır" deyəndə bunu nəzərdə tutur.

Amma sevgi çətindir. Buna görə qorxu kənara qoyulmalıdır. İşin qəribə tərəfi də budur ki, itirəcək heç nəyin olmamağına baxmayaraq sən qorxursan.

Kəbir adlı mistik haradasa belə deyib: "İnsanlara baxıram... Onlar çox qorxurlar, amma mən səbəbini başa düşmürəm, çünki onların itirəcək heç nələri yoxdur. Onların vəziyyəti çılpaq olduqları halda paltarlarını harada qurudacağını bilmədiyi üçün çayda çimməkdən qorxan adamın vəziyyətinə oxşayır". Sənin də vəziyyətin belədir, çılpaqsan, heç bir paltarın yoxdur, amma həmişə paltarlarına görə narahatsan.

İtirəcək nəyin var? Heç nə. **Ölüm bu bədəni əlindən alacaq; ölüm onu almazdan əvvəl, onu sevgiyə ver. Nəyin varsa əlindən alınacaq; alınmadan əvvəl niyə onları paylaşmırsan?** Ona sahib olmağın tək yolu budur. Əgər paylaşıb verə bilirsənsə, sahib sənsən. Onsuz da əlindən alınacaq, heç nəyi həmişəlik əlində saxlaya bilməzsən. Ölüm hər şeyi məhv edəcək.

Əgər məni doğru anlasan, mübarizənin ölümlə sevgi arasında olduğunu anlayarsan. Əgər verə bilirsənsə, orada ölüm olmayacaq. Səndən nəsə almazdan əvvəl sən, artıq, onu çoxdan vermiş, hədiyyə etmiş olacaqsan. Orada heç bir ölüm ola bilməz.

Sevən biri üçün heç bir ölüm yoxdur. Sevməyən biri üçün hər an ölüm deməkdir, çünki hər an ondan nələrsə qoparılır. Bədəni yox olur, o, hər an uduzur. Sonra, bir də ölüm gələcək və hər şey məhv olacaq.

Qorxu nədir? Niyə belə qorxursan? Haqqında hər şey məlum olsa belə, açıq bir kitab olsan belə niyə qorxursan? Sənə necə zərər verə bilərlər? Bunlar yalan konsepsiyalardı, cəmiyyət tərəfindən qoyulan şərtlərdir. Cəmiyyət hər şeyi gizlətməli olduğunu, özünü qorumalı olduğunu, mütəmadi olaraq, mübarizə aparmalı olduğunu, hər kəsin düşmən olduğunu, hər kəsin sənə qarşı olduğunu deyir.

Heç kim sənə qarşı deyil! **Kiminsə sənə qarşı olduğunu hiss etsən belə, o, sənə qarşı deyil, çünki hər kəs özü ilə məşğuldur, səninlə yox. Orada qorxmalı heç nə yoxdur. Real münasibətin yaranması üçün əvvəlcə bu baş verməlidir.** Orada qorxmalı heç nə yoxdur.

Bu haqda fikirləş. Sonra, başqalarının sənə nüfuz etməyinə imkan ver, onları içəri dəvət et. Heç yerdə heç bir sədd yaratma; həmişə açıq olan keçid ol, kilidsiz, qapısız, bağlı heç bir yeri olmayan keçid. Onda, sevgi mümkün olar.

İki ürək görüşəndə sevgi orada olur. Sevgi, kimyəvi hadisədir; eynən hidrogen və oksigen birləşəndə su kimi yeni şeyin yaradılması kimi kimyəvi hadisə. Hidrogen ola bilərsən, oksigen ola bilərsən, amma əgər susamısansa, bunlar heç bir fayda verməyəcək. İstədiyin qədər oksigenə, istədiyin qədər hidrogenə sahib ola bilərsən, amma susuzluğunu apara bilməzsən.

İki ürək görüşəndə yeni şey yaradılar. Bu yeni şey sevgidir. Eynən, su kimi, çoxlarının həyatının susuzluğunu aradan qaldırar. Qəfildən, sən də doyarsan. Bu, sevginin görünən əlamətidir; istədiyin hər şeyə nail olmuş kimi məmnun olarsan. İndi əldə etmək istədiyin heç nə yoxdur; məqsədinə çatmısan. Başqa bir məqsədin yoxdur, alın yazın gerçəkləşib.

Sevginin görünən əlaməti dərin məmnunluq hissidir. İnsan sevəndə dərin məmnunluq yaşayar. Sevgi gözlə görünməz, amma insanın ətrafında sakitlik, dərin məmnunluq hissi görünə bilir. Hər nəfəsində, hərhərəkətində bütün varlığı xoşbəxtliyə çatır.

Mən, sevginin səni arzusuz etdiyini desəm təəccüblənərsən, amma arzu narazılıqdan yaranır. Sahib olmadığın üçün arzulayarsan. Arzulayarsan, çünki əgər o şeyə sahib olsan, səni məmnun edəcəyini düşünərsən. Arzu, narazılıqdan ortaya çıxır.

Sevgi olanda, iki ürək görüşüb, qaynayıb-qarışıb, birləşəndə yeni kimyəvi xüsusiyyət doğulur və məmnunluq əmələ gəlir. Elə bil bütün mövcudluq dayanıb, hərəkətsizdir. Onda, yaşanan an, mövcud olan tək an olur. Bax, sən onda "Bu tort çox ləzzətlidir" deyə bilərsən. Sevgini yaşayan insan üçün ölüm belə heç nə ifadə etmir.

SƏRHƏDLƏRİ OLMAYAN DÜNYA

Sevgi, sərhədləri olmayan bir dünyadır, sonsuz bir dünyaya açılan qapıdır. Sevgi başlayar, amma heç vaxt bitmir; bir başlanğıcı var, amma sonu yoxdur.

Bir şeyi yadda saxla: adətən, fikir müdaxilə edər və sevginin öz sonsuzluğuna, öz yerinə imkan verməz. **Əgər bir insanı həqiqətən sevirsənsə, ona sonsuz yer verərsən. Sənin varlığın, onun içində böyüyəcəyi, birlikdə böyüyəcəyiniz bir yerdir. Fikir müdaxilə edər və ona sahib olmağa çalışar, onda, sevgi məhv olur.** Fikir çox tamahkardır, fikir tamahkarlıqdır. Fikir çox zəhərlidir. Ona görə də əgər kimsə sevgi dünyasına addım atmaq istəyirsə, fikrini yarı yolda qoyub getməlidir. Fikrin müdaxiləsi olmadan yaşamalıdır. Fikir, öz yerində yaxşıdır. Bazarda ona ehtiyac duyulur, sevgidə ona ehtiyac yoxdur. Büdcə hazırlamağa çalışarkən ona ehtiyac var, amma daxili dünyada dərinləşmək üçün ona ehtiyac yoxdur. Riyaziyyat üçün fikrə ehtiyac var; meditasiyada ona ehtiyac yoxdur. Fikrin öz istifadə sahəsi var, amma rahatlıq, təkcə, xarici dünya üçündür. Daxili dünyayla heç bir əlaqəsi yoxdur. Ona görə daha çox sev... qeyd-şərtsiz sev. Sevgi ol. Təkcə, sevgi üçün giriş ol!

Quşlar və ağaclar, dünya və ulduzlar, kişilər və qadınlar – hər kəs başa düşür. Ağ və qara, tək bir dil var, bu dil kainatın dilidir – bu dil sevgidir. Ona görə də bu dil ol. Sən sevgi olanda sərhədləri olmayan yepyeni dünya səninçün açılacaq.

Həmişə yadda saxla ki, insanların qapalı olmağının səbəbi fikirdir. Fikir açılmaqdan çox qorxur, çünki fikir ancaq qorxunun olduğu yerdə mövcuddur. **Bir insan nə qədər çox qorxusuzdursa, fikrini o qədər az istifadə edir. Bir insan nə qədər çox qorxursa, fikrini o qədər çox istifadə edir.**

Qorxanda, qayğılı olanda, səni narahat edən nəsə olanda fikir, dərhal, fokuslanar. Narahat olanda fikir həddindən artıq önə çıxar. Narahatlıq olmayanda fikir geri çəkilər.

Hər şey yaxşı olanda, qorxu olmayanda fikir arxa planda qalır. Ancaq nələrsə tərs getməyə başlayanda fikir dərhal önə çıxıb liderliyi ələ keçirər. Təhlükəli vaxtlarda o, lider olar. Fikir, eynən, siyasətçilər kimidir. Adolf Hitler avtobioqrafik əsəri olan *"Mənim mübarizəm" (Mein Kampf)* kitabında belə yazıb: "Əgər liderlikdə qalmaq istəyirsənsə, ölkəni həmişə qorxu altında saxlamalısan. Mütəmadi olaraq, qonşu ölkələrin hücum etməyə hazırlaşdıqlarını, hücum planları hazırladıqlarına dair şayiələr yaymalısan". İnsanlara rahatlıq vermə, çünki rahat cəmiyyətlər siyasətçiləri saymazlar. İnsanlar, həqiqətən, rahatdırlarsa siyasətçilər mənasız olar. Əgər insanları, daima, qorxu içində saxlasan, siyasətçi güclü olar.

Nə vaxtsa müharibə olsa siyasətçilər böyük insanlara çevrilirlər. Çörçill, Hitler, Stalin və ya Mao; onlar, hamısı müharibələrin məhsullarıdır. Əgər İkinci Dünya müharibəsi baş verməsəydi, nə Uinston Çörçill, nə Hitler, nə Stalin olardı. Müharibə, mühit yaradar, insanlara dominantlıq edib lider olma şansları verər. Fikir siyasəti də eynən belədir.

Meditasiya fikrin getdikcə daha az şey edəcəyi vəziyyət yaratmaqdan başqa şey deyil. O qədər qorxusuz, o qədər sevgi dolu, o qədər rahatsan ki – baş verən hadisə səni o qədər razı salır ki, fikrin deməyə heç nəyi qalmır. Onda fikir yavaş-yavaş geriyə çəkilir, arxada qalır və aradakı məsafə artır.

Bir gün fikir tamamilə geri çəkilir və sən onda kainat olursan. Onda sən artıq, bədəninlə məhdudlaşmırsan, heç nə içində həbsdə qalmırsan – sən, təmiz bir boşluq olursan. Tanrı budur. Tanrı, təmiz boşluqdur.

Sevgi, bu saf boşluğa gedən yoldur. Sevgi, vasitədir, çatılmalı olan yer də Tanrı.

QORXAN İNSANLAR, NƏHƏNG SEVGİ BAZASINA SAHİB OLAN İNSANLARDIR. Qorxu, sevginin mənfi tərəfidir. **Əgər sevginin axmağına imkan verilməsə, qorxuya çevrilir. Əgər sevgi axımına imkan verilsə, qorxu yox olur.** Ona görə də təkcə sevgi yaşanan anlarda qorxu olmaz. Əgər bir insanı sevirsənsə, qorxu qəfildən yox olur. Sevgililər, qorxusuz olan tək insanlardır; ölüm belə heç bir problem yaratmır. Təkcə, sevgililər sonsuz dinclik və qorxusuzluq içində ölə bilərlər.

Amma həmişə, nə qədər çox sevsən, o qədər çox qorxu hiss edərsən. Ona görə də qadınlar kişilərdən daha çox qorxu hiss edirlər, çünki qadınların sevgi potensialı daha yüksəkdir. Bu dünyada sevgini reallaşdırmaq üçün qarşında çox az fürsət olduğuna görə, bu sevgi, daima, sənin ətrafında avaralanır. Əgər istənilən potensial avara qalırsa, sənin əleyhdarına çevrilir. Qısqanclığa çevrilə bilir; bu da qorxunun bir hissəsidir. Sahiblənməyə çevrilə bilir; bu da həmçinin qorxunun bir hissəsidir. Hətta nifrətə də çevrilə bilir; bu da qorxunun bir hissəsidir. Ona görə də daha çox sevgi dolu ol. Qeyd-şərtsiz sev, nə qədər çox mümkündürsə, o qədər çox yolla sev. İnsan milyon yolla sevə bilər.

Bir insan yoldan keçən yad adamı belə sevə bilər. O sevgini hiss edə bilər, sonra da öz yolunu davam edə bilərsən. Danışmağa belə ehtiyac yoxdur. Bunu ifadə etməyə belə ehtiyac yoxdur. İnsan bu duyğunu hiss edib öz yoluna gedə bilər. İnsan daşı da sevə bilər. İnsan bir ağacı, səmanı, ulduzları sevə bilər. İnsan, dostlarını, ərini, uşaqlarını, atasını, anasını sevə bilər. İnsan, milyon yolla sevə bilər.

UNUTMA: CƏSARƏT QORXUSUZLUQ DEMƏK DEYİL. Bir insan qorxusuzdursa, ona cəsur deyə bilməzsən. Bir mexanizmə cəsur deyə bilməzsən, o, qorxusuzdur. Cəsarət, təkcə, qorxu okeanı içində mövcuddur, cəsarət, qorxu okeanı içində bir adadır. Qorxu var, amma bu qorxuya baxmayaraq, kimsə riskə gedir; cəsarət budur. İnsan titrəyər, insan qaranlığa girməkdən qorxar, amma yenə də girər. Özünə rəğmən, addım atar; cəsur olmağın mənası budur. Bu, qorxusuzluq demək deyil. Qorxu dolu olmaq, amma onun altında əzilməmək deməkdir.

Ən böyük problem sevgiyə addım atanda meydana çıxır. Onda qorxu ruhunu sarır, çünki sevmək ölmək deməkdir, başqa birinin içində yox olmaq deməkdir. Bu, ölümdür, həm də adi ölümdən daha dərin ölümdür. Adi ölümdə, təkcə, bədən ölür; sevginin ölümündə isə eqo ölür. Sevmək üçün böyük cəsarətə ehtiyac var. Ətrafında yaranacaq bütün o qorxulara baxmayaraq davam etmək gücünə ehtiyac var.

Risk nə qədər böyükdürsə, böyümə ehtimalı da o qədər böyükdür. Ona görə də heç nə adamı sevgi qədər böyüdə bilmir. Sevgidən qorxan insanlar uşaq kimi; yetişməmiş, kal qalırlar. Sənə yetişkənlik verən, yalnız, sevginin atəşidir.

NƏ ASANDIR, NƏ DƏ ÇƏTİN: SADƏCƏ, TƏBİİ

Sevgi, təbii şüurluluq vəziyyətidir. Nə asandır, nə də çətin. Bu sözlər ona uyğun deyil. Bir səy olmadığına görə, nə asan ola bilər, nə də çətin. Nəfəs almaq kimi bir şeydir! Ürəyin döyünməsi, qanın bədənində dolaşması kimi bir şeydir.

Sevgi sənin varlığındır... Amma bu sevgi, demək olar ki, qeyri-mümkün olub. Cəmiyyət, buna imkan vermir. Cəmiyyət, səni elə istiqamətləndirir ki, sevgi qeyri-mümkün olur və mümkün olan tək şey kimi nifrət ortaya çıxır. Onda nifrət asandır; sevgi isə, təkcə, çətin deyil, qeyri-mümkün olur. İnsanlar təhrif edilib. Əgər insanlar əvvəlcədən təhrif edilməsəydilər, onları kölə halına salmaq qeyri-mümkün olardı. Siyasətçilər və dindarlar əsrlər boyu gizli ittifaq içində olublar. Bəşəriyyəti qul cəmiyyətinə çevirmək üçün əməkdaşlıq ediblər. İnsanlarda olan hər cür üsyan hissini yox ediblər; sevgi də bir üsyandır, çünki sevgi, təkcə, ürəyin səsini dinləyər və başqa heç bir şey vecinə olmaz.

Sevgi təhlükəlidir, çünki səni şəxsiyyət edər. Amma hökumətlər və kilsələr şəxsiyyətləri, qətiyyən, sevməzlər. Onlar insan deyil, qoyun istəyərlər. Onlar, sadəcə, insan kimi görünən, amma, ruhları dərindən zədələnib böyük ziyan gördüyü üçün bir də heç vaxt bərpa edilə bilinməyəcək insanlar olsun istəyərlər.

Bir insanı məhv etməyin ən yaxşı yolu, onun içindəki təbii sevgini yox etməkdir. Əgər insanda sevgi olsa, millətlər mövcud olmaz; millətlər nifrət üzərində mövcuddur. Hindlilər pakistanlılara, pakistanlılar da hindlilərə nifrət edir; ancaq o halda bu iki ölkə mövcud ola bilir. Əgər sevgi üzə çıxsa, sərhədlər yox olar. Əgər sevgi üzə çıxsa, onda kim xristian, kim yəhudi olar? Əgər sevgi üzə çıxsa din də yox olacaq.

Əgər sevgi üzə çıxsa məbədlərə kim gedəcək? Nə üçün? Tanrını axtarmağın bircə səbəbi var: sevgi əskikliyi. Tanrı, əskikliyini hiss etdiyin sevginin əvəzinə olan şeydir. Xoşbəxt olmadığın, rahat olmadığın, coşquyla dolu olmadığın üçün Tanrını axtarırsan, əks təqdirdə, kimin nəyinə lazımdır? Kimin vecinədir? **Əgər həyatın rəqsdirsə, onsuz da, artıq Tanrıya çatmısan deməkdir. Sevən ürək Tanrıyla doludur. Ona görə də heç bir axtarışa ehtiyac yoxdur, duaya ehtiyac qalmaz, hər hansı məbədə, ya da dindara ehtiyac olmaz.**

Ona görə də siyasətçi və dindar cütlüyü bəşəriyyətin düşmənidir. Onlar böyük, gizli ittifaq içindədirlər, çünki siyasətçi bədənini, dindar ruhunu idarə etmək istəyir. İstifadə etdikləri gizli yol da eynidir: sevgini yox edirlər. Onda, bəşəriyyəti istədiyin kimi istiqamətləndirə bilərsən və heç kim üsyan etməz, heç kimdə üsyan etmək cəsarəti olmaz.

Sevgi cəsarət verər, sevgi bütün qorxunu silib aparar və zalımlar sənin qorxularından asılı olar. Sənin içində min cür qorxu yaradarlar. Ətrafın qorxuyla əhatələnər, bütün psixologiyan qorxu ilə dolu olar. İçinin dərinliklərində titrəyirsən. Sadəcə, üzündə müəyyən görüntü göstərirsən; bunun altında isə üst-üstə qorxu qatları var.

Qorxu dolu insan, təkcə, nifrət edə bilir; nifrət, qorxunun təbii nəticəsidir. Qorxu dolu insan eyni vaxtda qəzəb doludur, qorxu dolu insan həyat dolu olmaq əvəzinə həyata qarşıdır. Qorxu dolu insana rahatlıq, ancaq ölümlə gələcək kimi görünür. Qorxu dolu insan intihara meyilli olur, həyata qarşı mənfi münasibət bəsləyir. Həyat, onunçün təhlükəli görünür, çünki yaşamaq sevmək deməkdir – necə yaşaya bilərsən? Necə ki, bədənin yaşamaq üçün nəfəs almağa ehtiyacı varsa, ruhun da yaşamaq üçün sevməyə ehtiyacı var. Sevgi, tamamilə, zəhərlənib.

Sevgi enerjini zəhərləyərək içində parçalanma yaratdı; səni iki yerə bölüb, içində düşmən yaratdı. İçində vətəndaş müharibəsi yaratdı, ona görə də daima konfliktdəsən. Bu konflikt sənin enerjini dağıdır; ona görə də həyatın sənə zövq, sevinc vermir. Bu enerjiylə birlikdə sən də bölünürsən; qəmgin, ruhsuz, cahil olursan.

Sevgi, zəkanı itiləşdirir, qorxu kütləşdirir. Sənin ağıllı olmağını kim istəyər? Hər halda, gücü əlində saxlayanlar yox. Sənin ağıllı olmağını necə istəsinlər? Əgər ağıllı olsan onların strategiyalarını, oyunlarını görməyə başlayarsan. Onlar sənin axmaq olmağını istəyərlər. Məsələn, işdə məhsuldar olmağını istəyirlər, amma ağıllı olmağına qarşıdırlar; ona görə də insanlıq potensialının ancaq minimumunda, ən aşağı səviyyəsində yaşayır.

Elmi araşdırmalara görə, adi insan ömrü boyu zəka potensialının təkcə beş faizini istifadə edir. Adi insan təkcə beş faiz istifadə edir – bəs qeyri-adi insanlar? Bəs Albert Eynşteyn, Motsart, Bethoven? Araşdırmaçıların dediyinə görə, bu, çox istedadlı insanlar belə potensiallarının on faizindən çoxunu istifadə etmirlər. Dahi adlandırdığımız insanlar belə, yalnız on beş faizini istifadə edirlər.

Hər kəsin potensialının yüz faizini istifadə etdiyi dünya fikirləş... Onda tanrılar Yerə həsəd apararardı, onda tanrılar dünyada doğulmaq istəyərdilər. Onda dünya cənnət olardı, super cənnət. Hazırda bura cəhənnəmdir.

Əgər insanlar müdaxiləsiz qalsa, zəhərlənməsə, onda, sevgi sadə olar, həm də çox sadə. Onda, heç bir problem olmaz. Yatağında aşağı axan çay kimi, buxarlanıb yuxarı qalxan su kimi, çiçəklənən ağaclar, ya oxuyan quşlar kimi olur. Bu çox təbii, çox spontan olar!

Ancaq insanları müdaxiləsiz qoymazlar. Uşaq doğulan kimi zalımlar onun enerjisini sovurmaq üçün üstünə elə tullanarlar və onu o qədər dərindən təhrif edərlər ki, o insan, yalan həyat yaşadığının, psevdo həyatı olduğunun heç vaxt fərqində olmaz. Ona görə də yaşamaq üçün doğulduğu həyatı, ona bəxş edilən həyatı yaşaya bilməz; həqiqi ruhunu əks etdirməyən, sintetik, plastik həyat yaşayar. Bu səbəbdən də milyonlarla insan belə əzab içindədir, çünki ömürlərinin harasındasa səhv yolda olduqlarını, əslində özləri olmadıqlarını, həyatlarında nələrinsə kökündən yanlış olduğunu hiss edərlər.

Əgər uşağa böyüməyə imkan verilərsə, təbii yolla böyüməyinə kömək edilərsə, sevgi çox sadə olar. Əgər uşağın təbiətlə, özüylə ahəngdə olmağına kömək edilərsə, uşağın təbii, özü olmağı, öz üzərində yanan işıq olmağı üçün hər yolla dəstək və cəsarət verilərsə, onda, sevgi çox sadə olar. İnsan, sadəcə, sevəcək!

Nifrət, demək olar ki, qeyri-mümkün olacaq, çünki kiməsə nifrət etməzdən əvvəl, bu zəhəri öz içində yaratmalısan. Nəyisə başqasına, ancaq səndə varsa verə bilərsən. Ona görə də nifrət edə bilməyin üçün qəlbin nifrət dolu olmalıdır. Nifrət dolu olmaq isə cəhənnəmdə acı çəkməkdir. Nifrət dolu olmaq atəşdə yanmaqdır. Nifrət dolu olmaq, ən birinci, özünü yaralamağındır. Başqa birini yaralamadan əvvəl özünü yaramalısan. Başqası yaralanmaya bilər, bu ondan asılı olacaq. Amma bir şey tamamilə dəqiqdir: Nifrət etməzdən əvvəl uzun müddət əzab-əziyyət çəkməlisən. O biri insan, bəlkə də nifrətini qəbul etməyib rədd edəcək. O biri insan Budda ola bilər və sənin nifrətinə, sadəcə, gülə bilər. O, səni bağışlaya bilər, reaksiya verməyə bilər. Əgər reaksiya vermirsə, onu yaralaya bilməzsən. Əgər onu narahat edə bilmirsənsə, nə edə bilərsən? Onun qarşısında özünü gücsüz hiss edərsən.

Bu vəziyyətdə, o birinin yaralanacağı dəqiq deyil. **Amma dəqiq olan bir şey var: əgər kiməsə nifrət edirsənsə, əvvəlcə, öz ruhunu dəfələrlə yaralamalısan; başqalarına zəhər tökə bilmək üçün, əvvəlcə, öz içində zəhər toplamalısan.**

Nifrət, təbii deyil. Sevgi, sağlamlıq göstəricisidir; nifrət isə xəstəlik. Nifrət, eynən xəstəlik kimi təbii olmayan şeydir. Ancaq təbiətlə əlaqəni kəsəndə, mövcudluqla ahəngdə olmayanda, özünlə ahəngdə olmayanda, öz içinlə ahəngdə olmayanda meydana çıxar. Onda, xəstə olarsan; psixoloji və mənəvi olaraq xəstə. Nifrət, yalnız, xəstəliyin göstəricisidir, sevgi isə sağlamlıq, bütövlük, müqəddəsliyin simvoludur.

Sevgi, ən təbii şeylərdən biri olmalıdır, amma deyil. Əksinə, ən çətin şeylərdən olub; demək olar ki, qeyri-mümkün bir şeydir. Nifrət asanlaşıb; sən, nifrət üçün öyrədilib hazırlanmısan. Hindu olmaq, müsəlmanlar, xristianlar, yəhudilər üçün nifrət dolu olmaqdır; xristian olmaq, o biri dinlər üçün nifrət dolu olmaq deməkdir. Milliyyətçi olmaq, başqa millətlərə nifrət etmək deməkdir.

Sevməyin təkcə bir yolunu bilirsən, bu da başqalarına nifrət etməkdir. Ölkəni sevdiyini, ancaq başqa ölkələrə nifrət edərək göstərə bilirsən, kilsənə olan sevgini, ancaq başqa məbədlərə nifrət edərək göstərə bilirsən. Bərbad vəziyyətdəsən!

Dinlər, daimi, sevgidən bəhs edir, amma bu dünyada get-gedə daha da çox nifrət yaratmaqdan başqa heç nə etmir. Xristianlar sevgidən danışırlar, amma din adına bir çox müharibələr, Səlib yürüşləri yaradıblar. Müsəlmanlar sevgidən danışırlar, amma, onlar cihadlar, dini müharibələr yaradırlar. Hindular sevgidən bəhs edirlər, amma dini kitabələrə baxsan nifrət dolu olduqlarını, başqa dinlərə nifrət etdiklərini görərsən. Biz, bütün bu cəfəngiyyatı qəbul edirik! Bunları müqavimət göstərmədən qəbul edirik, çünki bunları qəbul etmək üçün şərtləndirilmişik, bizə həyatın belə olduğu öyrədilib. Ona görə də daima öz təbiətini inkar edirsən.

Sevgi zəhərlənib, amma məhv edilməyib. Bu zəhər atıla bilər, sistemindən çıxarıla bilər və sən təmizlənə bilərsən. Cəmiyyətin sənə məcburən qəbul etdirdiyi hər şeyi qusa bilərsən. Bütün inancları kənara qoyub azad ola bilərsən. Əgər sən azad olmağa qərar verirsənsə, cəmiyyət səni həmişəlik qul kimi saxlaya bilməz.

Köhnə nümunələrdən çıxıb, yeni həyat obrazına başlamağın vaxtı gəlib; təbii həyat tərzi, hər şeydən əlini üzmüş həyat tərzi deyil, şən həyat tərzidir. Onda, nifrət getdikcə daha çox qeyri-mümkün olacaq. Necə ki, xəstəlik sağlamlığın əks qütbüdür, nifrət də sevginin əks qütbüdür. Amma sən xəstəliyi seçməməlisən.

Xəstəlik, sağlamlığın sahib olmadığı bir neçə üstünlüyə malikdir; bu üstünlüklərə öyrəşmə. Nifrətin də sevginin malik olmadığı bir neçə üstünlüyü var. Ona görə də çox ehtiyatlı olmalısan. Xəstə insana hamı daha həssas yanaşır, heç kim onu incitməz, hər kəs onun dediklərinə fikir verər, çünki o xəstədir. Diqqət mərkəzində qalır, hər kəsin, ailəsinin, dostlarının diqqət mərkəzində olur, mərkəzdəki şəxs olur, vacib insana çevrilir. Əgər bu diqqətə, bu eqo doyumuna çox öyrəşsə, daha heç vaxt sağlam olmaq istəməz. O, xəstəliyə özü yapışar. Psixoloqlar çox insanın xəstə olmağın avantajları səbəbindən xəstəliklərinə öyrəşdiyini deyir. Xəstəliklərinə o qədər uzunmüddətli sərmayə qoyurlar ki, o xəstəliyə dörd əllə yapışdıqlarını tamamilə unudurlar. Əgər sağlamlıqlarına qovuşsalar, yenidən heç kim olacaqlarından qorxurlar.

Bunu da sən öyrədirsən. Balaca uşaq xəstələnəndə bütün ailənin diqqət mərkəzində olur. Bu, tamamilə, elmə zidd şeydir. Uşaq xəstə olanda ona qayğı göstər, amma həddindən artıq diqqət yetirmə. Bu çox təhlükəlidir, əgər xəstəliklə sənin qayğın arasında bir əlaqə yaransa... əgər bu təkrar-təkrar baş verərsə, onsuz da, qaçılmazdır. Uşaq nə vaxt xəstələnsə, bütün ailənin diqqət mərkəzində olur: ata gəlib yanında oturar və necə olduğunu soruşar, həkim gələr, qonşular ziyarətə gələr, dostları axtarıb halını soruşar və gələnlər hədiyyə gətirməyə başlayarlar. Bütün bunlara həddindən artıq öyrəşə bilər; bu, onun eqosuna o qədər ləzzət eləməyə başlayar ki, o, yenidən sağalmaq istəməz. Əgər bu baş verərsə, sağlamlığa qovuşmaq qeyri-mümkün olar. Artıq heç bir dərman kömək edə bilməz. O insan xəstəliyə qəti surətdə öyrəşər. Bu, çox insanın başına gəlib.

Nifrət edəndə eqon xoşhal olur. Eqo, ancaq nifrət etdiyi müddətə mövcud olur; çünki nifrət sayəsində özünü hamıdan üstün hiss edirsən. Nifrət sayəsində müəyyən şəxsiyyətə çevrilirsən. Sevgidə eqo yox olmalıdır. Sevgidə, artıq, ayrı deyilsən, sevgi başqaları ilə qaynayıb qarışmağına kömək edir. Bu görüşdür, birləşmədir.

Əgər eqoya həddindən artıq bağlansan, onda, nifrət asan, sevgi isə çox çətin olacaq. Diqqətli və ehtiyatlı ol: Nifrət eqonun kölgəsidir. Sevgi üçün böyük cəsarətə ehtiyac var. Çox böyük cəsarətə ehtiyac var, çünki, eqo qurban edilməlidir. Təkcə, heç kim olmağa hazır olan insanlar sevə bilər. Təkcə, heç kim olmağa hazır olanlar, tamamilə paklaşmış insanlar, kənardan gələcək sevgi hədiyyəsini ala bilir.

EQO QORXAQLIQDIR. Qorxaqlıq, eqonun, təkcə bir hissəsi deyil, bütünlüklə eqonun özüdür. Belə olmağı qaçılmazdır, çünki eqo daima ifşa edilmə qorxusuyla yaşayar; içi boşdur, qeyri-ekzistensialdır, sadəcə, görüntüdür, reallıq deyil. Nə vaxt ki, hər hansı bir şey, təkcə, görüntü kimi meydana çıxarsa, ilğımsa, düz mərkəzində qorxu olmağı qaçılmazdır.

Səhradaykən uzaqda ilğım görürsən. O qədər real görünür ki, əslində, mövcud olmayan suyun içində, ətrafdakı ağacların əksini belə görürsən. Ağacları görürsən, sudakı əksini belə görürsən; su dalğalanır və ağacların əksi də bu dalğalarla birlikdə titrəyir, amma sən bütün bunları uzaqdan görürsən. Yaxınlaşanda ilğım yox olmağa başlayır. Orada heç vaxt heç nə olmayıb; gördüyün, sadəcə, günəş şüalarının isti qumlarda əks olunmasıydı. Bu əksolmada və günəş şüalarının altında ilğım yaranır. Amma bu vəziyyət, yalnız, uzaqdan baxanda mövcud olur; yaxınlaşanda belə şey olmadığını görürsən. Yaxınlaşdıqca orada, təkcə, isti qumlar və əks olunan günəş işıqlarını görürsən.

Fərqli kontekstdə başa düşülməsi daha asan olacaq. Aya baxanda onun gözəlliyini və nəhəng işığını görürsən. Amma ilk astronavtlar çox təəccübləniblər, çünki aya yaxınlaşanda işıq olmadığını görüblər. Ay, sadəcə, düz və quraq torpaq parçasıydı... bitki örtüyü və ya həyat yoxdu, ölü daş parçasıydı. Amma ayda gəzərkən yerə baxanda heyrət içində qalıblar: yerə çox gözəl işıqla parıldayırdı. Bu işıqla müqayisədə ay və ayın gözəlliyi heç nə idi, çünki yer kürəsi aydan səkkiz dəfə böyük idi; yerin işığı ayınkından

103

səkkiz dəfə çox idi. Astronavtlar bunun yalan olduğunu bilirdi, amma gözləriylə görürdülər. Belə şey yoxdu... amma qəribə şeydi: astronavtlar yer üzündə olanda aydan çox gözəl gümüşü işığın sayrışdığını görürdülər. Ayda olanda isə onun, sadəcə, cansız süxur parçası olduğunu və dünyanın çox gözəl işıqla parıldadığını görürdülər. Yer üzünü tanıyırdılar, ömürləri boyu burada yaşamışdılar, amma heç vaxt belə şey görməmişdilər. Günəş işığının əksini görmək üçün uzaqdan baxmalısan.

Dünya da işıq yayır: günəş işığı dünyaya çatanda bir qismi dünya tərəfindən sovurulur, amma çoxu geri əks olunur. Bu əks olunan işığı, ancaq dünyadan çox uzaqda olanda görə bilərsən; əks təqdirdə, görə bilməzsən.

Eqo, mövcud olmayan hadisədir. Səndən uzaqda olan insanlar onu hiss edə, görə və ondan zərər görə bilirlər. Sənin tək narahatlığın onların çox yaxın gəlməməkləridir. **Hər kəs başqalarını müəyyən məsafədə saxlamağa çalışır, çünki insanların çox yaxınlaşmağına imkan vermək, öz boşluğunun qapılarını açmaq deməkdir.**

Eqo deyilən şey mövcud deyil. Ancaq sən öz eqonla o qədər qaynaşmısan ki, eqonun ölümünü, eqonun yox olmasını, sanki öz ölümün kimi hiss edirsən. Bu elə deyil; tam əksinədir, eqo öləndə əsl şəxsiyyətini, içindəki özünü hiss edəcəksən.

Eqoist həmişə qorxaq olar. O, heç bir yaxınlığa imkan verməz; hətta dostluq, sevgi və normal yoldaşlıq münasibətinə belə. Adolf Hitler otağında yatmağa heç kimə imkan verməzdi. O, həmişə, tək yatıb, qapını içəridən kilidləyərmiş. Heç vaxt evlənməyib, bunun çox sadə səbəbi varmış: əgər evlənsə, həyat yoldaşının otağına girməyinə imkan verməli olacaqdı. Təkcə, otağa deyil, yatağına da girməyinə imkan verməli olacaqdı. Bu, çox yaxın olacaqdı və həddindən artıq təhlükəliydi.

Onun heç bir dostu yox idi. İnsanları həmişə özündən mümkün qədər uzaqda saxlayardı; ömrü boyu onun çiyinlərinə nə vaxtsa əlini qoymuş bircə nəfər də olmayıb. Bu qədər yaxınlığa imkan verməzmiş.

Qorxduğu nəydi? Niyə belə qorxurdu? Belə yaxınlığa imkan verdiyi an böyüklüyünün, "Böyük Adolf Hitler"in yox olacağından qorxurdu. Onu həddindən artıq kiçik, cırt-dan hesab edə bilərdin, heç bir böyüklüyü yox idi. O böyük-lük, təkcə, posterlərdə, aparılan böyük təbliğatlarda vardı.

Bir insan nə qədər eqoistdirsə, o qədər tək qalmaq məcburiyyətindədir. Tənha olmaq bədbəxtlikdir, amma hər şeyin əvəzi var. Mövcud olmayan eqonun real görünməsi üçün bir əvəz ödəməlisən; bunu, bədbəxtliklə, ağrıyla, acıyla ödəyərsən. Bütün hallarda, sənə yaxın olmağa heç kimə imkan verməsən belə, əslində, bunun sabun köpüyü olduğunu bilirsən. Balaca iynə belə onu yox edəcək. Napoleon Bonapart eqoizm tarixinin ən böyük eqoistlərindən biridir, amma məğlub edildi. Bu məğlubiyyətin səbəbini qiymətləndirməyə dəyər...

Napoleon balaca uşaq olanda, cəmi altı aylıqkən baxı-cısı onu bağçada qoyub nəsə gətirmək üçün evə gedəndə bir küçə pişiyi uşağın üzərinə tullanıb. Altı aylıq uşağın gözünə pişik, yəqin, böyük şir kimi görünüb! Hər şey nis-bidir və bir-biriylə mütənasibdir, ona görə də o uşağa görə, pişik, əslində, elə böyük şirdir. Pişik, sadəcə, oyun oyna-maq istəyirdi, amma uşaq şoka düşmüşdü və bu şok çox dərinliklərinə işləmişdi... Cavan olanda çoxlu müharibələrdə vuruşmuşdu, böyük əskər idi, şirlə belə mübarizə apara bilərdi, amma yenə də pişiklərdən qorxurdu. Pişik görəndə bütün cəsarətini itirir, qəfil, altı aylıq körpəyə çevrilərdi.

İngilis baş komandiri Nelson bu faktı bilirmiş; əks təqdirdə, Nelson Napoleonla müqayisə ediləcək əskər deyildi, amma buna baxmayaraq, Napoleon Bonapartın məğlub olduğu tək müharibə bu oldu. Nelson, ordunun qarşısına yetmiş pişik gətirir, Napoleon yetmiş pişiyi görəndə əsəb pozğunluğu keçirdi; yazıq insana bir dənəsi belə kifayət edirdi. Köməkçisinə tərəf çevrilib belə deyir: "Orduya rəhbərliyi sən et. Mən vuruşacaq vəziyyətdə deyiləm; fikirləşəcək halda belə deyiləm. Bu pişiklər məni öldürdü".

Əlbəttə ki, o, məğlub edildi.

Onun Nelson tərəfindən məğlub edildiyini söyləyən tarixçilər səhv edir. Yox, o psixoloji hiylə ilə məğlub edildi. Pişiklər tərəfindən, öz uşaqlığı tərəfindən məğlubiyyətə uğradı, nəzarətdə saxlaya bilmədiyi qorxusu tərəfindən məğlub edildi.

Müqəddəs Yelena adında balaca adaya həbs edilir. Ada çox balaca olduğuna görə qandala belə ehtiyac yoxdu, çünki buradan qaçmaq üçün heç bir yol yoxdu.

Burada keçirdiyi ilk gün gəzintiyə çıxır. Yaşadığı əsəb pozğunluğu və məğlubiyyət səbəbindən ona qayğı göstərmək üçün həkim verilmişdi. Həkim daim onunla gəzirdi. Həkimlə birlikdə balaca piyada yoluyla gəzərkən, qarşıdan gələn və böyük ot bağlaması aparan qadınla qarşılaşırlar. Piyada yolu dar olduğuna görə kimsə yol verməliydi. İngilis olmağına baxmayaraq həkim qadının üstünə qışqırır: "Kənara çəkil! Qarşında kimin olduğunu bilmirsən. Məğlub olmağına baxmayaraq, o, Napoleon Bonapartdır!"

Amma qadın o qədər təhsilsiz idi ki, Napoleon Bonapart adını heç vaxt eşitməmişdi. Dərhal qarşılıq verir: "Nə

106

olsun? O, kənara çəkilsin! Özünüzdən utanmalısınız. Mən bu qədər ağır yük aparan qadınam. Kənara çəkilməliyəm?"

Napoleon Bonapart həkimin əlindən tutub onu kənara çəkərək dedi: "Napoleon Bonapart adını eşidən dağların yol verdiyi vaxtlar keçmişdə qaldı; artıq, o sabun köpüyü dağılıb. Kürəyində odun aparan qadına yol verməliyəm".

Məğlubiyyətdən sonra olanları dərk etmişdi. Bütün həyatı boyu bu qorxunu gizlətmişdi. Bu qorxu sirr olaraq gizlədilirdi, amma artıq sirr açılmışdı və qorxusu hamı tərəfindən öyrənilmişdi. Napoleon Bonapart, artıq heç kim idi.

Böyük bir eqoistin düşdüyü vəziyyət budur.

Ona görə də qorxaqlığın eqoizmin parçası olduğunu fikirləşmə; bütünluklə özüdür. Eqo qorxaqlıdır. Eqosuz olmaq isə qorxusuz olmaqdır, çünki artıq səndən heç nə alına bilməz; ölüm belə içində olan heç nəyi dağıda bilməz. Kimsə tərəfindən məhv edilə biləcək tək şey eqodur.

Eqo o qədər kövrəkdir ki, həmişə o qədər ölümün kandarındadır ki, ondan yapışmış insanlar içlərində, lap dərinliklərində qorxuyla titrəyərlər.

Eqonu özündən uzaqlaşdırmaq bir insanın edə biləcəyi ən böyük hərəkətdir. Bu sənin xarakterini göstərir, göründüyündən daha böyük olduğunu sübut edər. İçində ölümsüz, yox edilə bilinməyən, əbədi nəsə olduğunu sübut edər.

Eqon səni qorxaq edir.

Eqosuzluq səni həyatın əbədi sirrinin qorxusuz səyyahı edir.

ÖZÜNÜ İZDİHAMDAN UZAQ TUT

Meditasiya, sadəcə, sakit və tək olmaq cəsarətidir.
Yavaş-yavaş, içində yeni keyfiyyət, yeni canlılıq, yeni
gözəllik, yeni zəka hiss etməyə başlayarsan. Bu, heç kimdən
borc alınmayıb, sənin içində böyüməkdədir. Kökü sənin
mövcudluğuna gedib çıxır. Əgər qorxaq deyilsənsə, o,
səndə həyat tapıb çiçəklənəcək.

Heç kim mövcudluğunun olmasını dərk edən insan deyil. Cəmiyyət, mədəniyyət, din və təhsil sistemi günahsız uşaqlara qarşı gizli ittifaq təşkil edir. Bütün güc onlardadır; uşaq çarəsiz və asılıdır, ona görə də onu istədikləri kimi istiqamətləndirməyi bacarırlar. Heç bir uşağın öz təbii taleyi ilə böyüməyinə imkan vermirlər. Bütün səyləri insanları istifadə ediləcək materiala çevirməkdir. Uşağın müstəqil böyüməyinə imkan verərlərsə, öz mənafeləri üçün istifadə edə bilib-bilməyəcəklərini, sərmayələrinin boşa gedib-getməyəcəyini heç kim bilə bilməz. Cəmiyyət, belə riskə getməyə hazır deyil. Uşağı ələ keçirir və cəmiyyətin ehtiyacı olan şəkildə bir qəlibə tökməyə başlayır.

Müəyyən mənada, uşağın ruhunu öldürüb, ruhunun və varlığının əskikliyini hiss etməməsi üçün ona saxta şəxsiyyət verirlər. Bu saxta şəxsiyyət real olanı əvəzləyir. Amma real olanın əvəzindəki bu şəxsiyyət, təkcə, onun sənə verdiyi izdihamın içində faydalıdır. Tək qaldığın an, yalan şəxsiyyətin parçalanmağa və məhv edilmiş real şəxsiyyət özünü ifadə etməyə başlayar. Tənha qalmaq qorxusu budur.

Heç kim tənha olmaq istəməz. Hər kəs izdihama aid olmaq istəyər; təkcə, bir izdihama da deyil, bir neçə izdihama. İnsan, dini izdihama, siyasi partiyaya mənsubdur... və mənsub olacağı çoxlu başqa kiçik qruplar da var. İnsan, gündə 24 saat dəstəklənmək istəyər, çünki yalan dəstəksiz ayaq üstə dayana bilməz. İnsan, tənha qalanda qəribə dəlilik hiss etməyə başlayır. İllər boyu kimsə olduğuna inanır və qəfildən, tənha qalanda, əslində, o kimsə olmadığını hiss etməyə başlayarsan. Bu vəziyyət qorxu yaradır: onda, sən kimsən?

İllərlə davam edən təzyiqlər nəticəsində əsl şəxsiyyətin özünü ifadə etməyi vaxt aparacaq. Mistiklər aradakı bu vaxta "ruhun qaranlıq gecəsi" deyirlər. Çox yaxşı ifadə edilmiş deyimdir. Artıq, o, yalan şəxsiyyət deyilsən, amma hələ də real şəxsiyyətin də deyilsən. Qeyri-müəyyənlikdəsən, kim olduğunu bilmirsən.

Xüsusilə, Qərbdə bu problem daha da mürəkkəbləşdirilir, çünki onlar "ruhun qaranlıq gecəsini" qısaldıb reallığa tez bir zamanda çatmaq üçün heç bir metodologiya inkişaf etdirməyiblər. Qərb dünyası meditasiya ilə bağlı heç nə bilmir. Meditasiya, sadəcə, tənha qalıb, sakit olub, reallığın özünü təsdiq etməyini gözləməyə verilən bir addır. O, hərəkət deyil, sakit rahatlaşmadır, çünki nə "edirsən", əslində, onları yalan şəxsiyyətin edəcək... İllər boyu bütün etdiklərin ondan məlum oldu. Bu köhnə vərdişdir.

Vərdişlər çətin ölür. İllər boyu sevdiyin və hörmət etdiyin sənə qəbul etdirilən saxta şəxsiyyətlə yaşayırsan... onlar bilərək sənə pislik etmirdilər. Onların niyyətləri yaxşı idi, amma məlumatlanmaları sıfır. Onlar şüurlu insanlar deyildilər: sənin valideynlərin, müəllimlərin, dindarların, siyasətçilərin, hamısı şüursuz insanlardı. Niyyət yaxşı olsa belə şüursuz insanın əlində zəhərə çevrilir.

Ona görə də nə vaxt, tənha qalsan, dərin qorxu yaranır, çünki qəfildən, saxta olan yox olmağa başlayır. Reallığınsa bir az sonra ortaya çıxacaq, çünki sən onu illər əvvəl itirmisən. Bu qədər illik boşluğun necəsə bağlanmalı olduğunu düşünməli olacaqsan.

"Özümü itirirəm, hissiyyatımı, ağlımı, yaddaşımı, hər şeyimi itirirəm" qorxusu yaşamağın çox təbiidir, çünki sənə başqaları tərəfindən verilən mənlik bunlardan ibarətdir, ağlını itirirmiş kimi hiss edəcəksən. Dərhal, özünü məşğul etmək üçün nələrsə etməyə başlayarsan. Əgər orada insan yoxsa belə, ən azından hərəkət var və bunun sayəsində saxta mənlik fəaliyyətə davam edərək yox olmağının qarşısını alır.

Ona görə də insanlar ən çox tətillərdə çətinlik çəkirlər. Beş gün ərzində işləyərkən, həftəsonu dincəlib, rahatlaşma xəyalıyla yaşayırlar. Amma həftəsonu dünyanın ən pis vaxtıdır, həftəsonu daha çox qəza olur, daha çox insan intihar edir, daha çox cinayət, oğurluq və zorlama hadisəsi olur. Qəribədir... Bu insanlar beş gün boyu məşğul idilər və heç bir problem yox idi. Amma həftəsonu onlara qəfil bir seçim verir: ya bir məşğuliyyət tapacaqlar, ya da rahatlayacaqlar. Lakin rahatlamaq qorxuludur; saxta şəxsiyyət yox olur. Həmişə nəyləsə məşğul ol, axmaqca olsa belə nələrsə et. İnsanlar, dərhal, sahillərə qaçarlar, yollardakı tıxaclara dözərək. Amma bütün izdiham onlarla birlikdə gedir! Guya tək qalıb dinclik tapacaqlar. Həm də hamısı!

Əslində, evdə qalsaydılar, daha sakit, daha rahat qala biləcəkdilər, çünki bütün axmaqlar "sakit qalmaq üçün" yollara tökülüşmüşdülər. Hamısı dəli kimi tələsir, çünki iki gün qısa müddətdə sona çatacaq və onlar gedib çatmalıdırlar: haraya olduğunu soruşma!

Sahilləri görürsən... O qədər izdiham var ki, bazarlar belə bu qədər sıxlıq deyil. Çox qəribədir, amma insanlar burada günəş vannası qəbul edərkən özlərini çox rahat hiss edirlər. Kiçik sahildə günəş vannası qəbul edib rahatlayan on min insan. Eyni insan, eyni sahildə tənha olsa rahatlaya bilməyəcəkdi. Amma ətrafındakı minlərlə başqa insanın rahatladığını bilir. Eyni insanlar ofisdə, küçələrdə və alış-veriş mərkəzlərində idilər, indi də eyni insanlar çimərlikdədirlər.

Saxta mənliyin var ola bilməsi üçün izdiham şərtdir. Tənha qalanda dəli olmağa başlayarsan, insan tam da bu nöqtədə meditasiyanı bir az başa düşməlidir.

Narahat olma, çünki itə biləcək bir şeyi itirməyə dəyər. Ondan yapışıb qalmaq mənasızdır – o sənin deyil, o, sən deyilsən.

Sən, əslində, saxta olan gedəndə onun yerində meydana çıxacaq təzə, günahsız və çirkləndirilməmiş varlıqsan. Başqa heç kim "Mən kiməm" sualına sənin yerinə cavab verə bilməz – bunu sən biləcəksən.

Bütün meditasiya texnikaları saxtanı dağıtmaq üçün dəstəkdir. Onlar sənə həqiqi olanı vermirlər; həqiqi olan verilə bilməz.

Verilə bilən şey həqiqi ola bilməz. Həqiqi olan, onsuz da, sənin içindədir; sadəcə, saxta olan kənarlaşdırılmalıdır.

Başqa cür belə deyilə bilər: Usta səndə həqiqətən olmayan şeyləri səndən alıb, həqiqətən səndə olan şeyləri sənə verir.

Meditasiya, sadəcə, sakit və tək olmaq cəsarətidir. Yavaş-yavaş içində, heç kimdən borc alınmamış, sənin içində böyüməkdə olan yeni xüsusiyyət, yeni canlılıq, yeni gözəllik hiss etməyə başlayarsan. Bunun kökü sənin mövcudluğundandır. Əgər qorxaq deyilsənsə, bu, cücərəcək və çiçək açacaqdır.

Yalnız, igid, ürəkli və cəsur insanlar dindar ola bilər. Kilsəyə gedənlər deyil – bunlar qorxaqlardır. Hindular, müsəlmanlar, xristianlar deyil – onlar axtarışa qarşıdırlar. Eyni izdiham saxta şəxsiyyətlərini daha da gücləndirməyə cəhd edir.

Sən doğuldun, dünyaya canlı olaraq, şüurla, nəhəng həssaslıqla gəldin. Balaca uşağa bax – onun gözlərinə, təravətinə bax. Bütün bunları saxta şəxsiyyətlə örtürlər.

Qorxmağa heç bir ehtiyac yoxdur. Sən, ancaq itirilməsi qaçılmaz olan şeyi itirə bilərsən. Onu nə qədər tez itirsən, o qədər yaxşıdır, çünki nə qədər uzun qalsa o qədər güclənər.

Heç kim sabah nə olacağını bilməz.

Əsl varlığının fərqinə varmadan ölmə.

Əsl varlıqlarıyla yaşamış və əsl varlıqlarıyla ölmüş çox az insan həqiqətən şanslı olanlardır, çünki onlar bilirlər ki, həyat əbədi və ölüm uydurmadır.

SAYLARIN SİYASƏTİ

Cəmiyyətdə, sənin eynilə başqaları kimi davranacağına dərin ümid var. Bir az fərqli şəkildə davrandığın an yad insana çevrilirsən və insanlar yad insanlardan çox qorxurlar. Ona görə də iki şəxsin olduğu hər yerdə, avtobusda, qatarda, ya da sadəcə, avtobus dayanacağında sakit otura bilməzlər, çünki sakit olduqları müddətcə ikisi də yad adam olaraq qalmaqda davam edərlər. Dərhal bir-biriylə tanış olarlar: "Adın nədir? Haraya gedirsən? Nə işlə məşğulsan?" Çoxlu belə suallar... Sonra sakitləşərlər; sən də, sadəcə, onlar kimi insanmışsan.

İnsanlar həmişə uyğun gəldikləri qələbəlik içində olmaq istəyirlər. Sən fərqli davranmağa başladığın an bütün qələbəlik şübhələnməyə başlayar; nəsə istənilən kimi getmir. Səni tanıyırlar və dəyişikliyi görə bilirlər. Səni, özünü heç qəbul etmədiyin vaxtdan tanıyırlar və indi, qəfildən görürlər ki, özünü qəbul edirsən...

Bu cəmiyyətdə heç kim özünü qəbul etmir. Hər kəs özünü ittiham edir. Bu cəmiyyətin həyat tərzidir: özünü ittiham et. Əgər sən özünü ittiham etmirsənsə, özünü qəbul edirsənsə, sən cəmiyyətdən ayrı düşərsən. Cəmiyyət isə sürüdən ayrı düşən heç kimə dözmür, çünki, **cəmiyyət saylarla yaşayır; bu sayların siyasətidir. Saylar çox olanda insanlar özlərini yaxşı hiss edirlər. Saylar çox böyük** olanda isə insanlar haqlı olduqlarını hiss edirlər, yanıla bilməzlər, milyonlarla insan onlarla birlikdədir.

Tərk edilənlərin içindədirsə şübhələr meydana çıxmağa başlar: "Heç kim mənimlə deyil. Haqlı olduğumun zəmanəti nədir?"

Ona görə də bu dünyada ən böyük cəsarət bir fərd olmaqdır.

Fərd olmaq üçün ən yüksək səviyyədə qorxusuzluq təmələnə ehtiyac duyulur: "Bütün dünyanın mənə qarşı olmasının əhəmiyyəti yoxdur. Əhəmiyyətli olan şey mənim lazımı təcrübəmin olmağıdır. Mən saylara baxmıram, yanımda neçə adamın olduğu əhəmiyyətli deyil. Mən, sadəcə, təcrübəmin keçərli olub-olmadığına baxaram. Tutuquşu kimi başqalarının sözlərini təkrar edib-etmədiyimə və ya fikirlərimin qaynağının öz təcrübələrim olub-olmadığına baxaram. Əgər öz təcrübəmdirsə, əgər öz qanımın, öz sümüyümün bir hissəsidirsə, onda bütün dünya mənə qarşı olsa belə yenə də haqlıyam və onlar haqsızdırlar. Geri qalan heç bir şeyin əhəmiyyəti yoxdur, özümü yaxşı hiss etməyim üçün onların razılıqlarına ehtiyac yoxdur. Təkcə, başqalarının fikirlərini daşıyan insanlar başqalarının dəstəyinə ehtiyac duyar".

Ancaq cəmiyyət indiyə qədər belə işləməyib. Sənin bunun sayəsində çərçivədə saxlayırlar. Əgər, onlar qəmgindirsə, sən də qəmgin olmalısan; onlar bədbəxtdirlərsə, sən də bədbəxt olmalısan. Onlar nədirsə, sən də həminkindən olmalısan. Fərqə imkan verilmir, çünki fərqlər fərdiliyə və azadlığa gedən yolu açar və cəmiyyət, unikallıqdan, fərdilikdən çox qorxur. Bu, insanın, qələbəliyin içində müstəqil olduğunu və qələbəliyi vecinə almadığını göstərir. Sənin tanrıların, məbədlərin, keşişlərin, müqəddəs mətnlərin onun üçün

114

mənasızdır. İndi onun öz varlığı və öz yolu var, öz tərzi var; yaşamaq, ölmək, bayram etmək, oxumaq, rəqs etmək... O, artıq, evinə gəlib.

Heç kim qələbəliklə birlikdə evinə gələ bilməz. Hər kəs evinə tək gələ bilər.

"DAXİLİ SƏSİNƏ" QULAQ AS

Bir oğlan daima başını qaşıyırmış. Bir gün atası ona baxıb soruşur: "Oğlum, niyə həmişə başını qaşıyırsan?"

Oğlan cavab verir: "Hmm, mən elə bilirdim, onun qaşındığını bir mən bilirəm".

Bu, daxili səsdir! Təkcə, sən bilirsən. Başqa heç kim bilə bilməz. Kənardan müşahidə edilə bilməz. Başın ağrıyanda, təkcə, sən bilərsən, onun ağrıdığını heç kimə sübut edə bilməzsən. Xoşbəxt olduğun vaxt, təkcə, sən bilərsən, xoşbəxt olduğunu heç kimə göstərə bilməzsən. Onu başqalarının yoxlaması və ya təhlil etməsi üçün stolun üstünə qoya bilməzsən.

Hətta daxili səs o qədər dərindədir ki, sən belə onun mövcudluğunu sübut edə bilməzsən. Ona görə də elm onu inkar etməkdədir, ancaq inkarsa qeyri-insanidir. Hətta alim də sevgini hiss edəndə daxili səsinin olduğunu bilir. Orada nəsə var! O, əşya deyil, cisim deyil, onu başqalarının qarşısına qoymaq mümkün deyil – amma hələ də var, ordadır.

Daxili səsin öz etibarlılığı var. Amma elmi təlim səbəbindən insanlar öz daxili səslərinə etibarlarını itiriblər. Onlar başqalarından asılıdırlar. Başqalarından o qədər asılıdırlar ki, əgər kimsə "Çox xoşbəxt görünürsən" desə, özünü xoşbəxt hiss etməyə başlayarsan. Əgər iyirmi adam səni bədbəxt etməyi qərara alsa, onlar səni bədbəxt edə bilərlər.

Bütün günü eyni şeyi təkrar etmələri kifayətdir, nə vaxt onlardan biriylə qarşılaşsan, sənə "Çox bədbəxt, çox qəmgin görünürsən. Nə məsələdir? Kimsə ölüb, ya nə olub?" – desələr, dərhal şübhələnməyə başlayacaqsan: əgər, bu qədər adam bədbəxtsən deyirsə, elə olmalısan.

Sən, başqa insanların fikirlərindən asılısan. Başqa insanların fikirlərindən o qədər asılısan ki, öz daxili səsinlə əlaqəni belə itirmisən. Bu, daxili səs yenidən kəşf edilməlidir, çünki gözəl olan hər şey, yaxşı olan, ilahi olan hər şey, yalnız, daxilən hiss edilə bilər.

Başqa insanların fikirlərinin təsiri altına düşməyi dayandır. Bunun əvəzinə içinə baxmağa başla... daxili səsinin sənə nələrsə deməyinə imkan ver. Ona inan. Əgər ona inansan, o, inkişaf edəcək. Əgər ona inansan və onu bəsləsən, daha güclü olacaq.

Vivekananda Ramakrişnanın yanına gedib deyir: "Tanrı yoxdur! Bunu sübut edə bilərəm – Tanrı yoxdur". Çox məntiqli və hər şeydən şübhələnən insandır. Qərb fəlsəfi məktəbində çox yaxşı təhsil almışdı. Ramakrişna isə təhsilsiz, savadsızdı. Ramakrişna cavab verir: "Yaxşı, sübut elə!"

Vivekananda çoxlu danışıb bütün sübutlarını ortaya qoydu. Ramakrişna qulaq asıb, nəhayət, dilləndi: "Amma mənim daxili səsim deyir ki, Tanrı var – bu mövzuda son hökmü verən də odur. Sənin mülahizələrinin hamısı arqumentdir. Sənin daxili səsin nə deyir?"

Vivekananda bu haqda fikirləşməmişdi belə. O, çiyinlərini çəkdi. O, kitablar oxumuş, əleyhinə və lehinə sübutlar toplamış, bu sübutlara müvafiq olaraq Tanrının mövcud olub-olmadığını müəyyənləşdirməyə cəhd etmişdi. Amma öz içinə baxmamışdı. Öz daxili səsindən soruşmamışdı.

Bu, çox axmaqcadır, amma skeptik fikir onsuz da axmaqdır, məntiqli fikir axmaqdır.

Ramakrişna davam edir: "Sənin arqumentlərin çox gözəldir, mən zövq aldım. Amma nə edə bilərəm? Mən bilirəm! Mənim daxili səsim onun mövcud olduğunu deyir. Eynən, daxili səsimin mənə xoşbəxt olduğumu, xəstə olduğumu, qəmgin olduğumu, mədəmin ağrıdığını, ya da bu gün özümü yaxşı hiss etmədiyimi dediyi kimi, deyir ki, Tanrı var. Bu müzakirə mövzusu deyil".

Ramakrişna deyir: "Sənə sübut edə bilmərəm, amma əgər istəsən sənə göstərə bilərəm". Bundan əvvəl heç kim Vivekanandaya Tanrını göstərə biləcəyini deməmişdi. Vivekananda nəsə deməyə macal tapmamış Ramakrişna onun üzərinə tullanaraq – o, vəhşi insandı – ayaqlarını Vivekanandanın sinəsinə qoydu! Sonra, nəsə baş verdi, enerji sıçraması yaşandı və Vivekananda üç saat ərzində transa düşdü. Gözlərini açanda, tamamilə, fərqli insan olmuşdu.

Ramakrişna deyir: "İndi, nə deyirsən? Tanrı var, ya yoxdur? Daxili səsin indi nə deyir?"

O, daha əvvəl heç vaxt yaşamadığı dinclik və sakitlik içindəydi. İçində həddindən artıq böyük sevinc vardı, içində dolub-daşmaqda olan rifah yaşayırdı. Ramakrişnanın qarşısında əyildi, ayaqlarına toxundu və dedi: "Bəli, Tanrı var".

Tanrı şəxs deyil, amma o, əbədi xoşbəxtlik duyğusudur. "Mən bu dünyaya mənsubam və bu dünya mənə mənsubdur. Mən burada əcnəbi deyiləm, mən yad yerdə deyiləm", hissini ən yüksək səviyyədə hiss etməkdir. Ekzistensial bir hissdir; "Tam olan və mən ayrı deyilik". Bu təcrübə Tanrıdır. Amma bu təcrübə, təkcə, daxili səsinin işini görməyinə imkan verəndə mümkün ola bilir.

Buna imkan verməyə başlayın! Ona mümkün olduğu qədər çox imkan ver. Həmişə xarici qüvvələr, xarici fikirlər axtarma. Özünü bir qədər müstəqil saxla. Daha çox hiss et, daha az fikirləş.

Get və qızılgülə bax, amma sadəcə, tutuquşu kimi "Nə gözəldir" demə. Bu, sadəcə, başqalarının sənə demiş olduğu fikirdir; uşaqlığından bəri "Qızılgül çox gözəl çiçəkdir, möhtəşəm çiçəkdir" sözlərini eşidirsən. Ona görə də qızılgül görəndə düyməsinə basılıb qalmış kompüter kimi "Nə gözəldir" – deyib təkrarlayırsan. Bunu, həqiqətən də hiss edirsən? Bu, sənin daxilindən gələn hisslərdir? Əgər elə deyilsə, demə.

Aya baxarkən, əgər onun daxilən gözəl olduğunu düşünmürsənsə, gözəl olduğunu demə. Beynində olan fikirlərini 99 faizinin başqalarının fikri olduğunu görüb təəccüblənəcəksən. Bu, 99 faiz faydasız zibil içində qalan 1 faizlik daxili səs itib-batır. Məlumatlı olmaqdan imtina et. Daxili səsini yenidən axtarıb tap.

Tanrını daxili səsinlə tanıya bilərsən.

Altı hiss var: beş dənəsi xarici duyğudur; sənə dünyanı izah edərlər. Gözlər işıq haqqında nəsə deyər; gözsüz sən işığın nə olduğunu bilməzsən. Qulaqlar səs haqqında nəsə deyir; qulaqsız səs haqqında heç bir şey bilməzsən. Sonra, bir də altıncı hiss var, daxili səs. Bu hiss sənə özün və hər şeyin əbədi mənbəyi haqqında nələrsə deyər. Bu hiss kəşf edilməlidir.

Meditasiya da daxili səsin kəşf edilməsindən başqa bir şey deyil.

DÜNYADA ƏN BÖYÜK QORXU
BAŞQALARININ FİKİRLƏRİDİR

Qələbəlikdən qorxmadığın an sən, artıq, qoyun deyil, şir olarsan. Ürəyində nəhəng nərilti, azadlığın nərəsi yüksəlir. Budda bunu şirin nərəsi adlandırmışdı. İnsan, tamamilə, sakitliyə çatanda şir kimi nərə çəkər. İlk dəfə azadlığın nə olduğunu bilir, çünki indi başqalarının fikrinin heç bir qorxusu yoxdur. Başqalarının nə dediyinin heç bir əhəmiyyəti yoxdur. Onların səni müqəddəs və ya günahkar adlandırmağının heç bir əhəmiyyəti yoxdur; sənin üçün tək və yeganə hakim Tanrıdır. "Tanrı" bir şəxs deyil, Tanrı, bütün kainat deməkdir.

Bu, bir insanla üzləşmək deyil; sən ağaclarla, çaylarla, dağlarla, ulduzlarla – bütün kainatla üzləşməlisən. **Bu, bizim kainatımızı, biz, onun bir hissəsiyik. Ondan qorxmağa ehtiyac yoxdur, ondan nəsə gizlətməyə ehtiyac yoxdur. Hətta cəhd etsən belə ondan nəsə gizlədə bilməzsən. Tanrı onsuz da bilir, o, sənin haqqında səndən daha çox bilir.**

İkinci bənd bundan daha əhəmiyyətlidir; Tanrı, artıq, öz hökmünü verib. Bu, gələcəkdə baş verəcək bir şey deyil, artıq baş verib: o, çoxdan hökmünü verib. Ona görə də bu hökmün qorxusu belə, artıq uzaqdadır. Bu, Qiyamət gününün sualı deyil. Qorxudan əsməməlisən. Qiyamət ilk gündən qopub; səni yaratdığı an, artıq, hökmünü verib. Səni tanıyır, sən onun yaratdığı varlıqsan. Əgər səninlə nəsə pis bir şey baş verirsə, o, məsuliyyət daşıyır, günahkar odur, sən yox. Əgər pis yola düşsən, o, məsuliyyət daşıyır, günahkar odur, sən deyilsən. Sən necə məsuliyyət daşıya, necə günahkar ola bilərsən? – özünü ki, özün yaratmamısan. Əgər rəsm çəkərkən nəsə yanlışlıq olarsa, bunun günahkarının rəsm olduğunu deyə bilməzsən, günahkar rəssamdır.

Ona görə də qələbəlikdən və ya dünyanın sonu gələndə nə edib-etmədiyinə dair suallar verəcək uydurma Tanrıdan qorxmağına ehtiyac yoxdur. O, artıq, hökmünü verib – bu, çox əhəmiyyətlidir – hökm çoxdan verildiyi üçün sən, onsuz da azadsan. İnsan, tamamilə, özü olma azadlığına sahib olduğunu bildiyi an, həyatı dinamik keyfiyyətə bürünər.

Qorxu, əsarət yaradır, azadlıq isə sənə qanad verir.

AZADLIQ SƏNƏ QANAD VERİR

Mən, bütün həyatım boyu uyğunlaşmayan insan olmuşam – ailəmdə, dinimdə, ölkəmdə – bundan çox böyük zövq almışam, çünki uyğunlaşmayan insan olmaq fərd olmaqdır. Mövcud olan quruluşa uyğun olmaq fərdiyyətini itirməkdir. Sənin bütün dünyan bundan ibarətdir.

Güzəştə gedib fərdiyyətini itirdiyin an hər şeyini itirmiş olarsan. Özünə qəsd etmiş olarsan. Dünyaya uyğunlaşmış insanlar özlərini məhv etmiş insanlardır.

Əlbəttə ki, buna çox böyük cəsarət, çox güclü müstəqillik hissi lazımdır; əks halda, bütün dünyaya qarşı tək dayana bilməzsən. Amma bütün dünyaya qarşı çıxmaq o qədər böyük həzz, sevinc və lütfdür ki, həyatlarında heç vaxt cəmiyyətlə uyğunsuzluq yaşamamış insanlar bunu başa düşə bilməzlər.

Bəşər tarixindəki böyük insanların hamısı cəmiyyətlərində uyğunsuzluq yaşamış insanlar olublar. **Bəşəriyyətin xoşbəxtliyinə və dünyanın gözəlliyinə öz töhfəsini vermiş bütün insanlar cəmiyyətləri ilə qarşıdurma içində olublar. Uyğunlaşmamaq çox qiymətli keyfiyyətdir.**

Heç bir nöqtədə güzəştə getmə. Çox güzəşt sənin məhvinin başlanğıcıdır.

İnadkar olmalısan demirəm; əgər nəyinsə düzgün olduğunu görürsənsə, ona uyğunlaş. Amma nəyinsə düzgün olmadığını hiss etdiyin an, hətta bütün dünya düzgün olduğunu hiss etsə belə, o şey, artıq, səninçün doğru deyildir. Sonra mövqeyini sabitləşdir – bu, sənə dözümlülük, əzm və müəyyən bir bütövlük verəcək.

Uyğunlaşmamaq, eqoist olmaq demək deyil. Əgər sən eqoistsənsə, gec, ya da tez güzəştə gedəcəksən. Sənin daha da eqoist olmağına kömək edən istənilən cəmiyyəti, istənilən insan qrupunu tapanda, dərhal, o cəmiyyətlə uyğunlaşacaqsan. Həqiqi uyğunlaşmayan insan təvazökar insandır, ona görə də heç kim ona dözməz. O, azaddır, çünki o eqodan azaddır.

Mənim anlayışıma görə, təkcə, ağıllı olan, fərd olan insanlar uzaqlaşdırılır. İtaətkar insanlar, fərdiliyi olmayan insanlar, özünüifadə azadlığı olmayan insanlar, heç bir şeyə yox deməyən, hətta öz istəklərinə qarşı olsa belə, həmişə "hə" deməyə hazır olan insanlar bu dünyada hörmətli bir mövqeyə yüksəlirlər. Onlar prezident olurlar, baş nazir olurlar, onlar özlərinə qəsd etdikləri üçün hər mümkün yolla hörmət görürlər. Onlar artıq yaşamırlar, sadəcə, daşlaşırlar. Canlı insanları müəyyən qəlib içinə necə soxa bilərsən? Hər fərd unikaldır – niyə başqa birinin qəlibinə uyğun gəlməlidir ki?!

Dünyadakı bütün bədbəxtlik çox sadə şəkildə izah edilə bilər: hər kəs, təbiətlərinin olmalarını istədiyi şeyin nə olduğunu araşdırmadan, başqaları tərəfindən kəsilib, qəliblənərək nizama salınır. Hətta mövcudluğa şans belə vermirlər. Uşaq doğulan kimi onu korlamağa başlayırlar – əlbəttə ki, tamamilə, yaxşı niyyətlə. Heç bir valideyn bunu bilə-bilə etmir, çünki onlar özləri də eyni şəkildə böyüdülüblər. O da uşaqlarına eyni şeyi tətbiq edir; başqa heç bir yol bilmir ki.

123

Sözə baxmayan uşaq davamlı olaraq danlanır. İtaətkar uşaq isə mütəmadi olaraq təriflənir. Amma sən heç itaətkar uşağın hər hansı yaradıcılıq sahəsində dünya şöhrətli olduğunu görmüsən? Sən heç ədəbiyyat, sülh, ya da elm üzrə Nobel mükafatı almış itaətkar uşaq eşitmisən? İtaətkar uşaq ümumi kütlənin bir parçası olur.

Mən hər yerdə, mütəmadi olaraq, uyğunlaşmadan yaşamışam və mən bundan – hər anından, hər damlasından – zövq almışam. Sadəcə, özün olmaq, o qədər gözəl səfərdir ki...

NƏDƏN AZAD, NƏ ÜÇÜN AZAD

Heç vaxt nədənsə azad olmağı fikirləşmə; həmişə nə üçün azad olmağı fikirləş. Fərq çox böyükdür, həm də çox böyük. Əsla, nədən – deyə fikirləşmə, nə üçün – deyə fikirləş. Tanrı üçün azad ol, həqiqət üçün azad ol, amma qələbəlikdən azad olma, kilsədən azad olma, ondan, və ya bundan azad olmağı fikirləşmə. Bir gün çox uzaqlara gedə bilərsən, amma heç vaxt azad ola bilməzsən, heç vaxt. Bu, bir növ təzyiq etmə olacaqdır.

Niyə qələbəlikdən belə qorxursan?.. Əgər gərginlik varsa, onda qorxun sənin gərginliyini göstərəcəkdir, sənin gərginliyini. Hara gedirsən get, qələbəlik sənə hökm edəcək.

Mənim dediyim şey də budur, sadəcə, həqiqətlərə bax – qələbəliyi düşünməyə ehtiyac yoxdur. Təkcə, öz varlığını düşün. Bu dəqiqə, anında uzaqlaşa bilərsən. Əgər mübarizə aparırsansa, azad ola bilməzsən. Uzaqlaşa bilərsən, çünki mübarizə aparmağın heç bir mənası yoxdur.

Problem qələbəlik deyil – problem sənsən. **Qələbəlik səni çəkmir, sən çəkilirsən, başqası tərəfindən deyil, öz təhtəlşüurun tərəfindən çəkilirsən.** Həmişə yadda saxla ki, məsuliyyəti kiminsə, ya da nəyinsə üzərinə atmamalısan, çünki əksi olsa, onda sən heç vaxt azad ola bilməzsən. Əslində, bu sənin məsuliyyətindir. İnsan niyə qələbəliyə bu qədər qarşı olur ki? Yazıq, qələbəlik! Niyə ona bu qədər qarşı olmalısan? Niyə bu yaranı daşıyırsan?

Sən əməkdaşlıq etməsən qələbəlik heç nə edə bilməz. Demək ki, problem sənin əməkdaşlığındadır. Elə indi, bu dəqiqə, əməkdaşlığa son qoya bilərsən, çox asanlıqla. Əgər bu iş üçün səy göstərsən, narahat olacaqsan. Ona görə də dərhal et. Əgər mübarizə aparsan, bunun uduzulmaqda olan müharibəyə girmək kimi bir şey olduğunu görəndə, ondan imtina, anlıq hücum, öz-özlüyündən yaranan qavrayışla reallaşar. Mübarizə aparsan, sadəcə, qələbəliyə önəm verdiyini göstərmiş olarsan.

Milyonlarla insanın başına gələn də budur. Bəziləri qadınlardan qaçmaq istəyir – bu vəziyyət Hindistanda əsrlərdir yaşanır. Sonra da get-gedə özlərini onda daha çox itirirlər. Seksdən qurtulmaq istəyirlər və bütün beyinləri seksual fikirlərlə dolu olur; seksdən başqa heç nə fikirləşmirlər. Oruc tuturlar, yatmırlar; yoqa və min cür fərqli yol sınayırlar – hamısı cəfəngiyyatdır. Sekslə nə qədər mübarizə aparırlarsa, onu o qədər gücləndirirlər, onunla beyinləri o qədər çox məşğul olur. Ölçünü itirəcək qədər əhəmiyyət qazanır.

Xristian monastırlarının başına gələn budur. O qədər çox əziliblər ki, qorxurlar. Əgər sən də qələbəlikdən həddindən artıq qorxmağa başlasan, səninlə də eyni şey baş verə bilər. Qələbəlik sənin əməkdaşlığın olmadan heç nə edə bilməz, ona görə də bu məsələdə sayıq olmalısan. Əməkdaşlıq etmə!

Bu mənim müşahidəmdir: başına nə gəlirsə gəlsin, günahkar sənsən. Başqa heç kim sənə heç nə etmir. Sən belə olmağını istədin, belə də oldu. Heç kim səni istismar etmir, çünki istismar edilmək istəyən sənsən. Kimsə səni həbsxanaya salıb, çünki sən həbs olunmaq istəmisən. Orada

126

bunun üçün müəyyən axtarış olmalıdır. Bəlkə sən buna təhlükəsizlik deyirsən. Sənin verdiyin ad fərqli ola bilər, amma sən həbsə girməyi arzu edirsən, çünki həbsxanada təhlükəsizlikdəsən və orada təhlükəli heç nə yoxdur.

Amma həbsxana divarlarıyla vuruşma. İçinə bax. Təhlükəsizliyə can atan şeyi tap və qələbəliyin səni necə idarə etdiyini gör. O, qələbəlikdən nəsə istəməlisən – məşhurluq, şərəf, hörmət, ləyaqət. Əgər nəsə istəsən, əvəzində də nəsə qaytarmalısan. Onda qələbəlik sənə "Tamam, biz sənə hörmət verəcəyik, amma sən də bizə azadlığını verəcəksən" deyir. Bu sadə sövdələşmədir. Amma qələbəlik sənə heç vaxt heç nə etməyib: onu istəyən sənsən. Ona görə də öz yolundan çıx!

HƏQİQİ ÜZÜNÜ TAP

Sadəcə, özün ol və dünyanı vecinə alma. Onda dərin rahatlıq hiss edəcəksən və ürəyin hüzurla dolacaq. Zen adamlarının "həqiqi üz" dediyi şey budur; rahatlaşmış, iddialarsız, gərginlikdən uzaq, riyakar olmayan və necə davranmalı olduğunu başqalarından öyrənmədən var olmaq.

Unutma, həqiqi üz çox gözəl poetik ifadədir, amma bu, fərqli üzün olacağı demək deyil. Eyni üz bütün gərginliklərdən azad olacaq, eyni üz rahatlayacaq, eyni üz, özünü başqalarından üstün görməyəcək. Bu, yeni dəyərlərə sahib yeni üz sənin həqiqi üzün olacaq.

Qədim atalar sözü var:

Çoxları, qorxaq olmaq cəsarətini göstərmədiyi üçün qəhrəman olub.

Əgər qorxaqsansa, bunda pis nə var? Sən qorxaqsan – nə gözəl şeydir. Qorxaqlara da ehtiyac var, əks təqdirdə, qəhrəmanları haradan tapacaqsan? Qorxaqlar, qəhrəman yarananda fon vermək üçün mütləq lazımdırlar.

Hər kimsənsə, sadəcə, özün ol.

Problem bundadır ki, daha əvvəl heç kim sənə "sadəcə, özün ol" deməyib. Hər kəs sənə bir yol göstərir, hətta ən adi məsələlərdə belə sənə necə hərəkət etməli olduğunu deyir.

Məktəb vaxtı, mən, hələ balaca uşaqkən, kiminsə

mənə necə olmalı olduğumu deməyindən zəhləm gedirdi. Müəllimlər mənə rüşvət təklif etməyə başladı: "Əgər sözə qulaq assan, dahi ola bilərsən".

Anında cavab verdim: "Cəhənnəm olsun dahilik, mən, sadəcə, özüm olmaq istəyirəm". Ayaqlarımı stolun üzərinə qoyub otururdum və hər müəllim buna görə narahat olurdu. "Bu, necə davranışdır?" – deyə əsəbiləşirdilər.

Mən də cavab verirdim: "Stol mənə bunu etmə demir. Bu, stolla mənim aramda olan məsələdir, siz niyə belə hirsli baxırsınız? Ayaqlarımı sizin başınıza qoymuram ki?! Siz də, eynən, mənim kimi rahat olmalısınız. Üstəlik, bu cür oturmaqla sizin öyrətdiyiniz cəfəngiyyatları çox daha yaxşı başa düşəcəyimi hiss edirəm".

Sinif otağının divarının birində gözəl pəncərə vardı və çöldə ağaclar, quşlar və ququ quşları görünürdü. Əksər vaxt, mən pəncərədən çölə baxardım və müəllim gəlib soruşardı: "Ümumiyyətlə, sən niyə məktəbə gəlirsən ki?"

Cavab verərdim: "Çünki mənim evimdə bütün səmanın göründüyü heç bir pəncərə yoxdur. Mənim evimin ətrafında heç bir ququ quşu, heç bir quş yoxdur. Ev şəhərdə yerləşir, başqa evlərlə əhatə olunub, o qədər qələbəlikdir ki, quşlar oraya gəlmir və ququ quşları hiss edir ki, lütf edib oradakı insanlara mahnılarını dinlətməyə dəyməz.

"Buraya sizə qulaq asmaq üçün gəldiyim fikrini unudun! Mən haqqımı ödəyirəm, siz də, sadəcə, xidmətçisiniz, təkcə, bunu yadda saxlayın. Əgər kəsilsəm, gəlib sizə şikayətlənməyəcəm; əgər kəsilsəm kədərlənməyəcəm də. Amma əgər bütün il ərzində, çöldəki ququ quşuna qulaq asdığım halda özümü tülkülüyə qoyub guya sizə qulaq asıram kimi göstərsəm, bu, ikiüzlü həyatın başlanğıcı olar. Mən ikiüzlü olmaq istəmirəm".

Müəllimlər, professorlar hər məsələni müəyyən yolla etməyimi istəyirdilər. O vaxtlar mənim universitetimdə – bəlkə hələ də davam edir – papaq geymək zəruri idi. Mən papaqlara qarşı deyiləm; universiteti bitirəndən sonra mən də papaq geyməyə başladım, amma universiteti bitirənə qədər heç vaxt papaq geyinməmişəm. Mənə görə narahat olan bir müəllim yaxınlaşıb soruşdu: "Sən universitetin intizamını pozursan. Papağın haradadır?"

"Davranış qaydaları barədə olan qeydi gətirin. Orada hər oğlanın papaq geyməli olduğundan bəhs edilirmi? Elə qayda yoxdursa, mənə universitet qaydalarına zidd olan şeyi diktə edirsiniz" – dedim.

Məni universitet rəhbərliyinin yanına apardı və mən də müdirlə danışdım: "Hazıram, indi mənə papaq geyinməyin məcburi olduğu maddəni göstərin. Əgər məcburidirsə, universitetdən çıxmalı olacağam, amma əvvəlcə papaq geyməyin məcburi olduğunun harada yazıldığını göstərin".

Təbii ki, orada belə qayda yox idi və mən danışmağa davam etdim: "Mənə papaq geyməyim üçün məntiqli səbəb göstərə bilərsiniz? Məni ağıllandıracaq? Ömrümü uzadacaq? Məni daha sağlam edəcək, daha anlayışlı edəcək?" Bildiyim qədərilə, Benqaliya Hindistanın papaq geyilməyən tək əyalətidir və ölkənin ən ağıllı bölgəsi də oradır. Pəncab isə tam əksidir. Orada insanlar papaq yerinə çalmalardan geyirlər, o qədər böyük çalmalar istifadə edirlər ki, elə bil qaçmağa çalışan ağıllarını başlarının içində tutmağa çalışırlar. Nəticədə, ora ölkənin ən cahil bölgəsidir".

Müdir cavab verdi: "Dediklərin məntiqlidir, amma bu universitet intizamıdır. Əgər sən papaq geyməsən, başqaları da geyinməz".

"Onda niyə qorxursunuz? Bu intizam qaydasını ləğv edin" – dedim.

Heç kim, tamamilə əhəmiyyətsiz məsələlərdə belə özün olmağına imkan vermək istəmir.

Uşaq vaxtı saçlarım uzun idi. Tez-tez atamın mağazasına girmək məcburiyyətində qalırdım, çünki evimizlə mağaza bitişik idi. Ev, mağazanın arxasındaydı və evə getməkçün mağazadan keçmək məcburiyyətindəydik. Hər kəs "Bu kimin qızıdır?" – deyə soruşurdular, çünki saçlarım o qədər uzun idi ki, oğlanın bu uzunluqda saçı ola biləcəyini təsəvvür belə edə bilmirdilər.

Atam pərt halda sıxıla-sıxıla: "O, qız deyil, oğlandı" deyirdi.

"Bəs saçları niyə belə uzundu" – deyə soruşurdular.

Bir gün – bu, atamın normal halı deyildi – o qədər utanıb hirslənmişdi ki, gəlib saçlarımı öz əllərilə kəsmişdi. Mağazamızda parça kəsməkçün istifadə etdiyi qayçını götürüb saçlarımı kəsmişdi. Ona heç nə demədim – çox təəccübləndi. "Heç nə deməyəcəksən" – deyə soruşdu.

"Mən öz tərzimlə cavab verəcəm" – dedim.

"Nə demək istəyirsən?"

"Görərsən" dedim. Evimizin qarşısında bərbərxanası olan tiryək aludəçisi bərbərin yanına getdim. O, hörmət etdiyim tək insan idi. Yan-yana düzülmüş çoxlu bərbərxanası vardı, amma mən o qocanı çox sevirdim. Maraqlı insan idi və məni çox sevirdi; saatlarla söhbət edərdik. Cəfəng-cəfəng şeylər danışardı! Bir gün mənə belə dedi: "Əgər, bütün tiryək aludəçiləri birləşib siyasi partiya təşkil edə bilsə, ölkəni nəzarəti ələ keçirə bilərik!"

"Bu, yaxşı fikirdi..." – dedim.

"Amma hamımız tiryәk aludәçisi olduğumuz üçün mәn öz fikirlәrimi belә unuduram" – dedi.

"Narahat olma. Mәn buradayam vә yadda saxlayacam. Sәn, sadәcә, mәnә ölkәdә hansı dәyişikliklәri etmәk istәdiyini, necә siyasi ideologiya istәdiyini de, mәn onu yaradaram" dedim.

Sonra da ondan, saçlarımı keçәl qırxmağını xahiş etdim. Hindistanda, tәkcә, atası ölәnlәr saçlarını keçәl qırxırlar. Tiryәk aludәçisi belә sözlәrimi eşidәndә anidәn ayıldı. "Nә oldu? Atan öldü?" – deyә soruşdu.

"Sәn belә şeylәri düşünmә. Dediyimi elә; qalanı sәnlik deyil! Sәn, sadәcә, saçlarımı keçәl qırxacaqsan, tamamilә, keçәl" – dedim.

"Oldu!" – dedi. Bu, әn asan işdir. Dәfәlәrlә buna görә problemim yaranıb. Gәlәnlәr mәnә "saqqalımı qırx" deyirlәr, mәnsә unuduram, saçlarını da kәsirәm. "Neylәdin?" deyib hirslәnirlәr, mәn dә onlara "Niyә hirslәnirsәn? Olan olub artıq, buna görә pul almayacam" deyirәm.

Tez-tez gedib onun bәrbәrxanasında oturardım, çünki hәmişә gülmәli hadisәlәr olurdu. Birinin bığının yarısını kәsәndәn sonra, qәfildәn, ağlına nәsә gәlir vә "Gözlә, çox tәcili işim olduğunu xatırladım" – deyib gedirdi. Adam da arxasınca "Mәn stulunda qaldım, bığımın da yarısı kәsilib. Bәrbәrxanadan bayıra çıxa bilmirәm! Neylәyim indi?" – deyә qışqırırdı. Bәrbәr cavab verirdi: "Gözlә, heç yerә getmә, tez gәlәcәm".

Amma saatlar keçsә dә qayıtmırdı vә hәmin adam deyinә-deyinә qalırdı: "Bu bәrbәr axmaqdır, nәdir?"

Bir dәfә dә bir adamın bığının yarısını kәsmәyә mәn kömәk etmәli oldum. Ona "İndi, gedә bilәrsiniz. Bu bәrbәrxanaya bir dә heç vaxt gәlmәyin, yetәr... Bәrbәr sizә

132

çox da böyük zərər vurmayıb, o, sadəcə, unutqandır, məsələ bundadır" – dedim.

Nə isə, bərbər "Haqlısan. Bunun mənə dəxli yoxdur. Əgər ölübsə ölüb" – dedi.

Saçlarımı keçəl qırxdı və mən də evə getdim. Yenə mağazadan keçdim. Atam və bütün müştərilər mənə baxdı. Müştərilər dərhal soruşdular: "Nə baş verib? Kimin oğludur bu? Atası ölüb".

Atam cavab verdi: "O mənim oğlumdur, mən də sağam! Bilirdim ki, o, nəsə edəcək. O mənə yaxşı cavab verdi".

Hara gedirdimsə hər kəs məndən soruşurdu: "Nə baş verdi axı? Atan çox sağlam görünürdü".

"İnsanlar istənilən yaşda ölür. Ona görə narahat olursunuz, amma mənim saçlarıma görə narahat olan yoxdur" – deyə cavab verirdim.

Bu, atamın mənə etdiyi axırıncı müdaxilə oldu, çünki qarşılığının daha təhlükəli ola biləcəyini bildi! Hətta gedib saçların tez uzanması üçün istifadə edilən yağ alıb gətirdi. Bu, çox bahalı yağdır, Benqaliyada becərilən *"javakusum"* adlı güldən hazırlanır. Bu yağdan ən varlı insanlar – kişilər yox, qadınlar – saçlarını maksimal dərəcədə uzun saxlamaq üçün istifadə edirdi. Benqaliyada saçları yerə qədər uzanan qadınlara rast gəlmişəm, bir metr yarım, iki metr uzunluğunda saçlar. O yağ, xüsusilə, saçları çox güclü edir, çox tez uzadırdı.

"İndi başa düşürsən" – dedim.

"Hə, başa düşdüm" – dedi. "Bu yağı tez-tez istifadə elə; bir neçə ay sonra saçların əvvəlki kimi uzanacaq".

"Bu vəziyyəti sən yaratmısan. Orda utanılacaq nə vardı? "Mənim qızımdı" – deyə bilərdin. Buna etiraz eləməzdim. Amma mənə bu şəkildə müdaxilə etməməliydin. O cür hərəkət zorakılıqdı, barbarlıq idi. Mənə heç nə demədən gəlib saçlarımı kəsməyə başladın" – dedim.

Heç kim heç kimə özü olmağa imkan vermir. Bütün bu fikirlər o qədər dərinliyinə işləyib ki, elə bilirsən ki, sənin öz fikirlərindir. Sadəcə, rahatlaş. Bütün bu "əmrləri" unut, quruyan yarpaqların ağacdan yerə düşməsi kimi onları özündən kənarlaşdır. Plastik yarpaqlara, plastik çiçəklərə sahib olmaqdansa yarpaqsız, çılpaq ağac olmaq daha yaxşıdır; əksi çirkindir.

Həqiqi üz, sadəcə, heç bir əxlaq qaydasının, dinin, cəmiyyətin, valideynlərin, müəllimlərin, rahiblərin sənə hökm etməsinə imkan verməmək, heç kimin hakimiyyəti altında olmamaq deməkdir. Sadəcə, həyatını öz daxili səsinə qulaq asaraq yaşa – bu həssaslığın var – həqiqi üzünə sahib olacaqsan.

TƏHLÜKƏLİ YAŞAMAĞIN SEVİNCİ

Cəsur olanlar burunlarının dikinə gedirlər. On-lar bütün təhlükə imkanlarını axtarıb tapırlar. Onların həyat fəlsəfələri sığorta şirkətlərinin fəlsəfəsi kimi de-yil. Onların həyat fəlsəfəsi alpinistlərin, planerçilərin, serfinqistlərin həyat fəlsəfəsidir. Onlar, təkcə, bayırdakı dənizlərdə serfinqlə məşğul olmazlar; onlar öz dərin daxi-li dənizlərində serfinqlə məşğul olarlar. Onlar, təkcə, Alp dağlarına, Himalaya dırmaşmazlar; öz daxillərindəki ən ucqar zirvələri axtararlar.

Təhlükəli yaşamaq – yaşamaq deməkdir. Əgər, təhlükəli yaşamırsansa, deməli, sən yaşamırsan. Yaşamaq, ancaq təhlükədə çiçəkləyər. Yaşamaq, heç vaxt təhlükəsizlik içində çiçəklənməz; yalnız təhlükədə çiçəkləyər.

Əgər təhlükəsiz yaşamağa başlayarsansa, durğun gölməçəyə çevrilərsən. Onda enerjin hərəkət etməz. Onda qorxarsan... Çünki insan naməluma tərəf necə addım ata-cağını heç vaxt bilmir. Niyə risk edəsən ki?! Məlum daha təhlükəsizdir. Onda tanış olandan əl çəkə bilmirsən, on-lardan bezərsən, onlardan sıxılarsan, özünü bədbəxt hiss edərsən, amma yenə də tanış və rahat görünürlər. Ən azından tanışdırlar. Naməlum isə səni qorxudan titrədir. Naməlum haqqında fikir eşidəndə belə, sən özünü təhlükədə hiss etməyə başlayarsan.

Dünyada, təkcə, iki insan tipi var. Rahat yaşamaq istəyən insanlar – onlar ölümü axtarırlar, rahat qəbir istəyirlər. Bir də yaşamaq istəyən insanlar var – onlar təhlükəli həyatı seçər, çünki həyat, ancaq risk olan yerdə zənginləşir.

Heç ömründə nə vaxtsa dağa dırmaşmağa getmisən? Nə qədər yüksəyə qalxsan özünü o qədər gənc, təravətli hiss edərsən. Yıxılmaq təhlükəsi nə qədər böyük olsa, kənardakı uçurum nə qədər dərin olsa, canlı olduğunu o qədər çox hiss edərsən... ölüm və həyat arasında, ölüm və həyat arasında bir yerdə asılıykən. Onda orada sıxıntı olmaz, o anda orada nə keçmişin tozları, nə də gələcəyin arzuları olmaz. O, yaşadığın an çox kəskindir, alov kimidir. Bu kifayətdir; sən indi və burada yaşayırsan.

Ya da serfinqlə məşğul olmaq... ya xizək sürmək, ya da sürüşmək – Harda ölüm riski varsa, orada möhtəşəm yaşam sevinci var, çünki həyatını itirmə riski səni inanılmaz dərəcədə canlı edər. Ona görə də təhlükəli idman növləri insanları cəlb edir.

İnsanlar dağlara dırmaşmağa gedirlər... Bir nəfər Edmund Hillary`dən soruşub: "Niyə Everestə qalxmaq istədiniz? Niyə?" Hillary cavab verib: "Çünki dağ oradaydı – daima meydan oxumaqdaydı". Bu, riskliydi, ora çıxmağa çalışarkən çox adam ölmüşdü. Altmış-yetmiş ildir qruplar gəlib gedirdi – hardasa qəti ölüm deməkdir, amma gələnlər hələ də dırmaşmağa çalışırdılar. Onları cəlb eləyən nəydi?

Məskunlaşdıqları yerdən, gündəlik həyatdan daha yüksəyə, daha uzağa getdiyin vaxt yenidən vəhşi olarsan, yenidən heyvan dünyasının bir parçası olursan. Yenidən, pələng, ya şir kimi yaşayar, və ya çay kimi axarsan. Yenidən, bir quş kimi səmaya qalxar, daha uzağa, daha da uzağa uçmağa çalışarsan. Bu anlarda təhlükəsiz həyat, bank hesabları, arvad, ər, ailə, cəmiyyət, kilsə, ləyaqət... Hamısı gedərək yox olar, uzaqlarda qalar. Sən tək olarsan.

Ona görə də insanlar idmanla belə maraqlanırlar. Amma bu da real təhlükə deyil, çünki bu mövzuda çox ustalaşa bilərsən. Öyrənə bilərsən, lazımi təlimi ala bilərsən. Bu, hesablanmış riskdir... hesablanmış risk kimi bir ifadə istifadə etməyimə imkan ver. Alpinizmi öyrənmək üçün kurslara gedər, hər cür ehtiyat tədbirlərini görərsən. Ya da yüksək sürətlə avtomobil sürərsən: saatda 100 mil sürətlə gedərsən və bu, təhlükəlidir, bu həyəcan verir. Amma bu mövzuda peşəkarlaşa bilərsən və təhlükə, təkcə, kənardakı insanlar üçün ola bilər; səninçün yox. Hətta orada risk olsa belə, cüzidir. Nəticədə, bu risklər fiziki risklərdir, təkcə, bədən zərər görə bilər.

Sənə təhlükəli yaşa deyəndə, təkcə, fiziki riskləri deyil, psixoloji riskləri və nəhayət, mənəvi riskləri nəzərdə tutu-ram. Dindarlıq mənəvi riskdir. Bəlkə də heç qayıtmayaca-ğın hündürlüyə çıxacaqsan. Buddanın *anagamin* – heç vaxt qayıtmayan – termininin mənası budur. Elə hündürlüyə çıxmaq ki, geri qayıdışı olmayan yola girmək... onda insan yoxa çıxır. Heç vaxt geri qayıtmır.

Təhlükəli yaşa deyəndə orta statistik hörmətli insan həyatı yaşama demək istəyirəm – bir şəhərin meri, ya da şirkət ortağı kimi yaşama. Bu həyat deyil. Ya da nazirsən, və ya yaxşı peşə sahibisən, çox pul qazanırsan və pulların bankda yığılır, hər şey mükəmməl şəkildə qaydasında gedir. Hər şey mükəmməl şəkildə qaydasında gedəndə bunu anla – sən ölürsən və heç nə baş vermir. İnsanlar sənə hörmət edə bilər, öləndə cənazənin arxasınca böyük qələbəlik gələ bilər. Nə gözəl, amma elə bu qədər. Qəzetlərdə şəkillərin çıxar, bir neçə məqalədə sənin haqqında yazılar və sonra hər kəs səni unudar. Sən bütün həyatını, yalnız bunlar üçün yaşamısan.

Bax – insan adi, dünyəvi şeylər üçün bütün həyatını boşuna yaşaya bilər. Ruhani olmaq, belə kiçik şeylərə həddindən artıq önəm verməməli olduğunu başa düşməkdir. Onların mənasız olduğunu demirəm. Onlar mənalıdırlar, amma sənin düşündüyün qədər deyil, deyirəm.

Pul lazımlıdır. Bu ehtiyacdır. Amma pul məqsəd deyil və məqsəd ola bilməz. Əlbəttə ki, evə ehtiyac var. Bu da bir ehtiyacdır. **Mən tərki-dünya deyiləm və sənin evini dağıdıb Himalaya qaçmağını istəmirəm. Evə ehtiyac var – amma evə sənin üçün ehtiyac var. Bunu səhv başa düşmə.**

İnsanlara baxanda görürəm ki, hər şey tərsinədir. Elə yaşayırlar ki, elə bil ev üçün onlara ehtiyac var. Ev üçün işləyirlər. Elə bil onlar bank hesabları üçün yaşayırlar – sadəcə, pul toplayırlar, sonra da ölürlər. Əslində, heç vaxt yaşamayıblar. Bircə dəfə də həqiqi həyəcan yaşamadan, çay kimi axmadan ölürlər. Təhlükəsizliyin, tanışlıqların və ləyaqətin divarları arasına məhkum edilirlər.

Onda darıxdığını hiss etməyin təbiidir. İnsanlar mənim yanıma gəlib çox darıxdıqlarını deyirlər. Boğaza qədər yığılmış, bezginlik içində olduqlarını deyib, "Nə edək?" – deyə soruşurlar. Sadəcə, hər hansı duanı təkrar etməklə yenidən canlanacaqlarını fikirləşirlər. O, bu qədər asan deyil. Bütün həyat tərzlərini dəyişdirməli olacaqlar.

Sev, amma sabah o qadının sənin əlində olacağını düşünmə. Bunu gözləmə də. Qadını arvad səviyyəsinə

endirmə. Onda təhlükəli yaşayarsan. Kişini ər səviyyəsinə endirmə, çünki ər eybəcər şeydi. Qoy kişi sənin kişin, qadın sənin qadının olsun və əsla sabahını əvvəlcədən təxmin edilən etmə. Heç nə gözləmə və hər şey üçün hazır ol. Təhlükəli yaşa deyəndə bunu nəzərdə tuturam.

Biz nə edirik? Biz qadına aşiq oluruq və dərhal, vətəndaşların qeydə alınma bürosuna, ya da kilsəyə gedib evlənirik. Sənə evlənmə demirəm. Bu formal bir şeydir. Yaxşı, cəmiyyəti razı sal, amma heç vaxt fikrinin dərinliklərində qadını sahiblənməyə çalışma. Heç vaxt, bir anlıq belə olsun "sən mənə aidsən" demə. Çünki bir insan necə sənə aid ola bilər? Sən bir qadına sahib olmağa başlayanda o da səni sahiblənməyə başlayacaq. Onda ikiniz də, artıq, aşiq deyilsiniz. Sadəcə, bir-birinizi məhv edir, öldürür, bir-birinizi iflic edirsiniz.

Sev, amma sevginin evlilik səviyyəsinə düşməyinə imkan vermə. İşlə – işləmək ehtiyacdır – amma işinin yeganə həyatın olmağına imkan vermə. Oyun, həyatının bir parçası olaraq qalmalıdır, həyatının mərkəzi olmalıdır. İş, sadəcə, oyun üçün vasitə olmalıdır. Ofisdə işlə, fabrikdə işlə, mağazada işlə, amma sadəcə, oynamağa görə özünə imkan yarada bilmək üçün. Həyatının, sadəcə, iş rutini səviyyəsinə düşməyinə imkan vermə – çünki həyatın məqsədi oyundur!

Oyun, nəyisə məqsəd güdmədən, özün üçün etmək mənasını verir. Məqsəd güdmədən nə qədər çox şeydən zövq alsan, o qədər canlı olacaqsan. Təbii ki, həyatın həmişə riskdə, təhlükədə olacaq. Amma həyat elə belə olmalıdır. Risk onun bir hissəsidir. Əslində, daha yaxşı hissəsi riskdir, onun ən yaxşı hissəsi riskdir. Onun ən gözəl hissəsi riskdir. Hər anı riskdir. Sən bunun fərqində olmaya bilərsən... Nəfəs alır, nəfəs verirsən, bunda da risk var. Hətta nəfəs vermәkdә dә risk var – nәfәsin yenidәn geri qayıdıb-qayıt-mayacağına kim әmin ola bilәr ki?! Bu dәqiq deyil, heç bir zәmanәti yoxdur.

Amma bәzi insanların bütün dini tәhlükәsizlikdir. Tanrı haqqında danışsalar belә, onlar Tanrının әn ali tәhlükәsizlik olduğundan bәhs edirlәr. Әgәr onlar Tanrı haqqında düşünürlәrsә, sadәcә, qorxduqları üçün düşünürlәr. Әgәr dua edib meditasiya ilә mәşğul olurlarsa, bunu, tәkcә, ad-larının "savab kitablarında" qeyd edilmәsi üçün edirlәr. Tanrının "yaxşı kitablarına" düşә bilmәk üçün: "Әgәr Tanrı varsa, mәnim müntәzәm kilsәyә getdiyimi, müntәzәm si-tayiş etdiyimi bilәcәk. Mәn buna şәhadәt verә bilәrәm" – deyә düşünürlәr. Duaları belә vasitәdir.

Tәhlükәli yaşamaq hәyatın hәr anını sonuna qәdәr ya-şamaq demәkdir. Hәr anın özünә xas dәyәri var vә sәn qorxmursan. Ölümün olduğunu bilirsәn vә ölümün oldu-ğu hәqiqәti qәbul edirsәn, ölümün arxasında gizlәnmirsәn. Hәtta gedib ölümlә belә toqquşursan. Ölümlә fiziki, psixo-loji, mәnәvi olaraq toqquşduğun anlardan zövq alırsan.

Tәhlükәli yaşa deyәndә, ölümlә birbaşa qarşı-qarşı gәlәndә dә – ölümün haradasa real olduğu anlarda – bundan zövq almağını nәzәrdә tuturam.

Cәsur olanlar burunlarının dikinә gedirlәr. Onlar, bü-tün tәhlükә imkanlarını axtarıb taparlar. Onların hәyat fәlsәfәlәri sığorta şirkәtlәrinin fәlsәfәsi kimi deyil. Onla-rın hәyat fәlsәfәsi alpinistlәrin, planerçilәrin, serfinqistlәrin hәyat fәlsәfәsidir. Onlar, tәkcә, bayırdakı dәnizlәrdә serfinqlә mәşğul olmazlar; onlar öz dәrin daxili dәnizlәrindә serfinqlә mәşğul olarlar. Onlar, tәkcә, Alp dağlarına, Hima-laya dırmaşmazlar; öz daxillәrindәki әn ucqar zirvәlәri ax-tararlar.

140

Ancaq bir şeyi unutma: risk etmə sənətini heç vaxt unutma – heç vaxt, heç vaxt. Həmişə risk etməyə hazır ol. Nə vaxt risk etmək üçün imkan olsa onu dəyərləndir, heç vaxt uduzmayacaqsan. Risk, həqiqətən canlı olmaq üçün tək zəmanətdir.

NƏ EDİRSƏN ET, HƏYAT SİRDİR

İzah edilə bilməyəcək nəsə olduğu fikrini qəbul etməkdə fikir çox çətinlik çəkir. Fikirdə hər şeyin izah edilməli olduğu istəyi var... izah edilməsə belə, ən azı elə edir ki, guya izah edir! Sirr kimi qalan hər şey fikri narahat edər.

Bütün fəlsəfə, din, elm, riyaziyyat tarixi eyni kökə, eyni fikrə – eyni qaşıntıya sahibdir. Sən özünü bir cür qaşıyarsan, başqa biri onu fərqli şəkildə edə bilər... amma qaşıntı başa düşülən olmalıdır. Qaşıntı mövcudluğun sirr olmadığı inamıdır. Fikir, ancaq necəsə mövcudluğun sirri faş ediləndə özünü rahat hiss edə bilər.

Din bunu Tanrını, Allahı, Müqəddəs Ruhu yaradaraq edib; müxtəlif dinlər müxtəlif şeyləri yaradıblar. Bunların hamısı üstünün örtülməsi mümkün olmayan deşiyi gizlətmək yollarıdır; nə edərsən et, deşik oradadır. Hətta nə qədər üstünü örtməyə çalışsan, orada olduğunu daha çox vurğulamış olursan. Sənin onu örtmək səyin belə, sənin, onu kimsə görəcəyi qorxunu göstərir.

Uşaqlığımda bu hər gün baş verirdi, çünki ağaclara çıxmağı çox sevirdim, ağac nə qədər hündürdürsə, o qədər ləzzət eləyirdi. Təbii olaraq, ağacdan dəfələrlə yıxılırdım; ayaqlarımda, dizlərimdə, hər yerimdə o cızıqların izləri hələ də qalır. Ağaclara tez-tez dırmaşdığım üçün hər gün paltarlarım cırılırdı. Anam gəlib mənə: "Paltarlarındakı o

deşiklərlə çölə çıxma. Qoy əvvəl deşikləri yamayım" –
deyirdi.

"Yox, yamama" – deyirdim.

"İnsanlar nə fikirləşər?! Sən, şəhərin ən yaxşı par-
ça ticarətçisinin oğlusan, amma həmişə cırıq paltar-
larla gəzirsən, heç kimin sənin qeydinə qalmadığını
düşünəcəklər" – deyirdi.

Mən də anama: "Əgər yamasan, eybəcər görünər. İndi
hamı onun təzə olduğunu görür. Evdən deşik köynəklə çıx-
madığımı düşünəcəklər. Ağacdan indicə yıxıldım və cırıldı.
Amma əgər yamasan, gizlətməyə çalışdığım köhnə şeyə
oxşayar. Sənin yamağın məni kasıb göstərər, mənim cırılan
köynəyim isə məni cəsur göstərər. Sən, buna görə narahat
olma. Əgər kimsə mənə paltarımdakı cırıqlara görə nəsə
desə, ona meydan oxuyaram: "Mənimlə birlikdə bu ağaca
çıx, əgər yıxılmasan, onda nə istəsən deyərsən" deyərəm"
– dedim.

Hindistanda çox yumşaq, asanlıqla qırılan ağaclar var.
Onlardan biri *jamun* ağacıdır. Jamun çox dadlı meyvədir,
amma ağacı çox hündür və zəifdir; budaqları çox asan
sına bilir. Ağacın ən yuxarı budaqlarına qədər çıxmasan
ən yaxşı meyvələri yeyə bilməzsən, çünki aşağıdakılar
daha aşağı keyfiyyətli insanlar tərəfindən yığılır – yalnız
üç metr hündürlüyə dırmaşmağa cürət edə bilsən arzuladı-
ğın meyvələrdən dada bilərsən. Əgər on metrə dırmaşmağa
cürət eləsən, onda meyvələrin ən dadlılarını yeyə bilərsən.
Onlar, cəsarətli olanlar üçün saxlanırlar. Amma ora çıxan-
da yıxılmamaq mümkün deyil. Buna qarşı heç nə edə
bilməzsən, bu, sənin əlində olan şey deyil. Sadəcə, bir az
güclü külək... Cəld enə bilməzsən; budaq birdən qırılar, sən
də heç nə edə bilmədən bir də görərsən ki, yerdəsən.

Amma anam mənim dediyimi heç vaxt başa düşə bilmədi. Mən ona izah etməyə çalışdım: "Bu, çox sadədir. Əgər köynəyimi yamasan, bu, yırtığın təzə olmadığını göstərəcək; hazırda, elə görünür ki, elə bil bu indicə yırtılıb. Amma yamandığı vaxt – bu, dəqiq təzə olmadığını göstərir – elə görünür ki, elə bil evdən yamaqlı köynək geyib gəlmisən. Onda daha çox diqqət çəkir və mən kasıb insanlar kimi görünməyimi istəmirəm".

Anamsa dedi: "Sənin fikrini başa düşə bilmirəm, çünki nə vaxt ki, ailənin bütün başqa üzvlərindən kiminsə köynəyi cırılsa, ya da düyməsi qopsa, əvvəl mənim yanıma gəlib "çölə çıxacağam, bunu tik" – deyir. Bir tək sən xaric... Mən sənin ayağına gəlib "tikim" deyirəm, amma sən hələ də istəmirsən".

Ona cavab verdim: "Xeyr, tikməyini istəmirəm. Əgər mənə başqa köynək vermək istəsən, qəbul edə bilərəm. Amma yamanmış köynək geyinmərəm. Bütün il boyu yırtıq köynək geyinə bilərəm; heç bir problem olmaz, çünki onda həmişə təzə kimi görünər. Həmişə, indicə ağacdan yıxıldım deyə bilərəm".

Bütün fikir tarixi, bütün müxtəlif qollarıyla bu yamağı daima edir – xüsusilə, riyaziyyat, çünki riyaziyyat, tamamilə, fikir oyunudur. Belə olmadığını fikirləşən riyaziyyatçılar da var, eynən, Tanrının real olduğunu fikirləşən teoloqların olduğu kimi. Tanrı, sadəcə, fikirdir. Əgər, atların fikirləri olsaydı, onların Tanrıları at olardı. Onun insan olmayacağından əmin ola bilərsən, çünki atlara o qədər qəddarlıq ediblər ki, atlar insanları, sadəcə, iblis kimi görə bilərlər, Tanrı kimi yox. Onda hər heyvanın Tanrı haqqında öz fikri olacaq, eynən, hər insanın Tanrı haqqında öz fikri olduğu kimi.

Fikirlər, həyatın sirli olduğu və bu boşluqların həqiqətlər tərəfindən doldurula bilmədiyi yerləri doldururlar. O boşluqları fikirlərlə doldurursan; ən azı həyatın başa düşülən olduğunu hiss etməyə başlayırsan.

Başa düşmək sözünün ingiliscəsi olan "understand" kəlməsinə heç fikir vermirsən? Mənası "altında dayanan" (under-stand) deməkdir. Qəribədir ki, bu söz zamanla öz ilkin mənasından çox uzaq mənada işlədilib: altında ola biləcək hər şey, altında əzəcəyin hər şey, sənin gücünün, ayaqqabının altındakı hər şey, üstün olduğun hər şey nəzərdə tutulur.

İnsanlar həyatı başa düşməyə də eyni yolla çalışırlar, həyatı ayaqlarının altına qoyub elan edirlər ki, "Biz sahiblərik. İndi, bizim başa düşmədiyimiz heç nə yoxdur".

Amma bu mümkün deyil. Nə edirsən et, həyat sirdir və sirr qalmaqda davam edəcək.

HƏR ŞEYİN BİR DƏ DİGƏR TƏRƏFİ VAR

Biz, digər tərəfə əhatə edilmişik. Bu digər tərəf, Tanrı deyilən şeydir; bu digər tərəfə çatılmalıdır. O içəridə, çöldədir; həmişə oradadır. Əgər, bunu unutsan... biz, adətən unuduruq, çünki digər tərəfə baxmaq çox narahat və əziyyətlidir. Bu, elə bil uçurumdan aşağıya baxmağa oxşayır, insan titrəməyə başlayır, ürəyi bulanır. Uçurumun fərqinə varanda titrəməyə başlayarsan. Heç kim uçuruma baxmır; reallıqdan yayınaraq başqa istiqamətlərə baxırıq. Reallıq uçurum kimidir, çünki reallıq böyük boşluqdur. Sərhədləri olmayan geniş səmadır. Budda belə deyir: *durangama* – həmişə, sərhədlərinin kənarına çıx. Heç vaxt sərhədlərinin içində qalma, həmişə, sərhədləri poz. Ehtiyacın olanda sərhədləri sən çək, amma onun digər tərəfinə çıxacağını heç vaxt unutma. Heç vaxt həbsxanalar yaratma.

Biz, çox müxtəlif həbsxanalar yaradırıq: münasibətlər, dinlər, inanclar, bunların hər biri bir həbsxanadır. Vəhşi küləklər əsmədiyi üçün insan rahatlıq hiss edir. Qorunduğunu düşünür; amma bu saxta qorumadır, çünki ölüm gəlib səni digər tərəfə dartacaq. Ölüm gəlib səni digər tərəfə dartmazdan əvvəl, sən özün get.

Hekayə:

Bir Zen rahibi ölmək üzrəymiş. Çox yaşlıymış, düz doxsan yaşında. Birdən gözlərini açıb soruşur: "Mənim ayaqqabılarım hardadır?"

Şagirdi həyəcanla cavab verdi: "Hara gedirsiniz? Siz dəli olmusunuz? Siz ölürsünüz, həkim daha heç bir ümid qalmadığını dedi; bir neçə dəqiqəniz qaldı".

Rahib cavab verdi: "Elə ona görə ayaqqabılarımı istəyirəm: Qəbiristana getmək istəyirəm, çünki heç yerə aparılmaq istəmirəm. Ora özüm gəzə-gəzə gedəcəyəm və ölümü orada qarşılayacağam. İnsanların məni daşımağını istəmirəm. Məni tanıyırsan — indiyə qədər heç kimə yük olmamışam. Dörd insanın məni qəbiristanlığa aparması çox eybəcər görünər. Yox".

O, qəbiristana getdi. Bununla qalmayıb, öz qəbrini qazdı, içinə uzandı və öldü. Naməlumu qəbul etmək nə böyük cəsarətdir, tək gedib digər tərəfi sevinclə salamlayan bir cəsarət! Onda ölüm çevrilir, onda ölüm, artıq, ölüm olmaqdan çıxır.

Belə cəsur insan heç vaxt ölməz; ölüm məğlub edilmiş olur. Belə cəsur insan ölümün hüdudlarını aşır. Digər tərəfə tək gedən insan üçün, o tərəf heç vaxt ölümə bənzəməz. Onda sevinclə qarşılanan şeyə çevrilir. Əgər o tərəfi sevinclə qarşılasan, o tərəf də sənə qucaq açar; o tərəf səni təkrar etməyə başlayar.

HƏYAT HƏMİŞƏ VƏHŞİ ÇÖLDƏDİR

Eqo ətrafını divar kimi əhatə edir. Səni bu cür əhatə edərək səni qoruduğuna inandırır. Eqo səni beləcə aldadır. Eyni şeyi dəfələrlə söyləyir: "Əgər mən burada olmasam, sən mühafizəsiz qalarsan, mühafizən həddindən artıq zəif olar, bu da böyük riskdir. Ona görə də imkan ver səni qoruyum, səni əhatə edim".

Bəli, eqo müəyyən ölçüdə müdafiə yaradar, amma bu divar həmçinin sənin zindanın olar. Müəyyən müdafiə var, əks təqdirdə, heç kim eqonun gətirdiyi əzablara dözə bilməzdi. Müəyyən müdafiə var, səni düşməndən qoruyur, ancaq eyni zamanda, səni dostlarından da qoruyur.

Bu, düşməndən qorxduğun üçün qapını bağlayıb arxasında gizlənməyə oxşayır. Sonra bir dost gəlir, amma qapı bağlı olur, içəri girə bilmir. Əgər düşməndən həddindən çox qorxsan, onda dostlar da içəri girə bilməz. Əgər qapını dostun üçün açsan, düşmənin də həmişə içəri girmə riski var.

Bunu çox dərindən düşünmək lazımdır; bu, həyatdakı ən böyük problemlərdən biridir. Sadəcə, çox az sayda cəsur insanlar onu düzgün həll edə bilər, qalanları qorxub gizlənir və onda bütün həyatları məhv olur.

Yaşamaq risklidir, ölümdə isə risk yoxdur. Öl, onda sənin üçün heç bir problem qalmaz, onda, səni heç kim öldürə bilməz, çünki ölü olan kimisə necə öldürə bilərsən? Qəbrə gir və işin bitsin! Orada nə xəstəlik, nə narahatlıq, nə də hər hansı problem olar – bütün problemlər bitər.

Amma əgər sağsansa milyonlarla problem var. **İnsan nə qədər sağdırsa, o qədər çox problem var. Amma burda heç bir səhv yoxdur, çünki problemlərlə üzləşərək, mübarizə apararaq böyüyürsən.**

Eqo, ətrafında yüksələn hiyləgər divardır. İçəri kimsə girməyinə imkan vermir. Sən özünü qorunmuş, təhlükəsiz hiss edərsən, amma bu təhlükəsizlik ölüm kimidir. Toxum içindəki bitkinin hiss etdiyi təhlükəsizlik kimi. Bitki cücərməkdən qorxur, çünki kim bilir ona nə olacaq? – Dünya təhlükələrlə elə doludur və bitki o qədər yumşaq, kövrəkdir ki! Toxum divarının arxasında, hüceyrənin içində gizlənsə hər şey qorunur.

Ya da ananın uşaqlığında olan uşağı düşün. Hər şey var, nə istəməyindən asılı olmayaraq hər ehtiyacı dərhal yerinə yetirilir. Heç bir narahatlıq, heç bir mübarizə, heç bir gələcək yoxdur. Uşaq, sadəcə, xoşbəxt yaşayır. Hər ehtiyac ana tərəfindən yerinə yetirilir.

Amma sən həmişə ana rəhmində qalmaq istəyərdin? Bura çox təhlükəsiz yerdir. Əgər sənə seçmə şansı verilsəydi, həmişə ana rəhmində qalmağı seçərdin? Bura çox rahat yerdir, bundan rahat yer harda var?! Alimlər hələ də ana rəhmindən daha rahat mühit təmin edə bilmədiklərini deyirlər. Ana rəhmi rahatlıq baxımdan son hədd kimi görünür. O qədər rahat ki, orada heç bir problem, heç bir narahatlıq, heç bir iş görmək ehtiyacı olmur. Sadəcə, mövcudluq. Hər şey avtomatik təchiz edilir – ehtiyac olduğu an ana tərəfindən dərhal təchiz edilir. Hətta nəfəs alıb-vermək kimi narahatlıq belə yoxdur, ana uşaq üçün nəfəs alır. Yemək yemə problemi yoxdur, ana uşaq üçün yeyir.

Yaxşı, amma yenə də ana rəhmində qalmaq istəyərdin? Bura rahatdır, amma bu həyat deyil. Həyat həmişə vəhşi çöldədir. Həyat oradan çöldədir.

İngiliscə "coşqu" mənasını verən "ecstasy" kəlməsi çox əhəmiyyətlidir. Sözün qarşılığı "çöldə dayanmaq"dır. Coşqu, çölə çıxmaq deməkdir – bütün qabıqlardan, müdafiələrdən, eqolardan, bütün rahatlıqlardan, bütün ölümcül divarlardan. Coşqulu olmaq, çölə çıxmaq deməkdir, azad olmaq, hərəkət etmək, proses halında olmaq, təhlükələrə açıq olmaqdır, beləcə, külək gəlib içindən keçə bilər.

Belə bir ifadə var, bəzən "o təcrübə fövqəladə idi" deyirik. Çoşqunun dəqiq mənası budur: Fövqəladə.

Toxumun çatlayıb içində gizlətdiyi işığı yaymağa başlaması, bir uşağın doğulub rəhmdən çıxması; bütün komfortu və rahatlıqları qoyub naməlum dünyaya addım atması coşqudur. Bir quşun yumurtasını qırıb göy üzünə uçması coşqudur.

Eqo yumurtadır və ondan çıxmaq məcburiyyətindəsən. Coşqulu ol! Bütün müdafiələrdən, qabıqlardan, təhlükəsizliklərdən uzaqlaş. Onda daha geniş dünyaya çatarsan; geniş, sonsuz dünyaya. Ancaq onda yaşayarsan, doya-doya yaşayarsan.

Amma qorxu səni şikəst edir. Yəqin ki, uşaq da, ana rəhmindən çıxmazdan əvvəl çıxıb-çıxmamaq mövzusunda tərəddüd edir. Olmaq və ya olmamaq? Yəqin, bir addım irəli atıb, sonra da bir addım geri çəkilir. Ola bilsin ki, elə buna görə ana elə ağrı çəkir. Uşaq tərəddüd edir və coşqunu yaşamağa hələ tam hazır deyil. Keçmiş onu geri, gələcək isə irəli çəkir, uşaq da iki yol arasında qərarsız qalır.

Bu, qərarsızlıq divarıdır, keçmişə sarılmaqdır, eqoya yapışmaqdır. Bunu hər yerə aparırsan. Bəzən, nadir anlarda, çox canlı və həyəcanlı olduğun vaxtlarda onu görə biləcəksən. Əks təqdirdə, baxmayaraq ki, çox şəffaf divardır, sən onu görə bilməyəcəksən. İnsanın, bütün həyatını – təkcə, bir deyil, bir çox həyatını – bir qəfəsin içində, hər yerdən təcrid olunmuş, pəncərəsiz, *Leibnitz'in* "monad" adlandırdığı yerdə keçirdiyindən xəbəri belə olmur. Qapısız, pəncərəsiz, içəridən bağlanmış – amma şəffaf, şüşədən divarları olan qəfəsdə.

Bu eqo kənarlaşdırılmalıdır. İnsan cəsarətini toplayıb onu məhv etməlidir. İnsanlar öz cəhənnəmlərini bəslədiklərini bilmədən onu milyonlarla yolla bəsləyirlər.

Xanım Cochrane ölmüş ərinin tabutunun yanında dayanıbmış. Oğlu da yaxınlığındaymış. Dəfndə iştirak edənlər bir-bir keçib başsağlığı verirmişlər.

"İndi, artıq, heç bir ağrı hiss etmir" – xanım Croy dedi. "Nədən ölüb?"

Xanım Cochrane "Yazıq kişi qonoreyadan[1] öldü" – deyə cavab verib.

Başqa bir qadın tabuta gözünü zilləyib belə deyir: "Daha ağrıları geridə qaldı. Üzündə sakit təbəssüm var. Ölüm səbəbi nəydi?"

"Qonoreyadan öldü" – dedi, dul qadın.

Qəfildən, oğul anasını kənara çəkib deyir: "Ana! Atam haqqında çox pis şey deyirsən. O, qonoreyadan ölməyib ki, diareyadan (ishal) ölüb!"

---

[1] Qonoreya – cinsi əlaqə vasitəsilə yoluxan xəstəlik.

Xanım Cochrane, "Bilirəm" – deyə cavab verir: "Pox içində öldüyünü bilmәklәrindәnsә әylәncә arxasındaykәn öldüyünü fikirlәşmәklәrini istәyirәm".

Sona qәdәr oyun oynamağa davam edirlәr. Eqo, sәmimi olmağına imkan vermir, sәni saxtalığı davam etdirmәyә mәcbur edir. Eqo yalandır, amma insan qәrar vermәlidir. Bu, çox böyük cәsarәt tәlәb edir, çünki sәnin indiyә qәdәr bәslәyib böyütdüyün şeyi darmadağın edәcәk. Bu, bütün keçmişini yox edәcәk. Onunla birlikdә sәn dә tamamilә yox olacaqsan. Geridә kimsә qalacaq, amma sәn o adam olmayacaqsan. İçindә keçmişlә bağlantısı olmayan varlıq meydana gәlәcәk; tәzә, keçmişin korlamadığı varlıq. Onda heç bir divar olmayacaq: harada olursan ol, sәrhәdlәri olmayan sonsuzluğu görәcәksәn.

Sevimli barına girәn qoca, hәmişә, işlәyәn ofisiant qızın yerinә başqa birinin işlәdiyini görür. Әvvәlcә çox çaşır, amma sonra cәsarәtini toplayıb yeni ofisiant qıza "uzun müddәtdir gördüyü әn gözәl qız" olduğunu deyir.

Ofisiant qız qürurlu tip imiş, başını qaldırıb acı-acı cavab verir: "Tәәssüf edirәm, amma komplimentinizә eyni cür qarşılıq verә bilmәyәcәm".

Qoca sakit şәkildә cavab verir: "Yaxşı, әzizim, onda, mәnim etdiyimi edә bilmәzdin? Yalan danışa bilmәzdin?"

Bizim bütün rәsmiyyәtlәrimiz heç nәdir, amma bir-birimizin eqolarına yardım edir. Hamısı yalandır. Sәn kimsәyә nәsә deyirsәn, o da komplimentә cavab verir. Nә sәn sәmimisәn, nә dә o. Eyni oyunu oynayırıq: әdәb qaydaları, rәsmiyyәtlәr, mәdәni üzlәr vә maskalar.

Onda divarla üzlәşmәk mәcburiyyәtindәsәn. Get-gedә bu divar o qәdәr qalınlaşacaq ki, heç nәyi görә bilmәyәcәksәn.

152

Divar hər gün daha da qalınlaşır, ona görə də gözləmə. Əgər ətrafında divar gəzdirdiyin hissinə qapılsan, dərhal, uzaqlaş! Dərhal, tullan və içindən çıx! Tullanmaq üçün, təkcə qərar verməlisən, başqa heç nə. Sonra sabahdan etibarən onu bəsləmə. Ona dayəlik etdiyini gördüyün an dərhal dayan. Bir neçə gün içində onun öldüyünü görəcəksən, çünki sənin daima dəstəyinə və onu əmizdirməyinə ehtiyac duyur.

SON CƏSARƏT: BAŞLANĞIC YOXDUR, SON YOXDUR

Çoxlu qorxu var, ancaq bunlar təməl olaraq tək bir qorxudan törəmiş zoğlardır, bir ağacın budaqlarıdır. Bu ağacın adı ölümdür. Bu qorxunun ölümlə əlaqəli olduğundan xəbərin olmaya bilər, amma hər qorxu ölümlə əlaqəlidir. Qorxu, sadəcə, kölgədir. Əgər bankrot olmaqdan qorxursansa, ölüm qorxusu o qədər də aydın görünməyə bilər, amma əslində, pulsuz qalaraq ölümə qarşı müdafiəsiz qalacağından qorxmaqdasan. İnsanlar müdafiə vasitəsi olaraq pul tutar, lakin hər kəs yaxşı bilir ki, ölümdən özünü qorumaq üçün heç bir yol yoxdur. Amma yenə də nələrsə etmək lazımdır. Ən azı, bu, səni məşğul saxlayar və özünü məşğul saxlamaq bir növ şüursuzluqdur, bir növ narkotikdir.

Ona görə də necə ki, içki düşkünləri varsa, eləcə də iş düşkünləri var. Daima bir işlə məşğul olurlar; işləmədən dayana bilmirlər. Tətillər, bayramlar qorxu verir; səssiz otura bilmirlər. Onlar səhər 3 dəfə oxuduqları qəzeti təzədən oxumağa başlayarlar. Daima məşğul olmaq istəyərlər, çünki bunun sayəsində ölümlə aralarına pərdə çəkmiş olurlar. Amma əslinə baxanda tək qorxuları – ölümdür.

Digər bütün qorxuların, yalnız bir budaq olduğunu başa düşmək əhəmiyyətlidir, çünki təkcə o halda köklərlə nəsə edə bilərsən. Əgər əsas qorxu ölümsə, səni qorxmaz edə biləcək tək şey içindəki ölümsüz şüurun fərqinə varacağın təcrübədir. Başqa heç nə – nə pul, nə güc, nə prestij – işə yaramaz, ölümə qarşı tək sığorta, təkcə, dərin meditasiya ola bilər. Çünki meditasiya sənə bədəninin öləcəyini, fikrinin öləcəyini, amma sənə bədən-fikir strukturundan kənar varlıq olduğunu göstərəcəkdir. Sənin əsl kökün, əsas həyat mənbəyin səndən əvvəl olub və səndən sonra da var olacaq. Müxtəlif formalarda dəyişdi, müxtəlif formalarda inkişaf etdi, amma ən başdan bəri heç vaxt yox olmadı; əgər istənilən başlanğıc varsa. Sona qədər də heç vaxt yox olmayacaq, əgər hər hansı bir son varsa... çünki mən hər hansı başlanğıca və ya sona inanmıram.

Mövcudluq başlanğıcsızdır və sonsuzdur. O, həmişə, vardı və sən də həmişə var olmusan. Formalar fərqli ola bilər; bu həyatda belə formalar, həmişə, fərqli olub.

Ananın rəhminə ilk dəfə düşdüyün gün, bu cümlənin sonundakı nöqtədən belə kiçik idin. Sənə fotoqrafını göstərsələr, özünü tanımazsan. Faktiki, hətta ondan da əvvəli var...

İki nəfər nə qədər keçmişi xatırlaya bildikləri mövzusunda mübahisə edirdilər. Biri üç yaşlarındakı uşaqlığını yada sala bilirdi. Digəri danışdı: "Bu, heç nədir. Mən atamla anamın pikniyə getdiyi günü xatırlayıram. Biz, pikniyə gedəndə, mən atamın içindəydim. Biz piknikdən geri qayıdanda da anamın içindəydim!"

Atanın içində olduğun vaxtlardakı fotoqrafını göstərsələr özünü tanıya bilərsən? Sənə bir şəklini göstərə bilərlər; adi gözlə görə bilməyin üçün şəkli böyüdə bilərlər, amma yenə də özünü tanıya bilməzsən. Amma o eyni həyat formasıdır, hazırda, içində var olmaqda olan həyat mənbəyidir.

155

Sən hər gün dəyişirsən. Doğulduğun gün, sadəcə, bircə günlük də olsa yenə özünü tanıya bilməzsən. "Aman Allah, bu mənəm?" – deyərsən. Hər şey dəyişir; yaşlanacaqsan, cavanlığın gedəcək. Uşaqlığın çox uzun müddət bundan əvvəl yox oldu və bir gün ölüm də gələcək. Amma təkcə forma öləcək, mahiyyət deyil. Həyatın boyu dəyişən, yalnız forma olub.

Forman hər dəqiqə dəyişir. Ölüm də dəyişiklikdən başqa bir şey deyil, əhəmiyyətli dəyişiklik, daha böyük dəyişiklik, daha sürətli dəyişiklik. Uşaqlıqdan gəncliyə keçərkən, uşaqlığı nə vaxt arxada qoyub gəncliyə addım atdığından xəbərin olmur. Gənclikdən qocalığa, hər şey o qədər tədricən dəyişir ki, gəncliyin səni hansı tarixdə, hansı ilin hansı günündə tərk etdiyindən xəbərin olmur. Dəyişiklik çox tədricidir, yavaş-yavaş irəliləyir.

Ölüm, bir bədəndən, bir formadan başqa bir formaya kvant sıçramasıdır. Amma bu sənin üçün son deyil.

Sən heç vaxt doğulmamısan və heç vaxt ölməyəcəksən.

Sən həmişə varsan. Formalar gəlib-gedər və həyat çayı axmağa davam edər. Bunu yaşamadığın müddətcə ölüm qorxusu səni tərk etməz. Təkcə meditasiya... təkcə meditasiya sənə kömək edə bilər.

Mən deyə bilərəm ki, bütün müqəddəs kitablar yaza bilər, amma bunlar kömək etməyəcək; hələ də şübhə ola bilər. Kim bilir, bəlkə də insanlar yalan danışırlar, bəlkə də bu insanlar özlərini aldadıblar. Ya da bu insanlar başqa kitablar, başqa müəllimlər tərəfindən aldadılıblar. Əgər şübhə varsa, qorxu da həmişə olacaq.

Meditasiya səni reallıqla üz-üzə gətirir.

Həyatın nə olduğunu şəxsən bildiyin vaxt, ölüm səni heç vaxt narahat etməz.

Hüdudlarını aşa bilərsən... Bunu edəcək gücün və haqqın var. Amma bunun üçün balaca səy göstərib fikirdən fikirsizliyə keçməlisən.

UŞAĞIN DOĞULDUĞU AN HƏYATIN BAŞLAN-ĞIC ANI OLDUĞUNU FİKİRLƏŞƏRSƏN. Bu düzgün deyil. Bir qoca öləndə həyatının sona çatdığını fikirləşirsən, bu da düzgün deyil. Həyat, doğum və ölümdən çox daha böyükdür. Doğum və ölüm, həyatın iki sonu deyil; həyat çərçivəsində çoxlu doğum və ölüm baş verir. Həyatın başlanğıcı və ya sonu yoxdur; həyat və əbədilik ekvivalentdir. Amma sən həyatın nə qədər asanlıqla ölümə çevrilə bildiyini anlamırsan; bunu, hətta etiraf etmək belə qeyri-mümkündür.

Dünyada təsəvvür edilə bilməyən bir neçə şey var və bunlardan biri də həyatın ölümə çevrilməsidir. Hansı nöqtədə, artıq, həyat deyil və ölümə çevrilir? Xətti harada çəkəcəksən? Doğum üçün də həyatın başlanğıcı üçün də belə xətt çəkə bilmirsən: uşağın dünyaya gəldiyi an yoxsa ana rəhminə düşdüyü an? Amma ondan əvvəl belə ananın yumurtası və atanın sperması canlı idilər – onlar ölü deyildilər, çünki iki ölü şeyin birləşməsi bir canlı yarada bilmir. Uşaq hansı nöqtədə doğulur? Elm, buna hələ ki, qərar verə bilməyib. Qərar vermək mümkün deyil, çünki ananın yumurtalığındakı yumurtalar, doğulduğu andan etibarən var.

Bir şey qəbul edilməlidir, varlığının yarısı sən hələ ana rəhminə düşmədən əvvəl ananın içində canlıdır. Digər yarın da atan tərəfindən verilir – onlar da canlı olmalıdırlar. Spermalar atanın bədənini tərk edəndə canlı olurlar, amma ömürləri uzun deyil, təkcə, iki saatlıq ömürləri var, iki saat içində ananın yumurtasına çatmalıdırlar. Əgər iki saat içində yumurtalarla görüşməsələr, əgər orda-burda avaralansalar...

Hər spermanın mütləq özünəməxsus şəxsiyyəti olmalıdır. Bəziləri tənbəldirlər; o biriləri yumurtaya doğru qaçmağa başlayanda, onlar elə hərəkət edirlər ki, elə bil səhər gəzintisinə çıxıblar. Bu yolla yumurtaya heç vaxt çata bilməzlər, amma nə edə bilərlər ki? Bu, onların doğuşdan sahib olduğu xüsusiyyətdir: onlar qaça bilmirlər, ölməyi üstün tuturlar; hətta nə olacağından xəbərləri belə yoxdu.

Amma bir neçə dənəsi olimpiya yürüşçüləri kimi olur, dərhal sürətlə qaçmağa başlayırlar. Orada böyük rəqabət olur, çünki məsələ, təkcə, ananın tək yumurtasına tərəf qaçan bir neçə yüz hüceyrədən ibarət deyil... Ananın uşaqlığında məhdud sayda yumurta olur və hər ay, sadəcə, bir yumurta buraxır. Ona görə də aylıq dövrə olur; hər ay bir yumurta buraxılır. Ona görə də milyonlarla canlı hüceyrənin yaratdığı qələbəlikdən, yalnız, bir dənəsi... bu, həqiqətən də çox böyük fəlsəfi problemdir!

Bu heç nə deyil, sadəcə, biologiyadır, çünki problem bundadır ki, milyonlarla fərqli şəxsiyyətdən, yalnız, bir şəxs doğula bilər. Yaxşı, onda ananın yumurtasına çatmamış milyonlar kimdi? Hindistanda Hindu alimlərin, *shankaracharyas*`ların doğuma nəzarətə qarşı istifadə etdiyi tezislərdən biri də budur.

Hindistan əsaslandırma mövzusunda çox ağıllıdır. Roma papası daima doğumun kontroluna qarşı olmaqdan bəhs edər, ancaq bircə tezis belə təklif etməyib. Ən az Hindistan bir neçə dənə çox güclü arqument ortaya qoyub. Arqumentlərdən biri budur: uşaq doğmağı nə vaxt dayandıracağıq – iki uşaq, üç uşaqda? Rabindranat Taqor ailəsinin on üçüncü uşağıdır; əgər doğum kontrolu tətbiq olunsaydı Rabindranat dünyaya gəlməzdi.

Güclü arqument hesab oluna bilər, çünki doğum kontrolu iki, ən çox üç uşaq doğmaq mənasını verir: biri ölə bilər, ya da başqa bir şey ola bilər. İki uşaq doğsan, onlar səni və həyat yoldaşını əvəz edir, beləcə, əhali artmamış olur; amma Rabindranat, ailəsinin on üçüncü uşağıymış. Onlar on ikidə dayansaydılar belə Rabindranat qatarı qaçırmış olacaqdı. Görəsən, neçə dənə Rabindranat qatarı qaçırır?

Shankaracharyas biriylə danışırdım. Belə dedim: "Tamamilə düzdür; arqument xətrinə bunun doğru olduğunu qəbul edirəm: Rabindranat Taqoru axtarardıq. Amma mən onu axtarmağa hazıram. Əgər bütün ölkə sülh içində yaşayacaqsa, kifayət qədər qidaya, pal-paltara sahib olub bütün başlıca tələbatları qarşılanacaqsa, məncə, buna dəyər. Mən Rabindranat Taqoru itirməyə hazıram, bu, çox da önəmli deyil. Balansı görməlisən: bircə, Rabindranat Taqorun ortaya çıxması üçün milyonlarla insanın acından ölməyinə səbəb olaq? Yəni hər ailə on üç uşaq doğmalıdır? Yaxşı, bəs onda on dördüncü? On beşinci?"

Bu, kiçik rəqəmləri unut; hər sevişmədə kişi milyonlarla sperma buraxır, amma hər sevişmə sonunda yumurta döllənmir. Hər sevişmədə milyonlarla insan yox olur. Biz, onlar arasında neçə dənə Nobel mükafatı qalibləri, neçə dənə prezident, neçə baş nazir olduğunu heç vaxt bilməyəcəyik... hər növ insan olmalıdır.

Mənim hesabım belədir: on dörd yaşından qırx iki yaşına qədər, əgər bir kişi normal cinsi həyat yaşamış olsa, hardasa, dünyanın bütün əhalisi qədər sperma buraxmış olar. Tək bir insan bütün dünya əhalisi qədər adam yarada bilər – həm də həddindən artıq sıxlıq olan dünyada. Bütün bu insanlar xüsusi fərdlər olur, insaniyyətlərindən başqa ortaq heç bir şeyləri olmaz.

Xeyr, həyat orada da başlamır; daha əvvəl başlayır. Sənin üçün bu, sadəcə, fərziyyədir; mənim üçün təcrübə. Həyat, keçmiş həyatındakı ölüm nöqtəsindən başlayır. Öləndə həyat kitabının bir fəsli sona çatır; insanlar elə fikirləşir ki, bütün həyatın sona çatır. Əslində, sonsuz sayda fəsli olan kitabın bir bölümüdür. Bir fəsil bağlanır, amma kitab bağlanmır. Səhifəni çevirəndə yeni fəsil başlayır.

Ölməkdə olan insan sonrakı həyatını təsəvvür etməyə başlayır. Bu, məlum faktdır, çünki fəsil bağlanmadan əvvəl baş verir. Bəzən, bir insan ən sonuncu nöqtədən geri qayıdır. Məsələn, batanda son anda xilas olur. Demək olar ki, komaya düşür; ciyərlərindəki su boşaldılır, süni tənəffüs verilir və birtəhər xilas edilir; düz, bu fəsli bağlamaq üzrəykən... Bu insanlar ortaya maraqlı faktlar çıxarır.

Artıq xilas olmalarının mümkün olmadığını hiss etdikləri an, öləcəklərini anladıqları an, bütün həyatlarının sürətlə gözlərinin önündən keçdiklərini deyirlər – doğulduqdan yaşadıqları son ana qədər. Saniyənin onda, ya da yüzdə bir hissəsi çərçivəsində başlarına gələn hər şeyi görürlər, xatırladıqları və xatırlamadıqları; diqqət yetirmədikləri, ya da yaddaşlarında olduğundan xəbərləri belə olmadıqları çoxlu şey. Bu yaddaş filmi çox sürətlə gedir – bu, saniyənin hansısa hissəsində baş verir, çünki insan ölür, bu filmi izləməkçün üç saat kimi uzun vaxt yoxdur.

Sən bütün filmi görsən belə, kiçik və əhəmiyyətsiz detallarla insanın həyatı arasında əlaqə qura bilməzsən. Amma hər şey film lenti kimi gözünün önündən keçir – bu qəti və çox əhəmiyyətli faktdır. Fəsil bitirməzdən əvvəl bütün təcrübələrini, həyata keçirmədiyin arzularını, gözləntilərini, puç olmuş xəyallarını, çarəsizliklərini, sıxıntılarını, ləzzətlərini; hər şeyi xatırlayar. Budda bunu bir kəlməylə belə ifadə edir: *tanha*. Bu sözün hərfi mənası "arzu" deməkdir, amma məcazi mənada "bütün arzu həyatı" mənasını verir. Bütün baş verənlər: ümidsizliklər, iflaslar, müvəffəqiyyətlər, müvəffəqiyyətsizliklər; bütün bunlar sənin arzu adlandırdığın müəyyən səhnədə baş verir.

Ölməkdə olan insan sonrakı səhifəni çevirməzdən əvvəl bütün bunları görməlidir, çünki bədən gedir: bu fikir onunla getmir, bu beyin onunla getmir. Amma bu fikrin sərbəst buraxdığı arzu onun ruhuna yapışacaq və bu arzu gələcək həyatını həll edəcək. Yerinə yetirilməmiş hər şey onun üçün bir hədəf olacaq.

Həyatın, doğulmandan çox əvvəl, anan mayalanmamışdan əvvəl başlayır, daha əvvəl, keçmiş həyatın sonunda başlayır. O son bu həyatın başlanğıcıdır. Bir fəsil bitir və bir başqa fəsil açılır. İndi, bu yeni həyatın necə olacağının doxsan doqquz faizi ölümünün son anına görə təyin edilib. Topladıqların, bir toxum kimi yanında nə gətirdiyinə bağlı olacaq – o toxum bir ağaca çevriləcək, meyvə gətirəcək, çiçəkləyəcək, ya da nə olacaqsa olacaq. Bunu toxumdan oxuya bilməzsən, amma bütün bu məlumatlar toxumda olur.

Ola bilər ki, bir gün elm, toxumdakı bütün proqramı oxuya bilsin. Ağacın nə cür budaqlara sahib olacağı, nə qədər yaşayacağı, başına nə gələcəyini öyrənə bilər. Çünki bunların hamısı orada yazılır, biz, sadəcə, dili bilmirik. Baş verəcək hər şey, artıq, potensial olaraq hazırda mövcuddur.

Ölüm anında nə etdiyin, necə doğulacağın müəyyən edilir. **Əksər adamlar həyatdan yapışaraq ölürlər. Onlar ölmək istəmirlər və insan niyə ölmək istəmədiklərini başa düşür: yalnız ölümlə üz-üzə gələndə, əslində,**

yaşamadıqlarının fərqinə varırlar. Həyat yuxu kimi keçib gedib və ölüm qapıda dayanıb. Artıq, yaşamaq üçün vaxt yoxdur – ölüm qapını döyür. Yaşamaq üçün vaxt olanda min cür axmaq işlər görürdün, yaşamaq əvəzinə vaxtını əbəs yerə xərcləyirdin.

Kart oynayan, şahmat oynayan insanlardan "Nə iş görürsünüz?" – soruşuram.

"Vaxt öldürürük" – deyirlər.

Uşaqlığımdan bəri, bu, "vaxt öldürmək" ifadəsinə qarşı olmuşam. Babam çox yaxşı şahmat oyunçusu idi, ondan soruşurdum: "Qocalmısan, amma hələ də vaxt öldürürsən. Əslində, vaxtın səni öldürdüyünü görmürsən? Amma hələ də vaxt öldürürəm deyirsən. Vaxtın nə olduğunu belə bilmirsən, harada olduğunu bilmirsən. Onu tut və mənə göstər".

Vaxtın uçduğu, tez keçən, ani olduğu kimi ifadələr, əslində, sadəcə, bir növ təsəllidir. Həqiqətən keçib gedən sənsən – hər an kanalizasiya borusundan axıb gedirsən. Sonra da vaxtın keçdiyini düşünürsən, elə bil sən qalacaqsan, vaxt keçib gedəcək! Vaxt olduğu yerdə qalır; heç yerə getmir. Saatlar, əslində, ümumiyyətlə, keçməyən vaxtın axımını ölçmək üçün insanın yaratdığı alətlərdir.

Hindistanda, Pəncab əyalətində, əgər Pəncaba getsən, heç vaxt kimdənsə "Saat neçədir?" – deyə soruşma, çünki əgər saat on iki olsa, səni elə döyərlər ki, sağ qalmağın möcüzə olar. Bunun çox fəlsəfi səbəbi var – amma fəlsəfə belə axmaqların əlinə keçəndə, bax belə şeylər olur.

Siqhizm dinin yaradıcısı Nanak, maariflənmə mənasını verən "*samadhi*"ni açıqlayarkən bir nümunə verib və bunun saatın iki qolunun on ikidə görüşməsi kimi olduğunu, onların artıq iki olmadığını, birləşdiyini söyləyib. O, təkcə,

162

bir örnək verib – Samadhi anında varlığın ikiliyinin yox olduğunu və təkliyə çatdığını izah etməyə çalışır. Eyni şey ölümdə də olur. O, sonra eyni şeyin ölümdə də olduğunu açıqlayıb: bir-birindən ayrı hərəkət edən iki qol birləşib bir olur: sən mövcudluqla birləşirsən.

Ona görə də Pəncabda saat on iki ölüm simvoludur. Əgər hər hansı *sardarji*-dən "Saat neçədir?" – deyə soruşsan və saat on ikidirsə, səni döyməyə başlayar, çünki bu o deməkdir ki, sən onu ələ salırsan, ölməyi üçün lənətləyirsən. Pəncabda bədbəxt, kədərli insan görəndə "üzündə saat on ikidir" deyirlər. Saat on ikiyə bir neçə dəqiqə qalmış saatlarını beş dəqiqə irəli çəkib, on dəqiqə sonra düzəldən insanlar da görmüşəm. Saatlarının on ikini göstərməyinə imkan vermirlər; öz saatlarının onlara belə oyun oynamağını izləmək onları incidir. On iki onlara, sadəcə, bədbəxtliyi, kədəri və ölümü xatırladır; Nanak`ın onlara izah etməyə çalışdığı *samadhi*`ni tamamilə unudurlar.

Bir adam öləndə – saat on ikiyə çatanda – o, həyatdan yapışır. Bütün həyatı boyu fikirləşir ki, vaxt keçib gedir; amma indi gedənin özü olduğunu hiss edir. Heç bir yapışma kömək edə bilməz. O qədər əzab çəkir ki, bu bədbəxtlik o qədər dözülməz hala gəlir ki, əksər insanlar ölümdən əvvəl komaya düşür, şüurunu itirir. Ona görə də onlar bütün xatirələrini təkrar yada salmaqdan yayınırlar.

Əgər ölüm anında heç bir yapışma yoxdursa, həyatını bircə dəqiqə də olsun uzatmaq arzusu yoxdursa, şüurun açıq şəkildə, öldüyünü bilə-bilə ölərsən, çünki təbiətin sənin şüurunu itirməyə, ya da komaya salmağa heç bir ehtiyacı yoxdur. Şüurun yerində ölərsən və bütün keçmişini xatırlayarsan. Etdiyin hər şeyin nə qədər axmaqlıq və mənasız olduğunu görərsən.

Arzular yerinə yetirildi – sən nə faydası oldu? Arzular yerinə yetirilmədi və əzab çəkdin, yaxşı, bəs yerinə yetiriləndə nə faydası oldu? Bu sənin həmişə uduzduğun qəribə oyundur, udub-udmamağının heç bir fərqi yoxdur.

Sənin həzz aldıqların heç nəydi, sadəcə, su üzərinə atılan imzalardı, ağrıların isə mərmər üzərinə həkk edilib. Sən bütün bu əzabları suya atılacaq imzalar üçün çəkmisən. Ömrün boyu uğrunda çox əziyyət çəkdiyin bütün bu kiçik sevinclər, indi, bu hündürlükdən, bütün həyat vadisini görə bildiyin bu nöqtədən baxanda bir oyuncağa oxşayır. Müvəffəqiyyətlərin də müvəffəqiyyətsizliklərdir. Müvəffəqiyyətsizliklər, təbii ki, müvəffəqiyyətsizlikdir; həzlər isə əzab çəkmə stimulundan başqa bir şey deyildi.

Yaşadığın bütün xoşbəxtliklər yuxudan başqa şey deyil. Sən əllərin boş gedirsən. Bütün həyatın dairədən ibarət olub: sən eyni dairə boyu fırlana-fırlana hərəkət etmisən. Nəticədə, heç bir yerə çatmamısan, çünki daima dairə boyu hərəkət etsən hara gedib çata bilərsən ki?! Dairənin harasında olursan ol, həmişə, mərkəzdən eyni məsafə uzaqlığında olarsan.

Müvəffəqiyyət gəldi, müvəffəqiyyətsizlik gəldi; həzz gəldi, əzab gəldi; bədbəxt oldun, xoşbəxt oldun. Hər şey dairənin içində baş verdi, amma varlığının mərkəzi həmişə hər yerdən bərabər məsafədə qaldı. Bunu dairənin üzərində olarkən görmək çətin idi; həddindən çox hadisələrin içindəydin, onun bir parçasıydın. Amma indi, qəfildən, hamısı əlindən çıxır, sən boşluqda dayanmısan.

Xəlil Cibran şah əsəri hesab olunan *"Peyğəmbər"* əsərində belə bir cümlə yazıb... Peyğəmbər Əl-Mustafa, tarlada işləyən insanlara tərəf qaçaraq belə deyir: "Gəmim gəlib, getmək vaxtım çatıb. Getməzdən əvvəl baş verən və baş verməyən hər şeyi xatırlamaq üçün bura son dəfə baxmağa gəldim. Gəmimə getməmişdən əvvəl buradakı həyatımın nə olduğunu görmək arzusu hiss etdim".

Sənə xatırlatmaq istədiyim cümlə isə budur... O belə deyir: "Okeana qovuşmağa hazırlaşan çay kimiyəm. Çay da okeana qarışmazdan əvvəl bir anlıq geriyə nəzər salar və keçmiş olduğu bütün o yerləri – meşələri, dağları, insanları – yada salar. Minlərlə kilometr uzunluğunda zəngin həyatı olub və indi, bir anda ucsuz-bucaqsız okeanın içinə qarışacaq. Eynən, okeana qarışmazdan əvvəl geri baxan çay kimi, mən də dönüb geriyə nəzər salmaq istəyirəm".

Amma bu geriyə baxış keçmişə yapışmadan mümkün ola bilər; əks halda, onu itirməkdən o qədər qorxarsan ki, baxmaq, müşahidə etmək üçün vaxt olmaz. Və bu, sadəcə, saniyəlik bir şeydir. Əgər insan tam şüurlu halda ölsə, keçmiş olduğu bütün əraziləri görüb yaşananların axmaqlığının fərqinə varsa, dəqiqliklə, zəkayla, cəsarətlə doğular... avtomatik. Bu, onun etdiyi bir şey deyil.

Hər kəs məndən soruşur: "Sən uşaq olanda da ağıllı, iti zəkalı, cəsurmuşsan; mən, hətta indi də elə cəsur deyiləm". Bunun səbəbi odur ki, mən keçmiş həyatımda sizdən daha fərqli ölmüşəm. Bu, böyük fərq yaradır, çünki necə ölsən, elə də doğulursan. Ölüm, qəpiyin bir üzüdür, doğum isə eyni qəpiyin o biri üzü.

Əgər bir tərəfdə nizamsızlıq, bədbəxtlik, əzab, yapışmaq, arzu varsa, qəpiyin digər tərəfində iti zəka, cəsarət, aydınlıq və məlumatlanma gözləyə bilməzsən. Belə şeyi gözləmək axmaqlıq olur.

Ona görə də mənim üçün sadədir, amma sənə izah etmək çox çətindir, çünki mən bu həyatda, ən başdan bəri cəsur, ya da iti zəkalı olmaq üçün heç nə etməmişəm. Mən heç vaxt düşünmədim ki, bu iti zəka və ya cəsarətdir.

Sadəcə, yavaş-yavaş insanların necə axmaq olduğunun fərqinə varmağa başladım. Əvvəllər, mən cəsur olduğumun fərqində deyildim; sonralar anladım. Fikirləşirdim ki, hər kəs eyni olmalıdır. Sonralar aydın oldu ki, hər kəs eyni deyil.

Böyüdükcə keçmiş həyatımın və ölümümün fərqinə vardım. Nə qədər asanlıqla öldüyümü xatırladım – təkcə asan deyil, böyük ruh yüksəkliyi ilə. Marağım daha əvvəl gördüklərim və bildiklərim əvəzinə qarşımda olan naməluma yönəlmişdi. Heç vaxt geriyə baxmamışam. Həyat tərzim də həmişə bu olub – heç vaxt geri baxmamaq. Bunun heç bir mənası yoxdur. Geri qayıtmayacaqsan, onda vaxtını niyə boş yerə itirəsən? Mən, həmişə, irəli baxıram. Ölüm anında belə irəli baxırdım – onda mənə aydın oldu ki, başqa insanlarda olan əyləclərdən məndə niyə yoxdur.

O əyləclər naməlumun qorxusundan ortaya çıxır. Keçmişə yapışırsan və naməluma tərəf hərəkət etməyə qorxursan. Məlum, tanış olana yapışırsan. Bu ağrılı ola bilər, çirkin ola bilər, amma ən azından onu tanıyırsan. Sən onunla müəyyən dostluq yaratmısan.

Çox təəccüblənəcəksən, amma bu minlərlə insanda müşahidə etdiyim təcrübəmdir: Bədbəxtliklə müəyyən dostluq münasibəti yaratdıqları üçün bu bədbəxtliyə yapışırlar. Onunla o qədər uzun müddətdir yaşayıblar ki, ondan ayrılmaq boşanmaya bənzəyər.

Eyni şey evlilik və boşanma üçün də keçərlidir. Kişi gündə ən azı on iki dəfə boşanmağı fikirləşir; qadın da fikirləşir, amma çox sadə səbəbə görə, birtəhər birlikdə yaşamağa davam edirlər, çünki ikisi də naməlumdan qorxur. Bu adam pisdir, düzdü, amma başqasının necə olacağını kim nə bilir? Ola bilər ki, o daha da pis olsun. Ən azından bu adamın sevgisizliyinə, pisliyinə alışmısan və ona dözə bilirsən. Dözmüsən və həmçinin gönüqalın olmusan. Yeni adamla, heç vaxt bilmirsən; yenidən, ən başdan başlamalı olacaqsan. Ona görə də hamı məluma yapışmağa davam edir.

İnsanları ölüm anında izlə. Onların əzabları ölüm deyil. Ölümdə ağrı yoxdur, bu, tamamilə ağrısızdır. Bu, həqiqətən xoşdur; bu dərin yuxu kimidir. Səncə, dərin yuxu ağrılı bir şeydir? Amma onlar ölümlə, dərin yuxuyla, verdiyi həzlə maraqlanmırlar; əslində, onları narahat edən şey əlləri arasından sürüşüb gedən məlum şeylərdir. Qorxu tək bir şey mənasına gəlir: məlumu itirmək və naməluma tərəf getmək.

Cəsarət qorxunun tam əksidir.

Həmişə məlumdan uzaqlaşmağa hazır ol – hətta buna görə həvəsli ol – yetkinləşməsini belə gözləmə. Dərhal, yeni olan şeyin üzərinə tullan... onun yeniliyi, təravəti insanı valeh edir. Onda cəsarət var.

Ən böyük qorxu, əlbəttə ki, ölüm qorxusudur, cəsarətinə ən dağıdıcı zərbəni o vurur.

Belə ki, mən, yalnız bir şeyi təklif edə bilərəm. İndi, sən keçmiş ölümünə qayıda bilməzsən, amma bir şey etməyə başlaya bilərsən. Həmişə, məlumdan naməluma keçməyə hazır ol, hər şeydə, istənilən təcrübədə.

Naməlum məlumdan daha pis olsa belə daha yaxşıdır; mövzu o deyil. Əhəmiyyətli olan sənin məlumdan naməluma keçməyə hazır olmağın, məlumdan naməluma dəyişikliyindir. Əsl qiymətli olan budur. Yaşadığın hər cür təcrübədə bunu etməyə davam et. Bu, səni ölümə hazırlayacaq, çünki ölüm gələndə sən birdən "Mən həyatı tərk edib, ölümü seçirəm" – deyə qərar verə bilməzsən. Bu qərarlar birdən-birə verilmir.

Addım-addım getməli, hər anı ayrı-ayrı yaşayıb hazırlaşmalısan. Naməlumun gözəlliyinə alışmağa başlayanda içində yeni keyfiyyət ortaya çıxmağa başlayar. Bu, həmişə oradaydı, amma daha əvvəl heç vaxt istifadə edilməmişdi. Ölüm gəlməzdən əvvəl, məlumdan naməluma tərəf addım-addım getməyə davam et. Həmişə, yadda saxla ki, yeni köhnədən daha yaxşıdır.

"Köhnə olan hər şey qızıl deyil" kimi ifadə var. **Mənsə belə deyirəm, köhnə olan hər şey qızıl olsa belə onu unut. Yenini seç – qızıl, ya da deyil, heç bir əhəmiyyəti yoxdur.** Əhəmiyyətli olan şey sənin seçimindir: öyrənməyi seçməyin, təcrübə yaşamağı seçməyin, qaranlığa addım atmağı seçməyindir. Yavaş-yavaş cəsarətin işləməyə başlayacaq. Zəkanın itiliyi isə cəsarətdən başqa bir şey deyil, demək olar ki, üzvi bütünlükdür.

Qorxunun olduğu yerdə cəsarətsizlik var, orada zəkanın zəif və adi olması qaçılmazdır. Onlar hamısı birlikdədirlər, bir-birlərini dəstəkləyirlər. Cəsarətlə birlikdə dəqiqlik, zəka, açıq, ədalətli fikirlilik, öyrənmə bacarığı gəlir – bunlar hamısı birlikdə gəlir.

Sadə tapşırıqla başla: heç vaxt yaddan çıxarma, nə vaxt qarşına seçim çıxsa, naməlumu, riskli olan, təhlükəli və etibarsız olanı seç. Heç vaxt uduzmazsan.

Ancaq onda... bu halda ölüm, çox açıq təcrübəyə çevrilir və yeni doğumunun anlamını sənə göstərə bilər – təkcə, görməklə qalmaz, müəyyən seçim belə edə bilərsən. Məlumatlanma ilə, müəyyən ana, müəyyən ata seçə bilərsən. Adətən, bütün bunlar şüursuzca, təsadüfi olur, amma məlumatlanma ilə ölən insan məlumatlanma ilə doğular.

İstəsən anamdan soruşa bilərsən – çünki o hazırda buradadır... Doğulandan sonra düz üç gün ərzində süd əmməmişəm, hamı buna görə narahat olub. Həkimlər çox narahat idi, çünki süd götürməyən uşaq nə qədər sağ qala bilərdi ki?! Amma onlar mənim yaşadığım çətinlikdən, mənə necə çətinlik yaratdıqlarından xəbərsiz idilər. Məni hər yolla məcbur etməyə çalışırdılar. Səbəbini onlara izah etməyə mənim imkanım yox idi, onların da öz-özlərindən öyrənmələri mümkün deyildi.

Keçmiş həyatımda ölməzdən əvvəl oruc tuturdum. İyirmi bir günlük orucu tamamlamaq istəyirdim, amma orucum tamamlanmadan üç gün əvvəl öldürüldüm. O üç gün, bu doğumumda belə şüuraltımda qaldı; orucumu tamamlamaq məcburiyyətindəyəm. Mən, həqiqətən də çox inadkaram! Əks təqdirdə, insanlar bir həyatdan başqa bir həyata heç nə aparmır; bir fəsil bağlananda bağlanır.

Amma üç gün boyu ağzıma nəsə qoymağı bacarmadılar; sadəcə, rədd etdim. Amma üç gün sonra inanılmaz dərəcədə yaxşı idim, onda da onlar çox təəccübləndilər: "Niyə üç gün ərzində yeməkdən imtina etdi? Heç bir xəstəliyi, heç bir problemi yoxdu... və üç gündən sonra birdən əmməyə başladı". Onlar üçün sirr olaraq qaldı. Amma bunlardan danışmaq istəmirəm, çünki sənin üçün bunlar fərziyyədən ibarət olacaq, onları sənə elmi olaraq sübut etməyim mümkün deyil. Üstəlik, sənə heç bir inanc vermək istəmirəm, ona görə də fikrində inanc sistemi yarada bilən hər şeyi kəsib atmağa davam et.

Məni sevirsən, mənə inanırsan, ona görə də dediklərimə inana bilərsən. Amma bir şeyi təkrar-təkrar vurğulayıram, öz təcrübənə əsaslanmayan hər şeyi fərziyyə olaraq qəbul et. Onu inanca çevirmə. Əgər bəzən, nümunə verirəmsə, ehtiyac olduğu üçün verirəm, çünki insanlar "Uşaqlığında necə belə ağıllı və cəsur olmağı bacardın?" deyə çox soruşub.

Mən heç bir şey etməmişəm, sadəcə, keçmiş həyatımda nə etmişəmsə onu etməyə davam etmişəm.

Cəsarət sənə də gələcək.

Sadəcə, sadə formulla başla: heç vaxt naməlumdan yayınma.

Həmişə naməlumu seç və burnunun dikinə get. Əziyyət çəksən belə buna dəyər, həmişə dəyər. Həmişə daha böyümüş, daha yetkin, daha ağıllı çıxarsan.

QORXUSUZLUQ AXTARIŞINDA

Meditasiya texnikaları və suallara cavablar

Hər kəs qorxur – qorxmalıdır da. Həyat elədir ki, bu cür olmalıdır. Qorxusuz olan insanlar, cəsurlaşaraq qorxusuz olmaz; çünki cəsur insan, sadəcə, qorxusunu gizlətmiş insandır, əslində qorxusuz deyil. İnsan qorxularını qəbul edərək qorxusuz olur. Bu bir cəsarət problemi deyil. Bu, sadəcə, həyatın həqiqətlərini görmək və bu qorxuların təbii olduğunun fərqinə varmaqdır. Onları qəbul etməkdir!

Qorxu və günah eyni şeydir?

Qorxu və günah eyni şey deyil. Qəbul edilən qorxu azadlığa çevrilir; inkar edilən, rədd edilən, ittiham edilən qorxu günaha çevrilir. Əgər qorxunu vəziyyətin bir parçası olaraq qəbul etsən...

Bu, vəziyyətin bir hissəsidir. İnsan bir hissədir, çox kiçik, balaca bir parçadır; tamlıq isə bütöv okeandır. Bir titrəmə başlayır: "Bütövlüyün içində itə bilərəm; şəxsiyyətim itirilə bilər". Bu, ölüm qorxusudur. Bütün qorxular ölüm qorxusudur. Ölüm qorxusu isə yox olma qorxusudur.

İnsanın qorxması, titrəməsi təbiidir. Əgər bunu qəbul etsən, həyatın necə olduğunu deyə bilsən, əgər tam olaraq qəbul etsən, titrəmə anında dayanır və qorxu – qorxuya çevrilən enerji – sərbəst qalır və azadlığa çevrilir. Onda, əgər damla okeanda itsə belə onun hələ də orada olduğunu biləcəksən. Əslində bu, bütünlüklə okeana çevriləcək. Onda ölüm nirvanaya çevrilir, onda özünü itirməkdən qorxmazsan. Onda İsanın bu sözünü başa düşərsən: "Əgər həyatını xilas etsən, onu itirərsən və əgər onu itirsən, xilas edərsən".

Ölümün hüdudlarını aşmağın tək yolu ölümü qəbul etməkdir. Onda, o yox olur. Qorxusuz olmağın tək yolu qorxunu qəbul etməkdir. Onda, enerji sərbəst qalır və azadlığa çevrilir. Amma əgər onu lənətləsən, gizlətsən, qorxduğun həqiqəti gizlədərsən – əgər özünə zireh yaratsan, özünü qoruyar, müdafiəyə çəkilirsən – onda, günah meydana çıxar.

Gizlədilən hər şey günah hissi yaradır; qadağan olan hər şey günah hissi yaradır; təbiətə qarşı olan hər şey günah hissi yaradır. Onda, başqalarına yalan dediyin, özünə yalan dediyin üçün özünü günahkar hiss etməyə başlayarsan.

Soruşursan ki, "Qorxu və günah eyni şeydir?" Yox. Qorxu günah ola bilər, amma olmaya da bilər. Bu, sənin qorxuyla nə etdiyindən asılıdır. Sən onunla yanlış nəsə etsən o günaha çevrilər. Əgər sən onu, sadəcə, qəbul etsən və onunla heç nə etməsən – edəcək başqa heç nə yoxdur – onda azadlığa çevrilər, qorxusuzluğa çevrilər.

Özünə eybəcər, səhv, günahkar olduğunu demə. İttiham etmə. Sən nəsənsə osan. Günahkar olma, günahkarlıq hissi keçirmə. Hətta səhv nəsə varsa belə, səhv olan sən deyilsən. Ola bilər ki, sən səhv hərəkət etmisən, amma bu varlığının səhv olduğu mənasına gəlməz. Bəzi hərəkətlər səhv ola bilər, amma varlıq həmişə düzgündür.

Fikir verdim ki, daima başqalarını özümün vacib və güclü olduğuna inandırmağa çalışıram. Bunun səbəbləri üzərində meditasiya etdim və məncə, səbəbi yoxdu.

Eqo, həmişə, qorxudan üzə çıxır. Həqiqətən qorxusuz olan insanın eqosu olmaz. Eqo müdafiədir, zirehdir. Qorxduğuna görə ətrafında belə biri olduğun təəssüratı yaradırsan, hmm? Beləliklə, heç kim cəsarət edə bilməz... əks təqdirdə, qorxarsan, bu özəkdə olan qorxudur. Yaxşı! Vəziyyəti dərindən və doğru təhlil etmisən. Əsas səbəbi görəndə hər şey asanlaşır. Əks təqdirdə, insanlar eqoyla mübarizə aparmağa başlayır – əsas problem isə eqo deyil. Yəni o halda bir simptomla mübarizə aparmış olarsan, həqiqi xəstəliklə deyil. Həqiqi xəstəlik qorxudur. Eqoyla mübarizə aparmağa davam etsən hədəfdən yayınmış olarsan, çünki əsl düşmən eqo deyil, o saxta bir şeydir. Hətta qalib gəlsən belə heç nə qazanmayacaqsan. Qalib gəlməyin mümkün deyil – sadəcə, həqiqi düşmən məğlub edilə bilər, əslində, mövcud olmayan saxta düşmən deyil. Bu, zahiri bir şeydir. Çirkin hesab etdiyin nəyisə gizlətmək üçün üstünə bəzək əşyası qoymaq kimi bir şey.

Bir dəfə kino bir ulduzunun evində qalırdım və məni tanış etmək istədiyi çoxlu insan dəvət eləmişdi. Orada bir aktrisa vardı, çox gözəl, çox böyük qayışı olan əla saatı vardı. Yanında oturan adam ona saat haqqında suallar verməyə başladı və qadın narahat oldu. Mən, sadəcə, müşahidə edirdim. Adam saatı görmək istəyirdi, qadınsa onu qolundan çıxartmaq istəmirdi. Adam təkid etdi, nəhayət, qadın çıxartmalı oldu. Onda problemin nə olduğunu anladım. Böyük, ağ ləkə vardı, cüzam ləkəsi. O, cüzam ləkəsini o gözəl saatının qayışı altında gizlədirdi. İndi açıqda qalmışdı – tərləməyə və həyəcanlanmağa başladı...

Eqo da eynən elədir. Qorxu var, amma heç kim qorxusunu göstərmək istəmir, çünki əgər qorxduğunu göstərsən, səni daha çox qorxutmaq istəyən insanlar növbəyə düzüləcək. Dərin qorxu yaşadığını öyrənən kimi hər kəs sənə zərbə endirəcək. Səni təhqir etmək xoşlarına gələr, çünki özlərindən daha zəif birini tapıblar. İnsanlar istismardan zövq alır, həmin adama təpik atmaq istəyərlər...

Ona görə də qorxu dolu hər bir insan, bu qorxunun ətrafında böyük eqo yaradır və bu eqo şarına hava vurmağa davam edir, həmçinin vaxt keçdikcə bu şar çox böyüyür. Adolf Hitler, uqandalı diktator İdi Amin... bu cür insanlar çox şişirdiliblər. Belə hal başqalarını qorxutmağa başlayar. Başqalarını qorxutmağa çalışan hər kəsin əslində dərin qorxu yaşadığını bilməlisən, əks təqdirdə, niyə çapalayasan? Nə mənası var? Qorxmayan biri niyə səni qorxutmağa çalışsın?!

Qorxu dolu insanlar rahat ola bilmək üçün başqalarını qorxudur. Onlar yaxşı bilirlər ki, indi sən onlara toxunmayacaqsan, onun sərhədlərini pozmayacaqsan.

Yaxşı görmüsən – bu, dəqiq belə vəziyyətdir. Ona görə də eqoyla mübarizə aparma. Bunun əvəzinə qorxunu müşahidə et və onu qəbul etməyə çalış. Bu təbiidir... həyatın bir hissəsidir. Onu gizlətməyə ehtiyac yoxdur; başqa biri kimi davranmağa ehtiyac yoxdur. O qorxu oradadır – bütün insanlar qorxu doludur. Bu, insanlığın bir hissəsidir. Onu qəbul et, onu qəbul etdiyin an qorxu yox olacaq, çünki onda eqonun orada olmağının heç bir mənası olmaz. Eqoyla mübarizə aparmaq kömək etməyəcək; qorxunu qəbul etmək isə anında kömək edəcək. Onda bilərsən: hə, bu geniş kainatda o qədər balacayıq ki, qorxmamaq mümkündürmü?! Həyat ölümlə əhatələnib; qorxmamaq mümkündür?! İstənilən vaxt yox ola bilərik... balaca bir yanlışlıq olsa, biz yox olarıq; qorxmamaq mümkündürmü?! Sən bunu qəbul edəndə qorxu tezliklə yox olar, çünki onda heç bir mənası olmaz. Onu qəbul etdin, özəlləşdirdin – bu qədər!

Belə ki, onu gizlətmək üçün nəsə yaratmağa çalışma. Ona qarşı nəsə yaratmayanda o, sadəcə, yox olur. Mən sənə demirəm ki, heç qorxu hiss etməyəcəksən – deyirəm ki, sadəcə, qorxmayacaqsan. Qorxu orada olacaq, amma sən qorxmayacaqsan. Anlayırsan? Qorxmaq, qorxuya qarşı olmaq deməkdir – orada olmağını istəmirsən, amma o oradadır.

Onu qəbul edəndə... Ağaclar necə yaşıldırsa, insanlıq da qorxu doludur. Onda nə etmək olar? Ağaclar gizlənmir. Hər kəs bir gün öləcək. Qorxu ölümün kölgəsidir. Onu qəbul et!

Mən tək olanda, hiss edirəm ki, içimdəki bəzi şeyləri kənara qoyub insanları sevə bilərəm, amma onların olduğu yerə girən kimi bütün qapılarım bağlanır.

Həqiqi insanları sevmək çətindir, çünki həqiqi insanlar sənin gözləntilərini həyata keçirmir. Belə bir məqsədi yoxdur. O, başqasının gözləntiləri üçün yaşamır, öz həyatını yaşamalıdır. Nə vaxt ki, sənə qarşı olan və ya sənin hisslərin, emosiyaların, fikir və varlığınla harmoniya içində olmayan bir yerə girsə bu sevgi çətinlik çəkir.

Sevgi haqqında fikirləşmək çox asandır. Sevmək çox çətindir. Bütün dünyanı sevmək çox asandır. Əsl çətin olan şey bir insanı sevməkdir. Tanrını və ya insan oğlunu sevmək çox asandır. Əsl problem həqiqi insanla rastlaşanda meydana çıxır. Onunla birlikdə getmək üçün böyük dəyişiklik keçirməlisən, çoxlu mübarizə aparmalısan.

O sənin qulun olmayacaq, sən onun qulu olmayacaqsan. Əsl problem də burdan meydana çıxır. Əgər sən qul olacaqsansa, və ya o qul olacaqsa onda heç bir problem yoxdur. Problem ondadır ki, heç kim bu dünyaya qul olmaq üçün gəlməyib və heç kim qul ola bilməz. Hər kəs müstəqil şəxsdir... bütün varlıq azadlıqdan ibarətdir. İnsan azadlıqdır.

Yadda saxla... bu həqiqi problemdir, şəxsən səninlə heç bir əlaqəsi yoxdur. Problem, sevgi faktıyla əlaqədardır. Bunu şəxsi problemə çevirmə, yoxsa çətinliyə düşərsən. Hər kəs eyni problemlə üzləşməlidir. Mən sevgidə heç bir çətinlik çəkməmiş insana hələ ki, rast gəlməmişəm. Bunun sevgiylə, sevgi dünyasıyla əlaqəsi va.

Bir çox münasibət səni problem yaradacaq vəziyyətlərə gətirib çıxarır... və onları yaşamaq yaxşıdır. Şərqdə insanlar bu çətinlikləri görüb qaçmağı üstün tutdular. Sevgilərini inkar etməyə, sevgilərini rədd etməyə başladılar. Sevgisiz oldular və onlar bunu heç kimə bağlanmamaq adlandırdılar. Sevgi Şərqdə, demək olar ki, tamamilə yox oldu və sadəcə, meditasiya qaldı.

Meditasiya, öz tənhalığında özünü yaxşı hiss etmək deməkdir. Meditasiya, yalnız, özünlə maraqlandığın mənasına gəlir. Öz dairəni özün tamamlayırsan; ondan kənara çıxmırsan. Təbii ki, problemlərinin doxsan doqquz faizi həll olunur, amma çox böyük əvəz qarşılığında. Sən indi daha az narahat olacaqsan. Şərq insanı daha az narahatdır, daha az gərgindir... demək olar ki, öz mağarasında, gözləri bağlı, qorunmuş halda yaşayır. Enerjisinin hərəkət etməsinə imkan vermir. Qapalı dairə yaradır... kiçik enerji öz varlığı içində hərəkət edir və o, xoşbəxt olur. Amma bu xoşbəxtlik bir az ölüdür. Xoşbəxtliyi sevinc deyil, coşqu deyil.

Buna ən çox "bədbəxtlik deyil" deyə bilərsən. Ən çox mənfi bir şeylə müqayisə edərək danışa bilərsən, bir xəstəliyin yoxdursa özünü sağlam elan etməyin kimi. Amma bu həqiqi sağlamlıq sayılmaz. Sağlamlığın müsbət tərəfi olmalıdır; o, təkcə, xəstəliksiz olmaq deyil. Bu baxımdan yanaşsaq, hətta meyit də sağlamdır, çünki heç bir xəstəliyi yoxdur.

Ona görə də biz Şərqdə sevgisiz yaşamağa çalışdıq, dünyadan imtina etdik – bu sevgidən imtina etməkdir – qadından, kişidən, sevginin çiçəklənə biləcəyi hər imkandan imtina etməkdir. Cayn rahiblərinə, hindu rahiblərinə, buddist rahiblərinə tək olanda bir qadınla belə danışmağa icazə vermirlər; qadına toxunmaqları qadağandır, üz-üzə gəlmələrinə belə icazə verilmir. Bir qadın gəlib onlardan nəsə soruşanda gözlərini aşağı salmalıdırlar. Səhvən qadını görməsinlər deyə burunlarının ucuna baxmalıdırlar. Çünki kim bilir, nəsə ola bilər... və insan sevginin əlində çarəsizdir.

İnsanlar bağlanmaq mümkün olmasın deyə, içlərindəki sevgi cücərməsin deyə bir yerdə uzun müddət qalmırlar. Ona görə də daima səyahət edirlər, gəzirlər və bəzi öhdəliklərdən boyun qaçırırlar; bütün münasibətlərdən qaçırlar. Müəyyən dinclik səviyyəsinə çatıblar. Qayğısız, təlaşsız insanlardır, amma xoşbəxt, coşqulu deyillər.

Qərbdə isə tam əksi baş verib. İnsanlar sevgi vasitəsilə xoşbəxtlik axtarıblar və çox böyük problemlər yaradıblar. Özləriylə olan bütün əlaqəni itiriblər. Özlərindən o qədər uzaqlaşıblar ki, necə geri qayıdacaqlarını bilmirlər. Yolun harada olduğunu, evlərinin harada olduğunu bilmirlər. Ona görə də özlərini mənasız, evsiz hiss edirlər, qadınlarla, kişilərlə sevgi münasibətləri yaradırlar... Heteroseksual, homoseksual, otoseksual olurlar. Hər yolu yoxlayırlar və yenə də boşluq hiss edirlər, çünki sevgi tək halda sənə xoşbəxtlik verə bilər, amma içində heç bir sakitlik olmaz. Əgər xoşbəxtlik var, sakitlik yoxdursa, yenə əskik olan nəsə olur.

Sakitlik olmadan xoşbəxtsənsə sənin xoşbəxtliyin atəşə, həyəcana bənzəyəcək... mənasız hay-küy. Bu hay-küylü vəziyyət səndə o qədər böyük gərginlik yaradar ki, nəticədə ortaya heç nə çıxmaz; sadəcə, dəlicə qaçış. Və bir gün bütün bu səylərinin əsassız olduğunu anlayarsan, çünki sən başqasını tapmağa çalışırsan, amma özünü hələ də tapmamısan.

Bu yolların hər ikisi də müvəffəqiyyətsizliyə uğrayıb. Şərq müvəffəqiyyətsiz oldu, çünki sevgi olmadan meditasiyanı sınadı. Qərb müvəffəqiyyətsiz oldu, çünki o da meditasiya olmadan sevgini sınadı. Mənim bütün səyim sənə sintez – meditasiya üstəgəl sevgi sintezini – verməkdir. İnsan tək olanda xoşbəxt ola bilməlidir, eyni zamanda, başqa insanlarla birlikdəykən də xoşbəxt ola bilməlidir. İnsan daxili xoşbəxtliyə sahib ola bilməlidir və eyni zamanda, yaşadığı münasibətlərdə də xoşbəxt ola bilməlidir. İnsan həm daxilində, həm də xaricində gözəl ev qura bilməlidir. Evini əhatə edən gözəl bağçan və eyni zamanda, gözəl yataq otağın da olmalıdır. Bağ, yataq otağına qarşı deyil; yataq otağı da bağçaya qarşı deyil.

Belə ki, meditasiya daxili sığınacaq, daxili məbəd olmalıdır. Nə vaxt dünyanın səninçün həddindən artıq çox olduğunu hiss etsən məbədinə addım ata bilərsən. Öz daxili varlığında yuyuna bilərsən. Özünü cavanlaşdıra bilərsən. Yenidən doğulmuş kimi olarsan; yenidən, canlı, tər, cavan və yenilənmiş olarsan... yaşamaq, var olmaq üçün. Amma eyni zamanda, insanları sevməli, problemlərlə üzləşməyi bacarmalısan, çünki gücsüz, problemlərlə üzləşməyən sakitlik, sakitlik sayılmaz, o qədər də çox şey ifadə etməz.

Təkcə, problemlərlə üzləşə bilən və sakit qala bilən bir sakitlik arzu edilən, istənilən bir şeydir.

Sənə iki şeyi demək istəyirəm: əvvəl, meditasiyaya başla... çünki varlığının ən yaxın mərkəzindən başlamaq həmişə ən yaxşısıdır və bu da meditasiyadır. Amma heç burada ilişib

178

qalma. Meditasiya hərəkət etməli, çiçəklənməli, cücərməli və sevgiyə çevrilməlidir.

Narahat olma, bunu problemə çevirmə – bu, problem deyil. Sadəcə, insani şeydir; çox təbiidir. Hər kəs qorxur – qorxmalıdır. Həyat elə yerdir ki, insan qorxmalıdır. Qorxusuz olan insanlar, cəsurlaşaraq qorxusuz olmaz, çünki cəsur insan, qorxusunu gizlətmiş insandır; əslində, qorxusuz insan deyil. **İnsan qorxularını qəbul edərək qorxusuz olur. Bu, cəsarət məsələsi deyil. Sadəcə, həyatın həqiqətlərini görmək və bu qorxuların təbii olduğunu anlamaqdır.** İnsan onları qəbul edir!

Problem ona görə meydana çıxır ki, sən onları rədd etmək istəyirsən. Sənə çox eqoistik ideallar öyrədilib: "Cəsur ol!" Cəfəngiyyatdır! Səfehlikdir! Ağıllı insan qorxularından necə boyun qaçıra bilər? Əgər axmaqsansa heç bir qorxun olmaz. Təsəvvür et ki, avtobus sürücüsü siqnal verir və sən yolun ortasında dayanmısan, qorxmursan, ya da öküz üzərinə hücum çəkərkən sən də yerindən tərpənmədən dayanırsan, qorxmursan. Onda, sən axmaqsan! Ağıllı insan yoldan çəkilməlidir.

Əgər aludə olub hər kolun altında ilan axtarmağa başlasan, onda, orada problem var. Əgər yolda heç bir avtomobil yoxdursa və sən yenə də qorxub kənara tullanırsansa, onda orada problem var; əks halda, qorxu təbiidir.

Sənə qorxularından qurtulacaqsan deyəndə həyatda heç bir qorxu olmayacaq mənasında demirəm. Qorxularının doxsan faizinin, sadəcə, təxəyyülünün məhsulu olduğunu görəcəksən. On faizi həqiqidir və insan onları qəbul etməlidir. Mən insanları cəsarətli etmirəm. Onları daha həssas, həyəcanlı, sayıq edirəm və onların sayıqlıqları kifayət qədərdir. Onlar qorxularından pillə kimi istifadə edə biləcəklərini anlayarlar. Ona görə də narahat olmağına gərək yoxdur!

Qorxunun məzmunu nədir? Həmişə bir küncün arxasındadır, amma onunla üzləşmək üçün çevriləndə, yalnız, kölgədən ibarət olur. Əgər kökü yoxdursa, üzərimdə necə bu qədər güclü təsir yarada bilir?

Qorxu, kölgən kimi maddi olmayan bir şeydir, amma var. Kölgə də var; maddi deyil, neqativdir, amma yox deyil və bəzən, kölgə sənə böyük təsir göstərər. Meşədə gecə düşəndə öz kölgəndən qorxa bilərsən. Heç kimin olmadığı bir yerdə tək yeriyərkən, kölgən üzündən qaçmağa başlaya bilərsən. Qaçmalısan, qaçmağa səy göstərməlisən, ancaq qaçmağının heç bir kökü, real səbəbi yoxdur.

Bir kəndiri ilan bilib qaça bilərsən; amma geri qayıdıb yaxından baxsan, bu axmaqlığına gülərsən.

Lakin insanlar qorxunun mövcud olduğu yerlərə girməkdən qorxarlar. İnsanlar qorxudan başqa heç nədən qorxmadıqları qədər qorxurlar, çünki qorxunun mövcudluğu belə səni kökündən silkələyər. kökünün silkələnməsi isə həqiqidir, yadda saxla. Qorxulu yuxu, qarabasma kimidir, amma sən yuxudan oyananda qarabasmanın təsirləri davam edər. Tənəffüsün dəyişər, tərləyərsən, bədənin titrəməyə başlayar, sənə isti olar. İndi sən bilirsən ki, bu, sadəcə, yuxu idi, qarabasma idi, amma bunun varlığının kökünə nüfuz etməyi vaxt aparır. Eyni zamanda, kökü olmayan yuxunun təsirləri davam edər. Qorxu qarabasmadır.

Məndən soruşursan ki, "Qorxunun məzmunu nədir?" Qorxu, insanın öz varlığına yadlaşmasından yaranır. Bircə dənə qorxu var; müxtəlif üsullarla özünü göstərir, min bir cür təzahür edir, amma içində qorxu təkdir: "İçində mən olmaya bilərəm". Və əslində bir mənada olmadığı doğrudur.

Tanrı var, sən yoxsan. Ev sahibi yoxdur, qonaq var. Şübhə etdiyin üçün – bu çox keçərsiz şübhədir – içinə baxmırsan. Özünü elə apar ki, guya var; əgər içinə baxsan, olmadığını biləcəksən. Bu dərin, asan başa düşülən anlayışdır. İntellektual deyil, ekzistensialdır, içinin dərinliklərində "Olmaya da bilərəm. İçinə baxmamaq daha yaxşıdır. Çölə baxmağa davam edəcəm" hissidir. Ən azı səni aldadır, "mən varam" illüziyasını davam etdirir. Amma bu "varlıq" hissi saxta olduğu üçün qorxu yaradır; onu hər şey məhv edə bilər, istənilən dərin toqquşma onu məhv edə bilər. Sevgi onu məhv eləyə bilər, bir Ustayla tanış olmaq onu parçalaya bilər, ağır xəstəlik məhv eləyə bilər, kiminsə ölümünü görmək məhv edə bilər. Müxtəlif üsullarla məhv edilə bilər; çox kövrəkdir. İçə baxmayaraq birtəhər vəziyyəti idarə edirsən.

Molla Nəsrəddin qatarla səyahət edirmiş. Nəzarətçi yaxınlaşıb bilet soruşub. Molla bütün ciblərinə, bütün çamadanlarına baxıb, amma bileti tapmayıb. Tərləməyə başlayıb və get-gedə daha çox narahat olub. Nəzarətçi özünü saxlaya bilməyib deyir: "Cənab, amma ciblərinizdən birinə baxmamısınız. Niyə oraya baxmırsınız?"

Molla Nəsrəddin dərhal cavab verib: "Lütfən, o cib haqqında danışma. Oraya baxmayacağam. O, mənim tək ümidimdir! Əgər o cibə baxsam və orada olmasa, onda, dəqiq yoxdur. O cibə baxa bilmərəm. Etiraz etmə, amma başqa hər yerə baxacağam; o cib mənim təhlükəsizliyimdir; hələ də ümid edirəm ki, bilet o cibdədir. Oraya qəsdən baxmadım və baxmayacağam. Bileti tapsam da, tapmasam da o cibə qətiyyən baxmayacağam".

Eqoyla bağlı vəziyyət də belədir. İçinə baxmırsan, ora sənin tək ümidindir: "Kim bilər? Bəlkə də oradadır". Amma əgər baxsan, olmadığını başa düşəcəksən.

İçinə baxmadan, daima çölə baxaraq yaratdığın bu saxta eqo qorxunun birinci səbəbidir. Baxmalı olduğun bütün yerlərdən qorxarsan. Gözəllikdən qorxarsan, çünki gözəllik səni içinə çəkər. Gözəl qürubdan, buludlardakı o möhtəşəm rənglərə baxmağa qorxarsan, çünki belə böyük gözəllik səni içinə çəkər. Belə böyük gözəllik fikirləşməyi dayandırır: fikir o heyranlıq anı içində necə fikirləşəcəyini, necə hərəkət edəcəyini unudur. Daxili danışıq dayanır və qəfildən, içəri girmiş olarsan.

İnsanlar möhtəşəm musiqidən qorxurlar, insanlar möhtəşəm poeziyadan qorxurlar, insanlar dərin münasibətlər qurmaqdan qorxurlar. İnsanların sevgi münasibətləri "vurqaç" münasibətlərdir. Onlar bir-birlərinin dərinliklərindəki varlıqlara enmirlər, çünki başqa birinin varlığına enmək qorxuludur, çünki başqa birinin varlıq hovuzu səni əks etdirir. Başqa birinin varlığı olan o hovuzun, o güzgünün əksində özünü tapa bilməsən, əgər güzgü boş qalsa, əgər heç nə əks etdirməsə nə olacaq?

İnsanlar sevgidən qorxurlar. Onlar, sadəcə, yalandan rol oynayırlar, sevgi adından oyunlar oynamağa davam edirlər. Meditasiyadan qorxurlar; meditasiya adı altında etdikləri, yeni düşüncə tərzlərindən ibarətdir. Maharishi Mahesh Yogi`nin Transendental Meditasiyası budur – nə meditasiyadır, nə də transendental. Bu, sadəcə, dua oxumaqdan ibarətdir, dua etmək isə, sadəcə, düşüncə tərzidir. Bu, yenə də yeni vasitədir, meditasiya etməmə vasitəsi. İnsanlar xristian dualarını təkrarlayır, müsəlman dualarını təkrarlayır, hindu dualarını, bütün duaları təkrar edirlər; hamısı meditasiyadan boyun qaçırmağın yollarıdır. Unutma, bunlar meditasiya deyil. Fikir o qədər hiyləgərdir ki, meditasiya adına çoxlu saxta şeylər yaradıb.

Meditasiya sənin, tamamilə, heç nə etməməyindir, fikrin fəaliyyətini, tamamilə, dayandırmasıdır. Fikrin belə fəaliyyət göstərməmə halı meditasiyadır – nə mahnı, nə dua, nə təsvir, nə konsentrasiya. İnsan, sadəcə, mövcud olur. Bu mövcudluq vəziyyətində eqo yox olur, eqoyla birlikdə eqonun kölgəsi də yox olur. Bu kölgə qorxudur.

Qorxu, ən vacib problemlərdən biridir. Hər insan bunu yaşamalı və bunun haqqında müəyyən anlayışa sahib olmalıdır. Eqo sənə bir gün ölə biləcəyin qorxusunu verir. Sən, ölümün, təkcə, başqalarının başına gəldiyi fikri ilə özünü aldadırsan, bir baxımdan haqlısan da: bəzi qonşuların ölür, bəzi tanışların ölür, bəzi dostların ölür, həyat yoldaşın ölür, anan ölür; həmişə, başqalarının başına gəlir, heç vaxt sənin başına gəlmir. Sən bu həqiqətin arxasında gizlənirsən: ola bilsin, sən istisnasan, ölməyəcəksən. Eqo səni qorumağa çalışır.

Amma hər dəfə kimsə öləndə içində nəsə titrəməyə başlayar. Hər ölüm sənincün kiçik ölümdür. Zəng çalınanda kimin üçün gəldiyini soruşmaq üçün heç kimi göndərmə, sənin üçün çalınır. Hər ölüm sənin ölümündür. Hətta ağacdan bir yarpağın düşməsi belə sənin ölümündür. Ona görə də biz özümüzü qorumağa davam edərik.

Kimsə öləndə, ruhun ölümsüzlüyü haqqında danışırıq və yarpaq ağacdan düşəndə: "Heç nə üçün narahat olma. Tezliklə bahar gələcək və ağac yenidən yaşıllaşacaq. Bu, sadəcə, dəyişiklikdir, üzərindəki geyimi dəyişir" – deyərik.

İnsanlar ruhun ölümsüzlüyünə inanır, buna bildikləri üçün deyil, qorxduqları üçün inanırlar. Bir insan nə qədər qorxsa, ruhun ölümsüzlüyünə inanma ehtimalı o qədər yüksəlir; dindar olduğu üçün deyil, qorxaq olduğu üçün. Ruhun ölümsüzlüyünə inamın dinlə heç bir əlaqəsi yoxdur.

Dindar insan "mən" olmadığını və ölümsüz olanın bunun xaricində olduğunu bilir, amma bu ölümsüzlüyün "mən"lə heç bir əlaqəsi yoxdur. Bu "mən" ölümsüz deyil, bu "mənlik" ölümsüz deyil. Bu "mən" çox keçicidir; bizim tərəfimizdən istehsal edilib.

Qorxu "mənliyin" kölgəsidir, çünki mənliyin dərinlikləri, daima, "ölümdə yox olacağam" duyğusu içindədir... Əsas qorxu ölüm qorxusudur; qalan başqa qorxuların hamısı əsas qorxunu əks etdirir. Bunun gözəlliyi odur ki, ölüm də eqo kimi var olmayan şeydir və bu, iki var olmayan şeyin arasında – eqo və ölüm arasında – qorxu körpü olur.

Qorxu impotentdir, onun gücü yoxdur. "Əgər, bu gücsüzdürsə, onda, üzərimdə necə belə güclü təsir yarada bilir?" soruşuram. Sən ona inanmaq istəyirsən – gücü bundan yaranır. Sən öz dərinliklərinə enib daxili boşluğunla üzləşməyə hazır deyilsən – gücü bundan yaranır. Əks halda, qorxu impotentdir, tamamilə, gücsüzdür. Qorxudan doğulan heç nə yoxdur. Sevgi doğur, sevgi yaradıcıdır; qorxu impotentdir.

Cənab və xanım Smit hakim qarşısına çıxarılırlar.

"Bu adamdan boşanmaq istəyirəm" – arvad deyir.

"Mən də bu ifritədən qurtulmaq istəyirəm" – deyə ər qışqırır.

Hakim: "Neçə uşağınız var?"

Arvad: "Üç".

Hakim: "Niyə bir il də evli qalıb bir uşaq da doğmursunuz? Onda, dörd uşağınız olar, hər biriniz iki dənəsini götürər və razı qalarsınız".

Ər: "Həə, amma bəs əkiz olsa?"

Arvad: "Bah! Sən əkiz doğuzduracaqsan? Sənə qalsaydı, bu üç uşaq da olmazdı!"

Qorxu, tamamilə, gücsüzdür. O, heç nə yaratmayıb. Heç nə yarada bilmir; neqativdir. Amma bütün həyatını məhv edə bilər, səni qaranlıq, qara bulud kimi əhatə edə bilər, bütün enerjini istismar edə bilər. Sənin hər hansı başqa gözəlliyə; poeziyaya, sevgiyə, sevincə, həzzə, coşquya və ya meditasiyaya istiqamətlənməyinə imkan verməz. Yox, səni, sadəcə, səthdə saxlayır, çünki o, ancaq səthdə mövcud ola bilir. O, səthdəki ləpədir.

İçinə baş çək, içinə bax, əgər boşdursa, nə olub? Onda bu bizim təbiətimizdir, onda biz buyuq. Bir insan niyə boşluğa görə narahat olsun ki? Boşluq səma qədər gözəldir. Daxili varlığın daxili səmandan başqa bir şey deyil. Səma boşdur, amma bu boşluq içində hər şey mövcuddur, bütün mövcudluq, günəş, ay, ulduzlar, yer, planetlər, hər şey. Boşluq, hər şeyin mövcud olması üçün lazımlı sahədir. Boşluq, mövcud olan hər şeyin arxasında olan dekorasiyadır. Hər şey gəlib gedir, amma səma olduğu kimi qalır.

Bu da eyni şəkildədir, sənin daxili səman var; o da boşdur. Buludlar gəlib gedir, planetlər doğulur və yox olur, ulduzlar yüksəlir və ölür, amma daxili səman olduğu kimi qalır; pak, toxunulmamış, ləkələnməmiş, zədələnməmiş. Biz, bu səmanı *sakshin*, yəni şahid adlandırırıq və meditasiyanın da bütün məqsədi budur.

İçinə baş çək, iç səmandan zövq al. Unutma, orada nə görməyindən asılı olmayaraq o sən deyilsən. Fikirlər görə bilərsən, onda, sən fikirlər deyilsən; hisslərini görürsən, onda sən hisslərin deyilsən; xəyallarını, arzularını, xatirələrini, yuxularını görürsən, onda, onlar deyilsən. Görə bildiyin hər şeyi sıradan çıxarmağa davam et. Sonra, bir gün möhtəşəm an gəlir, bir insanın həyatındakı ən əhəmiyyətli an, sıradan çıxaracaq heç nəyin qalmadığı an. Görünən hər şey yox olub və təkcə, baxan oradadır. O, baxan da boş səmadır.

Bilmək, qorxusuz olmaqdır və bilmək, sevgi dolu olmaqdır. Bilmək, Tanrı olmaqdır, ölümsüz olmaqdır.

Niyə özümü nümayiş etdirməkdən hələ də belə qorxuram?

Kim qorxmur ki? İnsanın özünü nümayiş etdirməyi böyük qorxu yaradır. Bu çox təbiidir, çünki özünü nümayiş etdirmək, fikrində yığılan zir-zibilləri nümayiş etdirmək deməkdir; əsrlərdir, bir çox həyat boyu yığılıb qalan bütün zir-zibilləri... İnsanın özünü nümayiş etdirməsi bütün zəifliklərini, sərhədlərini, səhvlərini nümayiş etdirməsi deməkdir. Özünü nümayiş etdirmək, öz zəifliklərini nümayiş etdirməkdir. Ölüm... Özünü nümayiş etdirmək, öz boşluğunu nümayiş etdirməkdir.

Fikrin bütün bu zibillərinin və səs-küyün arxasında tam boşluğun ölçüsü var. İnsan Tanrısız boşdur, insan Tanrısız, sadəcə, boşluqdur, heç nədir. İnsan bu çılpaqlığı, bu boşluğu, bu çirkinliyi gizlətmək istəyir. Onu gözəl çiçəklərlə örtər, o, örtükləri bəzəyir. İnsan, ən azı özünü nəsə, kimsə kimi aparar. Bu, sənə xas nəsə deyil; bu bəşəridir, hər kəsin yaşadığı şeydir.

Heç kim özünü kitab kimi aça bilməz. Qorxu hakim olur: "Adamlar haqqımda nə fikirləşir?" Uşaqlığından bəri sənə maska, gözəl maskalar geyməyi öyrədiblər. Gözəl üzə sahib olmağına heç bir ehtiyac yoxdur, gözəl maska kifayətdir; maskalarsa çox ucuzdur. Üzünü dəyişmək çox çətindir. Üzünü rəngləməksə çox asandır.

İndi, birdən, həqiqi üzünü nümayiş etdirmək səni varlığının kökünə qədər titrədir. İçində qorxu meydana çıxır: İnsanlar bəyənəcəkmi? İnsanlar qəbul edəcəkmi? İnsanlar səni bundan sonra da sevəcəkmi? Kim bilir?! Çünki onlar həmişə sənin maskanı seviblər, xarakterinə hörmət ediblər, geyimlərini tərifləyiblər. İndi, bir qorxu yüksəlir: "Əgər qəfildən çılpaq qalsam, onda da məni sevəcəklərmi, hörmət edib tərifləyəcəklərmi, yoxsa hamısı məndən qaçacaq? Bəlkə də arxalarını çevirib gedəcəklər... Deməli, tərk edilə bilərəm".

Ona görə də hər kəs rol oynamağa davam edir. Bu qorxudan narazılıqlar yaranır, bütün saxtalıqlar meydana çıxır. İnsan özü ola bilməsi üçün qorxusuz olmalıdır.

Həyatın ən əsas qanunlarından biri budur: bir şeyi gizlətsən böyüməyə davam edər; bir şeyi nümayiş etdirsən, əgər yanlışdırsa yox olur, günəş altında buxarlanır, əgər doğrudursa, bəslənib böyüyür. Gizlədəndə tam əksi baş verir. Doğru olan bəslənmədiyi üçün ölməyə başlayar; onun küləyə, yağışa və günəşə ehtiyacı var. Bütünlükdə təbiətə ehtiyacı var. Onu bəsləməyi dayandırsan, get-gedə zəifləməyə başlayar. İnsanlar öz həqiqətlərini ac qoyurlar və öz saxtalıqlarını bəsləyirlər.

Sənin saxta üzlərin yalanlarla bəslənir, ona görə də daima daha çox yalan icad etməli olursan. Bir yalanı dəstəkləmək üçün yüz dənə daha böyük yalan uydurmalı olursan, çünki bir yalan, ancaq daha böyük yalanlarla dəstəklənə bilər. Bu səbəbdən də maska arxasında gizlənəndə həqiqət ölməyə başlayır və həqiqət olmayan bəslənib yavaş-yavaş kökələr. Əgər özünü nümayiş etdirsən, həqiqət olmayan ölər, ölməyi qaçılmazdır, çünki həqiqi olmayan açıqda qala bilməz. Bu, ancaq gizlilikdə qala bilər, ancaq qaranlıqda mövcud ola bilər, ancaq şüuraltının tunellərində qala bilər. Əgər bunu şüur səviyyəsinə çıxartsan, buxarlanmağa başlayar.

Psixoanalizin müvəffəqiyyətinin bütün sirri də bunda-dır. Bu, sadə sirdir, amma psixoanalizin bütün sirri bun-dadır. Psixoanalitik, şüuraltında olanların, varlığın qa-ranlıq sahələrində olan şeylərin, şüur səviyyəsinə çıxma-ğına kömək edir. O, bunu elə üzə çıxarır ki, sən də görə bilirsən, başqaları da görə bilir və möcüzə baş verir: onu görməyin belə onun ölümünün başlanğıcıdır. Əgər sən onu başqa biriylə əlaqələndirə bilsən – psixoanalizdə etdiyin şey budur; özünü psixoanalitikə göstərirsən – tək bir in-sana ürəyini açmaq belə sənin içində böyük dəyişikliklər yaratmaq üçün kifayətdir. Ancaq psixoanalitikə ürəyini aç-maq belə məhdud hadisədir: təkcə, bir insana ürəyini açmış olursan, həm də şəxsi görüşdə, dediklərinin sirr qalmağı şərtiylə. Həkimin, psixoanalitikin, terapevtin peşəsinin bir hissəsi də budur; içdiyi anda görə heç kimə heç nə deməz və sirr olaraq saxlayar. Yəni bu çox məhdud bölüşmədir, amma yenə də kömək edir. Peşə baxımından yanaşmadır, amma yenə də kömək edir. Ona görə də illər çəkir; bir neçə gün ərzində ediləcək şey psixoanalizdə illərlə davam edir; dörd il, beş il. O halda belə psixoanaliz tamamlanmaz. Dün-yada psixoanalizinin tamamlanmış olduğu xəstə yoxdur. Müalicə heç vaxt tamamlanmaz, heç vaxt başa çatmaz. Psixoanalitiklərin psixoanalizləri belə tamamilə bitmir; çünki bu, söhbətləşmə şərtlərindən asılıdır və həddindən artıq məhduddur. Psixoanalitik sənə qulaq asmırmış kimi qulaq asır, çünki heç kimə demir. Bu belə çox kömək edir, üstündən böyük yük götürür.

Əgər dini baxımdan ürəyini aça bilsən – xüsusi görüşdə deyil, professionala deyil, bütün əlaqələrində – *sannyas-lıq* bax budur. Bu fərdi psixoanalizdir. Hər gün, gündə iyir-mi dörd saat psixoanalizdir. Bütün hallarda hamıya edilən psixoanalizdir: həyat yoldaşınla, dostunla, qohumunla, düşməninlə, yad insanla, müdirinlə, xidmətçinlə. İyirmi dörd saat boyu təmasda olursan.

Əgər təması davam etdirsən... Əvvəlcə çox qorxulu olacaq, amma bir müddət sonra güclənməyə başlayacaqsan, çünki bir dəfə ki, həqiqət üzə çıxdı, sonra, güclənir və yalanlar ölür. Həqiqət gücləndikcə, sən də güclənməyə başlayırsan, özünə qayıdırsan. Fərd olmağa başlayırsan; şəxsiyyət yox olur və fərdiyyət meydana çıxır.

Şəxsiyyət saxtadır, fərdiyyət isə kökə söykənir. Şəxsiyyət, sadəcə, örtükdür, fərdiyyət isə sənin həqiqətin. Şəxsiyyət xaricdən təlqin edilir; o maskadır. Fərdiyyət isə sənin həqiqətindir – Tanrının sənin yaratdığı şəkildir. Şəxsiyyət sosial incəlikdir, sosial cilalanmadır. Fərdiyyət isə xamdır, vəhşidir, güclüdür, nəhəng gücü var.

Təkcə, ən başda qorxu olacaq. Ona görə də bir müəllimə ehtiyac var, ən başda əlini tuta bilsin deyə, ən başda sənə dəstək verə bilsin deyə, ən başda səninlə bir neçə addım atsın deyə. Müəllim psixoanalitik deyil; o, bundan daha artığıdır. Psixoanalitik professionaldır, müəllim isə professional deyil. İnsanlara kömək etmək onun sənəti deyil, onun qabiliyyətidir. Bu onun sevgisidir, onun rəhmidir. Bunu ürəkdən etdiyi üçün sənə, ancaq ehtiyacın olduğu yerə qədər yoldaşlıq edər. Artıq tənha gedə biləcəyini hiss etdiyi vaxt onun əllərindən sürüşüb getdiyini anlayırsan. Sən ona yapışmaq istəsən də o buna imkan verməz.

Sən hazır olanda, cəsur, qorxmaz olanda, həqiqətin azadlığını daddığın, öz həqiqətini açmaq azadlığına çatanda, artıq, yalnız şəkildə öz yoluna gedə bilərsən. Öz yolunu özün işıqlandıra bilərsən.

Amma qorxu çox təbiidir, çünki uşaqlıqdan bəri sənə saxtakarlıq öyrədilib və saxta olanla, yalan olanla o qədər qaynayıb-qarışmısan ki, ondan əl çəkmək özünə qəsd etmək kimi bir şeydir. Qorxu meydana çıxır, çünki böyük şəxsiyyət böhranı yaşamağa başlayırsan.

Əlli ildir, altmış ildir, müəyyən növ insan olmusan. Sualı verən insan altmışa yaxın yaşda olmalıdır; altmış ildir müəyyən növ insan olmusan. İndi, həyatının axırıncı mərhələsində, o şəxsiyyəti kənara tullayıb özünü sıfırdan tanımağa başlamaq qorxuludur. Ölüm, hər gün daha da yaxınlaşır; yeni dərsə başlamağın vaxtıdır? Kim bilir, bəlkə də tamamlaya biləcəksən? Kim bilir? Bəlkə köhnə şəxsiyyətini itirərsən və yeni şəxsiyyətinə qovuşmaq üçün lazımı vaxtın, lazımı enerjin, lazımı cəsarətin yoxdur. Yaxşı, onda, şəxsiyyətin olmadan öləcəksən? Həyatının axırıncı mərhələsini şəxsiyyətsiz keçirəcəksən? Bir şəxsiyyətə sahib olmadan yaşamaq dəlilik olar; ürək geri addım atar. "Bir neçə gün daha belə getmək yaxşıdır. Köhnəylə, tanış olanla, təhlükəsiz və rahat olanla yaşamaq daha yaxşıdır" – deyə bilərsən. Bu mövzuda çox təcrübəlisən. Çox böyük investisiya qoymusan, o şəxsiyyətə altmış ilini vermisən. Birtəhər bu günə qədər gəlməyi bacarmısan, birtəhər kim olduğun barədə fikir yaratmısan və indi, mən sənə deyirəm ki, o fikri özündən uzaqlaşdır, çünki o, sən deyilsən!

Özünü öyrənmək üçün heç bir fikrə ehtiyac yoxdur. Hətta bütün fikirlər uzaqlaşdırılmalıdır; yalnız, o halda kim olduğunu bilə bilərsən.

Qorxu təbiidir. Onu ittiham etmə və yanlış nəsə olduğunu fikirləşmə. Bu, sadəcə, sosial tərbiyəmizin bir hissəsidir. Biz onu qəbul edib hüdudlarını aşmalıyıq; onu ittiham etmədən hüdudlarını aşmalıyıq.

Yavaş-yavaş özünü tanıt... Bacarmayacağın sıçrayış-lar etməyə ehtiyac yoxdur; addım-addım get, tədricən. Amma bir müddət sonra, həqiqətin dadını öyrənəcəksən və daha əvvəlki altmış il boşuna yaşamış olduğunu hiss edib təəccüblənəcəksən. Köhnə şəxsiyyətin yox olacaq və tamamilə yeni qavrayışa sahib olacaqsan. Yeni şəxsiyyət olmayacaq, amma yeni baxış, yeni perspektiv olacaq. Daha "mən" deyəndə, bu söz nəyisə işarə etməyəcək; faydalı olduğu üçün istifadə edəcəksən, amma həmişə, o sözün bir məna, bir kök, bir mövcudluq dəyəri daşımadı-ğını biləcəksən; bu "mən" sözünün arxasında bir okean gizləndiyini biləcəksən, sonsuz, ucsuz-bucaqsız, ilahi bir okean.

Heç vaxt başqa şəxsiyyətin olmayacaq; köhnə şəxsiy-yətin gedəcək və ilk dəfə özünü Tanrının okeanında dal-ğa kimi hiss etməyə başlayacaqsan. Bu, şəxsiyyət deyil, çünki sən onda deyilsən. Sən yox olmusan, Tanrının içində ərimisən.

Əgər saxtayla risk edə bilsən, həqiqət sənin ola bilər. Buna dəyər, çünki təkcə, saxta şeylə risk edib həqiqəti əldə edərsən. Heç nə ilə risk etmədən hər şeyə sahib olacaqsan.

Özümdən sıxıldığımı və heç bir həyəcan hiss etmədiyimi aşkar etdim. Özümüzü olduğumuz kimi qəbul etməməyimizi demişdiniz. İçimdə həyəcan olmadığını bilərək həyatı qəbul edə bilmirəm. Nə edəcəm?

Eşitdiyimə görə insanı rahatlaşdırmayan yeni növ sakitləşdirici var; insanı narahat edir, gərginləşdirir.

Ondan istifadə et! İstifadə et, istifadə, yenidən, istifadə et; amerikalı ol! Amma üç dəfədən çox istifadə etmə. İstifadə et, istifadə et, təkrar, istifadə et və sonra, dayan, çünki axmaqlığı davam etdirməyin mənası yoxdur.

"Özümdən sıxıldığımı aşkar etdim" deyirsən. Bu, böyük kəşfdir. Hə, mən ciddi deyirəm! Çox az insan darıxdığını anlayır; əslində, onlar sıxılırlar, həm də çox darıxırlar. Bunu özlərindən başqa hamı bilir. İnsanın darıxdığını, bezdiyini bilməyi çox gözəl başlanğıcdır; bəzi şeylər başa düşülməlidir.

İnsan, sıxıntını hiss edən tək heyvandır; bu, çox böyük üstünlükdür, bu, insan ləyaqətinin bir hissəsidir. Sən heç darıxan camış, ya da eşşək görmüsən? Onlar darıxmırlar. **Sıxıntı, sadəcə, həyat tərzinin yanlış olduğu deməkdir; ona görə də çox böyük hadisədir, "Sıxılıram və buna görə nəsə etməliyəm, dəyişməyə ehtiyacım var" anlayışı yarana bilər. Məhz bu səbəbdən də** darıxmağın pis şey olduğunu fikirləşmə; bu yaxşı əlamətdir, yaxşı başlanğıcdır, xeyirli başlanğıcdır. Amma orada dayanma.

İnsan niyə darıxır? İnsan darıxır, çünki başqaları tərəfindən verilən ölü qəliblərə görə yaşayır. Bu qəliblərdən imtina et, o qəliblərdən çıx! Öz həyatını yaşamağa başla.

Təkcə, həqiqi insan darıxmaz, saxta insanın darıxması qaçılmazdır. Xristian darıxır, cayn darıxır, zərdüşt darıxır, kommunist darıxır, çünki hamısı həyatlarını iki yerə bölüb. Həqiqi həyatlarını ört-basdır edib, saxta həyatın içində rol oynamağa başlayırlar. Saxta həyat isə sıxıntı yaradır. Əgər sən etmək istədiyin şeyləri etsən, heç vaxt darıxmazsan.

Universitetə getmək üçün evimi tərk edəndə valideynlərim, yaxınlarım mənim alim olmağımı – alimlik çox yaxşı gələcək vəd edirdi – ən azı həkim və ya mühəndis olmağımı istəyirdilər. Mən, tamamilə, imtina etdim. "Mən nə istəyirəmsə onu edəcəyəm, çünki darıxdırıcı həyat yaşamaq istəmirəm. Alim olsam müvəffəqiyyət qazana bilərəm – mənim hörmətim, pulum, gücüm, nüfuzum ola bilər –

amma içimdəki sıxıntını yox edə bilmərəm, çünki bu mənim etmək istədiyim şey deyil.

Çox təəccübləndilər, çünki fəlsəfə oxumaqda heç bir perspektiv görmürdülər; fəlsəfə universitetlərin ən kasıb ixtisasıdır. Gələcəyimi əbəs yerə xərcləyəcəyimi fikirləşirdilər, amma könülsüz də olsa razılaşdılar. Ən nəhayət, səhv etdiklərini anladılar.

Məsələ pul, güc, nüfuz məsələsi deyil; məsələ, sənin nə etmək istədiyindir. Nəticəsindən asılı olmayaraq bunu et və sənin sıxıntın yoxa çıxacaq. Başqalarının fikirlərinin ardınca getməməlisən, işləri başqalarının "düzgün" etdiyi yolla etməlisən, onların etdiyi kimi etməlisən. Sıxıntının təməl daşları bunlardır.

Bütün insanlıq darıxır, çünki mistik olmalı adam riyaziyyatçı olub, riyaziyyatçı olmalı adam siyasətçi, şair olmalı adam biznesmen olub. Hər kəs başqa yerdədir; heç kim olmalı olduğu yerdə deyil. İnsan risk etməlidir. Əgər risk etməyə hazırsansa sıxıntı bir anda yox ola bilər.

Mənə "özümdən sıxıldığımı aşkar etdim" – deyirsən. Özündən sıxılırsan, çünki özünə qarşı səmimi olmamısan, özünə qarşı dürüst olmamısan, öz varlığına hörmət etməmisən.

"Mən heç bir həyəcan hiss etmirəm" – deyirsən. Necə həyəcan hiss edəcəksən? Həyəcan, yalnız, etmək istədiyin işi görərkən hiss edilir, məsələnin nə olmağından asılı olmayaraq.

Vinsent Van Qoq şəkil çəkərkən çox xoşbəxt idi. Bircə şəkli belə satılmadı, heç kim onu qiymətləndirmədi, o ac idi, aclıqdan ölürdü. Qardaşı ona sağ qalmağı üçün hər həftə bir az pul verirdi, həftədə dörd gün oruc tutar, üç gün yemək yeyərdi. Dörd gün oruc tutmaq məcburiyyətindəydi, əks təqdirdə, kətan, boya və şotkalarını almaq üçün pulu haradan tapacaqdı? Amma çox xoşbəxt idi, böyük həyəcan yaşayırdı.

O, otuz üç yaşı olanda ölüb; intihar edib. Amma onun intiharı belə sənin saxta həyatından daha yaxşıydı, çünki çəkmək istədiyi şeyin şəklini çəkib bitirəndən sonra intihar edib. Ən böyük arzusu qürubun şəklini çəkmək idi və şəklini çəkib qurtardığı gün belə bir məktub yazıb: "İşimi bitirdim, rahatam. Bu dünyanı olduqca razı şəkildə tərk edirəm". O, tam yaşayıb, həyat şamını hər iki ucundan birlikdə böyük sürətlə yandıraraq.

Yüz yaşına qədər yaşaya bilərsən, amma həyatın, sadəcə, quru sümük kimi ola bilər, boşluq, ölü boşluq kimi. "Özümüzü olduğumuz kimi qəbul etməyimizi dediniz. İçimdə həyəcan olmadığını bilərək həyatı qəbul edə bilmərəm" – deyirsən.

Özünü qəbul et deyəndə həyat qəlibini qəbul et demirəm; məni səhv başa düşməyə çalışma. Özünü qəbul et deyəndə başqa hər şeyi rədd et deyirəm – təkcə, özünü qəbul et. Amma sən bunu özünə uyğun şərh edirsən. Bu şeylər belədir...

Bir marslı uçan obyekti ilə Manhettana enir və çölə çıxan kimi bir dilənçi ona yaxınlaşaraq belə deyir: "Cənab, mənə 10 sent verərsiniz?"

Marslı soruşur: "10 sent nədir ki?"

Dilənçi bir az fikirləşib cavab verir: "Haqlısan. İyirmi beş sent verərsən?"

Mənim dediyim sənin başa düşdüyün şey deyil. Sən, sənə qəbul etdirilmiş hər şeyi rədd et; sənə qəbul etmə deyirəm. Kənardan gətirdiyin içini qəbul edəndə nəyinsə əskik olduğunu hiss etməzsən. Özünü şərtsiz qəbul edəndə

194

qəfildən xoşbəxtlik partlayışı baş verir. Həyəcanın axmağa başlayır və həyatın coşqu dolu olur.

Bir cavan oğlanın dostları onun öldüyünü fikirləşir, amma oğlan, sadəcə, komada imiş. Dəfn edilməzdən qısa müddət əvvəl ondan ölümün necə olduğunu soruşurlar.

O, birdən qışqırır: "Ölmək?" "Mən ölməmişdim ki. Nə olduğunu anlayırdım və ölmədiyimi bilirdim, çünki ayaqlarım üşüyürdü və qarnım ac idi".

Maraqlananlardan biri soruşur: "Yaxşı, bəs, hələ də sağ olduğunu necə anladın?"

"Əgər cənnətdə olsaydım qarnım ac olmazdı, başqa yerdə olsaydım ayaqlarım üşüməzdi".

Ölü olmadığına əmin ola bilərsən: acsansa və ayaqların üşüyürsə. Sadəcə, qalx və bir az qaç!"

Təhsilsiz və etiket qaydalarından xəbərdar olmayan kasıb oğlan bir milyonerin qızına aşiq olur. Qız onu ailəsi ilə tanış etmək üçün malikanələrinə dəvət edir. Malikanələrdən, xidmətçilərdən və bütün başqa var-dövlətdən oğlanın gözü qorxur, amma yenə də birtəhər rahat görünməyi bacarır – ta ki, axşam yeməyinə qədər. Böyük yemək stolunda oturarkən şərabın təsiri ilə rahatlaşdığı üçün hündürdən osdurur.

Qızın atası başını qaldırıb və oğlanın ayaqlarının yanında uzanan itə diqqətlə baxır. "Rover!" – deyə hirsli tonla qışqırır.

Kasıb oğlan günahın itdə olduğunu düşündüklərini görüncə rahatlayıb və ona görə də bir neçə dəqiqə sonra yenidən osdurur.

Ev sahibi yenidən itə baxıb və daha uca səslə "Rover!" – qışqırır.

Bir neçə dəqiqə sonra oğlan üçüncü dəfə osdurur. Zəngin adamın sifəti acıqla qırışmış halda çığırır: "Rover, adam üstünü murdarlamamış dur burdan cəhənnəm ol!"

Hələ vaxt var – bu günə qədər yaşadığın həbsdən çıx! Sadəcə, bir az cəsarət lazımdı, bir az qumarbaz cəsarəti bəs edir. Və unutma, itirəcək heç nə yoxdur. İtirəcəyin tək şey zəncirlərindir: sıxıntını itirə bilərsən, daima içində mövcud olan bu şeylərin çatışmadığı hissini itirə bilərsən. İtirəcək başqa nə var? Başqalarının saldığı cığırlardan çıx və öz varlığını qəbul et. Musaya, İsaya, Buddaya, Mahaviraya, ya da Krişnaya qarşı özünü qəbul et. Sənin məsuliyyətin Buddaya, Zaratustraya, Kəbirə, ya da Nanaka qarşı deyil; sən, yalnız, özünə görə məsuliyyət daşıyırsan.

Məsuliyyət daşı, "məsuliyyət" sözünü istifadə edəndə, lütfən, onu yanlış anlama. Mən vəzifələrdən, məsuliyyətlərdən danışmıram, bu sözdən, sadəcə, birbaşa mənasında istifadə edirəm: həqiqətə reaksiya ver, məsuliyyət daşı!

Çox məsuliyyətsiz həyat sürüb başqalarının səndən gözlədiyi hər cür öhdəliyi yerinə yetirmisən. İtirməli nə var? Sən darıxırsan – bu çox yaxşı haldır. Həyəcanın çatmır, həbsxanadan çıxmaq üçün başqa nəyə ehtiyac var? Həbsxanadan çölə çıx və bir də geriyə baxma!

Onlar belə deyir: "Tullanmazdan əvvəl iki dəfə fikirləş". Mənsə belə deyirəm: "Əvvəl tullan, sonra, istədiyin qədər fikirləşərsən!"

Özümü ayın üzərinə enmiş kimi hiss edirəm... Əgər qorxunun nə olduğunu bilsəm, qorxmayacağımı fikirləşirəm. Hər şeyin ola biləcəyi hissinə sahibəm... hər şeyin!

Bəzən, orada böyük qorxu olur və bunun səbəbi naməlumdur. Heç bir səbəbi yoxdur, heç bir açıqlaması yoxdur. Bəlkə də qorxunu yaradan budur. Bir səbəb olanda bu səbəbi həll edə bilirsən və səbəbi biləndə şərh etmək asanlaşır, analiz edə bilirsən və yapışacaq nəsə tapa bilirsən. Ancaq qorxunun keyfiyyəti var – aradabir üzə çıxır – və orada həqiqətən də heç bir səbəb yoxdur.

Bu, ekzistensialistlərin "angst" dediyi əzab, ekzistensial qorxudur – ondan və ya bundan deyil, amma mövcudluğun özündən qorxmaqdır. Varlıq, daima yoxluqla əhatə edilir; varlıq yoxluq içində mövcuddur. Varlıq yoxluq okeanında adaya bənzəyir. Varlıq çox kiçikdir, yoxluqsa ucsuz-bucaqsızdır.

Bu, sadəcə, yoxluğun hüdudsuzluğudur və bu nəhəng yoxluğun ortasında kiçik bir varlıq. Qorxunun başqa heç bir səbəbi yoxdur: Bu hiss insanın ayaqları altından yeri çəkməyə yetir. İnsan uçuruma düşməyə başlayır, dəqiq səbəbi təyin edə bilmədiyi və "Mən bundan və ya ondan qorxuram" deyə bilmədiyi üçün əzab meydana çıxır, çünki onu izah etmək üçün heç nə yoxdur.

İnsanlar psixoanalitiklərə, əslində, müalicə almaq üçün getmir, əzablarının səbəbini öyrənmək üçün gedirlər. Və psixoanaliz çox kömək edir, müalicə etdiyinə görə yox, təkcə, problemlərə aydınlıq gətirdiklərinə görə. İnsan izahı bildiyini fikirləşəndə rahatlayır. Beləliklə, hər şey çox aydındır. İndi, o, sözlərlə ifadə edə bilər, haqqında fikirləşə bilər, fikir bildirə bilər.

Yəni bu vəziyyət vaxtaşırı hər kəsin başına gələn haldır. İnsanın bunları yaşamağı yaxşıdır; boyun qaçırmağa ehtiyac yoxdur. Əgər qaçsan, bir imkanı qaçırmış olarsan. Əgər bunu yaşamağı qəbul etsən, əvvəl böhrana bənzəyər və çox təhlükəlidir, sanki bütün keçmiş yox olur, elə bil adam ölür. Amma tezliklə, adam bu təhlükənin içində özünü təhlükəsiz hiss etməyə başlayır. Adam yoxluğun içində rahatlayar

197

və bütün qorxu yox olar. Beləliklə, başlanğıcda böhrana bənzəyən şey sonda böyük nailiyyət olduğunu sübut edir.

Bunu yaşa və səbəblərini tapmağa cəhd etmə. Çünki fikir cəhd edəcək. Fikir, daima, "bu və ya o səbəbdən qorxuram" deyəcək. Əslində, heç bir səbəbi yoxdur. Hər gecə qırx, əlli və ya altmış dəqiqə ərzində bu haqda fikirləş. Otaqda sakitcə otur və sonsuz yoxluğun balaca varlığını boğmağına imkan ver. İmkan ver, varlığın adası yoxluq okeanı içində yox olsun. Yoxluq ol. Qorxunu qəbul et və içinə gir, çıxanda çox təravətli, çox canlı və qorxusuz olacaqsan.

Qorxusuz olmaq üçün insan qorxunu yaşayıb ondan keçməlidir və bu cür qorxudan sonra adi qorxu heç nə etməz, elə deyil? Sevgilinin səni ata biləcəyi qorxusu var. Bu da qorxudur, ancaq bu adi qorxudur, çünki sən başqa sevgili də tapa bilərsən; bu, böyük qorxu sayılmaz. Yaşamaq üçün kifayət qədər pulun ola bilmədiyi qorxusu var, amma insan həmişə buna görə nəsə edə bilər. Bu qorxular çox əhəmiyyətsizdir, əslində, dərin kökləri yoxdur. İnsanlar bu qorxular içində yaşayır, ona görə də heç vaxt qorxusuz olmurlar. Bu elə qorxudur ki, hər kəs bunu yaşamalıdır.

Ona görə də bunun üçün izah tapmağa çalışma; çünki izahı yoxdur. Sadəcə, yaşa. Bax və mümkün olduğu qədər dərinə get. Qorxuyla get, amma get. Bütün qorxuya baxmayaraq get. Ondan gözəl nəsə çıxacaq, qızılgül çiçəyi kimi nəsə doğulacaq. Varlığın get-gedə daha da bütünləşəcək. Əgər insan yoxluğun meydan oxumağını qəbul etsə, varlıq bütünləşir. Beləliklə, narahat olmaq üçün heç bir səbəb yoxdur. Qorxu oradadır və sən onu yaşamalısan.

BOŞLUQ QORXUSU ÜÇÜN MEDİTASİYA

Hər gecə yuxuya getməmişdən əvvəl iyirmi dəqiqə gözlərini yumub içindəki boşluğu hiss etməyi vərdiş halına çevir. Qəbul et, imkan ver orada olsun. Qorxu meydana çıxır, qoy o da orada olsun. Qorxudan əs, amma içində doğulan bu boşluğu rədd etmə. İki və ya üç həftə ərzində onun gözəlliyini və ilahiliyini hiss etməyə başlayacaqsan. Bu ilahiliyə bir dəfə ki, toxundun, qorxu öz-özlüyündən yox olacaq. Sən onunla mübarizə aparmamalısan.

Diz çöküb döşəmədə otur, ya da rahat vəziyyət al. Əgər başın irəli əyilməyə başlasa – ki, başlayacaq – buna imkan ver. Demək olar ki, döldəki vəziyyətini alacaqsan, uşaq ananın rəhmində olduğu vəziyyəti. Başın dizlərinə toxunmağa başlayacaq ya da qoy döşəməyə dəysin. Öz uşaqlığına gir və orada qal. Nə texnika, nə bir dua, nə də hər hansı səy, sadəcə, orada ol. Orada olana alışmağa çalış. Bu, sənin daha əvvəl heç vaxt bilmədiyin bir şeydir. Fikrin narahat olmağa başlayır, çünki tamamilə fərqli və naməlum ölçüdən gəlir. Fikir bunun öhdəsindən gələ bilmir. O, daha əvvəl heç nəyi tanımayıb, ona görə də çaşıb qalır; onu kateqoriyalara bölmək nişan vurmaq istəməkdir.

Amma məlum olan fikir, naməlum olan Tanrıdır. Naməlum heç vaxt məlumun bir hissəsi ola bilməz. Məlumun bir hissəsi olanda, artıq, naməlum Tanrı deyil.

Naməlum, naməlum olaraq qalır. Hətta sən onu bilsən də naməlum olaraq qalır. Sirr, heç vaxt həll edilmir. Sirr, kökündə həll edilə bilməz.

Ona görə də hər axşam o boşluğa gir. Qorxu orada olacaq, titrəyəcəksən; bu da həddindən artıq normaldır. Amma qorxu, getdikcə azalacaq və sevinc, getdikcə daha da üzə çıxacaq. Üç həftə ərzində, bir gün qəfildən, içində böyük sevinc yüksəldiyini hiss edəcəksən, enerji yüksəlişi yaşayacaqsan, varlığın o qədər böyük sevinc yaşayacaq ki, elə bil gecə qurtarır və günəş üfüqdə meydana çıxır.

KÖHNƏ QORXU QƏLİBLƏRİNİ YOX ETMƏK ÜÇÜN MEDİTASİYA

Fərqinə vardım ki, uşaqkən mənimsədiyim qəlibi hələ də təkrar edirəm. Nə vaxt ki, ailəm mənə hirslənsə, ya da mənim xoşuma gəlməyən bir söz desələr, özümə qapanar, harasa qaçıb gedərdim və ətrafımda kimsə olmadan da yaşaya biləcəyimi fikirləşərdim, özümə təsəlli verirdim ki, mən tək bacara bilərəm. İndi, mən hiss edirəm ki, dostlarıma da eyni reaksiya verirəm.

Bu, sadəcə, çeynənmiş köhnə vərdişdir. Tam əksini etməyə çalış. Nə vaxt ki, özünə qapanma duyğusu hiss etsən, özünü aç. Əgər getmək istəsən, getmə; əgər danışmaq istəmirsənsə, onda danış. Əgər mübahisəni dayandırmaq istəyirsənsə, dayandırma və əksinə, mümkün qədər arqument gətirərək mübahisəni davam etdir.

Nə vaxt ki, qorxu yaradan vəziyyət meydana çıxır, onda orada iki alternativ olur – ya sən mübarizə apararsan, ya da qaçarsan. Adətən, balaca uşaq mübarizə apara bilmir, xüsusilə ənənəvi ölkələrdə. Amerikada uşaqlar elə mübarizə aparır ki, valideynlər qaçır! Amma köhnə ölkələrdə, ənənələrə bağlı olan ölkələrdə – ya da ənənəvi dəyərlərin hələ də çox güclü olduğu ailələrdə – uşaq mübarizə apara bilmir. Tək yolu özünə qapanmaq, özünü müdafiə etmək üçün mağarasına çəkilməkdir. Belə ki, sən qaçma hiyləsini öyrənmisən.

İndi mümkün olan tək şey, nə vaxt ki, qaçmağa çalışdığını hiss etsən, orada qal, inadkar ol və var gücünlə mübarizə apar. Sadəcə, bir ay ərzində əksini yoxla və sonra, vəziyyətə baxaq. Əksini edə biləndə sənə hər ikisinin uzaqlaşmağını deyəcəyəm. İkisindən də uzaqlaşmalısan, çünki yalnız onda insan qorxusuz olur, çünki ikisi də səhvdir. Çünki bir səhv, həddindən artıq, dərində kök saldığı üçün o biri tərəfindən tarazlaşdırılmalıdır.

Beləliklə, bir ay ərzində sən həqiqi döyüşçü olursan – hər mövzuda. Sonra özünü çox yaxşı hiss edəcəksən, həm də çox yaxşı, elə deyil? Çünki insan nə vaxt ki, qaçır, özünü çox pis, hətta ikinci dərəcəli insan kimi hiss edir. Bu qorxaq hiylədir – öz mağarasına çəkilmək. Cəsarətli olmaq, elə deyil? Sonra ikisini də uzaqlaşdıracağıq, çünki cəsarətli olmaq, əslində, dərinliklərində qorxaq olmaqdır. Cəsarət və qorxaqlığın ikisi də yox olanda insan qorxusuz ola bilər. Sən bunu yoxla!

ETİBAR ÜÇÜN MEDİTASİYA

Əgər etibar etməkdə çətinlik çəkirsənsə, onda geri qayıtmalısan. Xatirələrinin dərinliklərinə enməlisən. Keçmişinin dərinliklərinə girməlisən. Keçmişindən gələn dağ kimi böyük zibil yığını olmalısan; onu boşalt.

Bu işin açarı budur: bu dönüşü xatırlama olaraq deyil, yenidən yaşamaq kimi gör. Bunu meditasiyaya çevir. Hər gün, gecələr, sadəcə, bir saat ərzində geri qayıt. Uşaqlığında baş vermiş hər şeyi yada salmağa çalış. Nə qədər dərinə getsən o qədər yaxşı olar, çünki baş vermiş bir çox şeyi gizlədirik və bunların şüur səviyyəsinə çatmasına imkan vermirik. Onların üzə çıxmağına imkan ver. Hər gün etdiyin vaxtın daha dərinə endiyini hiss edəcəksən. Əvvəl dörd, ya da beş yaşında olduğun vaxtları xatırlayacaqsan və bunun hüdudlarını aşa bilməyəcəksən. Qəfildən, qarşına Çin səddi çıxacaq. Amma get – tezliklə, daha dərinə enə bildiyini görəcəksən: üç yaş, iki yaş. Doğulduqları ana qədər enə bilən insanlar olub. Ana bətnindəki yaşadıqlarına qədər gedib çıxan insanlar var və bunun da çərçivəsini aşmış, ölmüş olduqları əvvəlki həyatlarına gedib çatan insanlar var.

Amma sən əgər doğulduğun ana çata bilsən və o anı yenidən yaşaya bilsən çox dərin əzab, ağrı hiss edəcəksən. Elə bil yenidən doğulduğunu hiss edəcəksən. Doğulandan sonra ilk dəfə çığıran körpə kimi çığıra bilərsən. Ana bətnindən çıxanda nəfəs ala bilməyən uşaq kimi boğulma hiss edəcəksən, uşaq doğulanda bir neçə saniyə ərzində nəfəs ala bilmir; elə bil boğulur. Böyük təngnəfəslik olur: sonra çığırır və nəfəs gəlir, nəfəs borusu açılır və ağciyərləri fəaliyyətə başlayar. O nöqtəyə qədər gedib çatmalısan. Oradan geri qayıt. Hər axşam yenidən get və geri qayıt. Ən az üç ayla doqquz ay arasında davam edəcək və hər gün üzərindən daha çox yük götürüldüyünü hiss edəcəksən. Bu yük qalxarkən, eyni zamanda, etibarsızlıq yox olacaq. Bir dəfə keçmiş aydınlanandan sonra, sən baş vermiş hər şeyi görəndə onlardan xilas olarsan. Açar budur: Əgər yaddaşındakı hər şey haqqında məlumatın varsa, onun yükündən xilas olursan. Məlumatlanma azad edir, məlumatsızlıq köləlik yaradır. Təhlükəsizlik, ancaq azadlıqla mümkün olur.

QORXUNU SEVGİYƏ ÇEVİRMƏK ÜÇÜN MEDİTASİYA

Stulunda, ya da özünü rahat hiss etdiyin istənilən vəziyyətdə otura bilərsən. Sonra əllərini qucağının üstündə, sağ əlin sol əlinin altında olacaq vəziyyətdə qatla – bu pozisiya vacibdir, çünki sağ əl sol beyin ilə birləşir və qorxu, həmişə, sol beyindən gəlir. Sol əl sağ beyin ilə birləşir və cəsarət sağ beyindən gəlir.

Sol beyin səbəbin olduğu yerdir və səbəb qorxaqdır. Ona görə də həm cəsarətli, həm də intellektual bir insan tapa bilməzsən. Nə vaxt cəsarətli insanla rastlaşsan onun intellektual olmadığını görəcəksən. Məntiqsiz olacaq, bu qaçılmazdır. Sağ beyin intuitivdir... Ona görə də bu, sadəcə, simvolik pozisiyadır və sadəcə, simvolik deyil: enerjini müəyyən mövqeyə, müəyyən əlaqəyə salar.

Beləliklə, sağ əl sol əlin altında olur və iki baş barmaq bir-birinə birləşdirilir. Sonra, rahatlaş, gözlərini yum və alt çənənin daha rahat olmağına imkan ver – amma məcbur etmə – sadəcə, rahatlaşdır ki, ağızdan nəfəs almağa başlaya biləsən. Burun ilə nəfəs alma, sadəcə, ağızdan nəfəs almağa başla; bu, çox rahatlaşdırıcıdır. Burundan nəfəs almayanda fikir köhnə qəlib içində fəaliyyət göstərmir. Bu, yeni şey olacaq və yeni tənəffüs sistemində yeni vərdiş daha asanlıqla formalaşdırıla bilər.

İkincisi, sən burundan nəfəs almayanda beyin xəbərdar edilməmiş olur. Hava beyinə getmir: birbaşa, sinəyə gedir. Əks təqdirdə, daima, xəbərdarlıq və masaj davam edir. Ona görə də burun dəliklərimizdən nəfəs alanda, hava çəkdiyimiz burun deşiklərimiz daima dəyişir. Bir burun deşiyindən nəfəs almaq beynin bir tərəfini masaj edir, digər burun deşiyi isə beynin o biri tərəfini. Hər qırx dəqiqədən bir onlar dəyişirlər.

Beləliklə, sadəcə, bu vəziyyətdə otur və ağzından nəfəs al. Burun ikilidir, ağız isə təkdir. Ağız nəfəs alanda heç bir dəyişiklik yaşanmaz: əgər bir saat ərzində otursan, eyni şəkildə nəfəs alacaqsan. Orada heç bir dəyişiklik olmayacaq; eyni vəziyyətdə qalacaqsan. Burundan nəfəs alanda bir vəziyyətdə qala bilmirsən. Vəziyyətin avtomatik olaraq dəyişir; sənin məlumatın olmadan dəyişir.

Ona görə də bu vəziyyət çox sakit, ikili olmayan, yeni rahatlaşma vəziyyəti yaradacaq və sənin enerjilərin yeni formada axmağa başlayacaq. Ən azı qırx dəqiqə ərzində heç nə etmədən, sadəcə, sakit otur. Əgər bir saat ərzində edə bilsən çox böyük köməyi olar. Ona görə də mümkünsə qırx dəqiqəylə başla və yavaş-yavaş bir saata çıx. Bunu hər gün et.

Eyni zamanda, heç bir imkandan yayınma; nə vaxt qarşına bir imkan çıxsa üstünə cum. Həmişə, yaşamağı seç, həmişə nələrsə etməyi seç; heç vaxt geri çəkilmə, heç vaxt qaçma. Nəyisə etmək, yaradıcı olmaq üçün qarşına çıxan istənilən imkandan zövq qal.

VƏ SONUNCU SUAL: TANRI QORXUSU

Bizi əhatə edən şəxsi Tanrı ideyası, fərziyyə belə olsa, faydalı deyilmi? – Çünki Tanrı ideyasından uzaqlaşmaq fikri belə məni çox qorxudur.

Niyə Tanrı ideyasından uzaqlaşmaqdan qorxursan? Əlbəttə ki, Tanrı ideyası sənin qorxmağının qarşısını alır. Belə ki, ondan uzaqlaşdığın an qorxu hiss etməyə başlayırsan. Bu bir növ psixoloji müdafiədir, bu qədər.

Uşağın qorxmağı qaçılmazdır. Anasının bətnində qorxmurdu. Ana bətnində olan bir körpənin sinaqoqa, ya da kilsəyə getməyi fikirləşdiyini və ya İncil, Quran, Gita oxumağı düşündüyünü eşitməmişəm; hətta Tanrının olub-olmaması haqqında da düşünməz. Ana bətnində olan körpənin heç vaxt Tanrıyla, şeytanla, cənnətlə və ya cəhənnəmlə maraqlanacağını düşünmürəm. Niyə maraqlansın ki?! O, onsuz da cənnətdədir. Heç nə oradan daha yaxşı ola bilməz.

O, rahat, isti yuvada, tamamilə, qorunur, onu qidalandıran kimyəvi preparatlar içində üzür. Buna çox təəccüblənəcəksən; o doqquz ay ərzində körpə, proporsional olaraq doxsan ildə böyüyəcəyindən daha çox böyüyür. Doqquz ay boyu o qədər uzun səyahətə çıxır ki, demək olar, heç nə olaraq başlayıb varlığa çevrilir. Doqquz ay ərzində milyonlarla illik təkamül yolu keçir, ilk varlıqdan günümüzə qədər gəlir. O, bütün mərhələlərdən keçir.

207

Və həyatı, tamamilə, təhlükəsizlikdədir: Nə işləmək ehtiyacı var, nə ac qalmaq qorxusu, nə də aclıq; hər şey ananın bədəni tərəfindən edilir. Doqquz ay ərzində ana bətnində, bu təhlükəsizlikdə yaşamağın yaratdığı problem, sizin dinlər adlandırdığınız şeylərin ortaya çıxmağına səbəb olur.

Uşaq ana bətnindən çıxarkən yaşadığı birinci şey qorxudur. Bu aydındır. Evini itirir, təhlükəsizliyini itirir. Onun istiliyi, ətrafı, dünyası hesab etdiyi hər şey, tamamilə, yox olub və birdən, heç tanımadığı yad dünyaya atılır. O, artıq müstəqil nəfəs almalıdır.

Körpənin, artıq müstəqil nəfəs almalı olduğunu anlamağı bir neçə saniyə çəkir – ananın nəfəs almağı, artıq, kömək etməyəcək. Həkim, uşağın bu hadisəni qavramağına kömək etmək üçün onu kəllə-mayallaq tutaraq yanına bərk zərbə endirir. Nə başlanğıcdır! Necə gözəl qarşılanmadır!

Sırf bu zərbəyə görə körpə nəfəs almağa başlayar. **Qorxduğun vaxtlar heç tənəffüsündəki dəyişiklikləri müşahidə etmisən? Əgər daha əvvəl müşahidə etməmisənsə indi müşahidə edə bilərsən. Nə vaxt qorxsan tənəffüsün o dəqiqə dəyişir.** Rahatlaşanda, özünü yuvanda hiss etdiyin, heç nədən qorxmadığın vaxtlarda, tənəffüsünün sərbəstləşdiyini, dərin ahəngə büründüyünü və get-gedə daha da sakitləşdiyini görəcəksən. Dərin meditasiya vaxtı, bəzən, elə hiss edəcəksən ki, elə bil nəfəsin dayanıb. Dayanmır, amma hardasa, dayanmış kimi olur.

Körpə, doğumunun ilk anlarında hər şeydən qorxacaq. Doqquz ay ərzində qaranlıqda qalıb və müasir xəstəxanada doğulanda hər tərəfində parlaq işıqlar olacaq. Daha əvvəl heç vaxt işıq görməmiş, şam işığı belə görməmiş olan gözləri, göz qişası üçün bu, həddindən artıq, dözülməz şeydir. Bu işıq gözlərində şok effekti yaradır.

Həkim bir neçə saniyə belə gözləmir, son təhlükəsizlik ümidi olan və onu hələ də anasına birləşdirən göbək bağını dərhal kəsir... nə qədər də balaca varlıqdır. Biz bir şeyi də çox yaxşı bilirik ki, heç bir bala insan balasından daha köməksiz deyil, bütün bəşəriyyətdə ən aciz varlıq insan balasıdır.

Ona görə də atlar Tanrı fərziyyəsi yaratmayıblar. Fillər Tanrı ideyası haqqında fikirləşməyiblər; buna ehtiyac yoxdur da. Bala fil doğular-doğulmaz gəzib dünyanı tədqiq etməyə başlayır. İnsan balası qədər çarəsiz deyil. Əslində, insan övladının çarəsizliyinin səbəb olduqlarına təəccüblənərsən: ailən, cəmiyyətin, mədəniyyətin, dinin, fəlsəfən – hər şey insan övladının acizliyindən asılıdır.

Heyvanlarda çox sadə səbəbə görə, ailə məfhumu mövcud olmur, çünki balanın valideynlərə ehtiyacı yoxdur. İnsan müəyyən sistemin xeyrinə qərar qəbul etməlidir. Uşağın qayğısına qalmaq üçün ana və ata birlikdə yaşamalıdırlar. Bu, onların sevgi əlaqələrinin nəticəsidir; bu onların yaratdığıdır. Əgər yeni doğulmuş körpə tək qoyulsa, bir çox heyvanın qaldığı kimi, onun yaşaya biləcəyini təsəvvür edə bilməzsən: qeyri-mümkündür! Haradan yemək tapacaq? Kimdən soruşacaq? Nə istəyəcək?

Bəlkə həddindən artıq erkən doğulur? Bəzi bioloqlar körpələrin vaxtından əvvəl doğulduğunu fikirləşirlər – doqquz ay kifayət olmur – və ona görə də o elə köməksizdir. Amma insan bədəni belədir ki, ana uşağı doqquz aydan çox qarnında daşıya bilməz, əks təqdirdə, o ölər və onun ölümü körpənin də ölümü deməkdir.

Aparılan hesablamalara görə, əgər uşaq ana bətnində ən azı üç il yaşaya bilsə, onda, bəlkə də anaya, ataya, ailəyə, cəmiyyətə, mədəniyyətə, Tanrı və keşişlərə ehtiyac duymayacaq. Amma uşaq ana bətnində üç il yaşaya bilməz. Bu qəribə bioloji vəziyyət bütün davranışlarına, düşüncə tərzinə, ailə və cəmiyyət quruluşuna təsir göstərib; bu da qorxuya səbəb olub.

Körpənin yaşadığı ilk təcrübə qorxudur və insanın yaşadığı son təcrübə də qorxudur. Doğum da bir növ ölüm sayılır; sən buna, sadəcə, körpənin nöqteyi-nəzərindən baxmağı yadda saxlamalısan. O, hər şeylə təmin olunmuş müəyyən dünyada yaşayırdı. Heç bir ehtiyacı yox idi, daha çoxu üçün də heç bir tamahı yox idi. O, sadəcə, varlıqdan zövq alırdı, böyüməkdən zövq alırdı – sonra, qəfildən çölə atılır!

Uşaq üçün bu təcrübə ölüm təcrübəsidir: onun bütün dünyası, təhlükəsizliyi və rahat evi ölür. Alimlər hələ də ana bətni kimi isti yuva yarada bilmədiyimizi deyirlər. Biz cəhd edirik – bizim bütün evlərimiz, sadəcə, o rahat evi yaratmaq üçün səylərdir.

Biz, eyni hissləri verməsi üçün, hətta su yataqları belə yaradırıq. İsti vannalarımız var; vannaya uzananda bir uşağın yaşadığı hissə yaxınlaşa bilirsən. Həqiqi zövq almağı bilənlər bu vannanın içinə duş duzları da əlavə edəcəklər, çünki ana bətnindəki su çox duzludur – dəniz suyunda olan duzun miqdarıyla eynidir. Yaxşı, bəs bir vannada nə qədər uzana bilərsən? Bizim izolyasiya tanklarımız var, hansı ki, itirdiyimiz ana bətninin eynisini axtarma cəhdindən başqa heç nə deyil.

Ziqmund Freyd maariflənmiş insan deyil – hətta bir az dəlidir, amma bəzən dəlilər də gözəl mahnılar oxuyur. Bəzən əhəmiyyətli ideyaları olur. Məsələn, o fikirləşir ki, bir kişinin qadınla sevişməsi uşaqlığa yenidən daxil olma səyindən başqa heç nə deyil. Bunu araşdırmaq lazımdır. Bu adam dəlidir, fikirləri çox fantastik görünür;

amma, Ziqmund Freyd kimi bir insan, dəli olsa belə çox diqqətlə dinlənməlidir.

Bu fikrində həqiqət payı olduğunu düşünürəm: uşaqlığa çatma axtarışı, çıxmış olduğu yerə qayıtma axtarışı... Uşaqlığa çata bilməz, bu doğrudur. Ona görə də bir çox şey yaradıb; mağaralar, evlər, təyyarələr düzəltməyə başlayıb. Təyyarənin içinə heç fikir vermisən? Bir gün adamların duzlu, isti sulu vannalarda səyahət etdiyi təyyarə görsən heç təəccüblənmə. Təyyarə sənə oxşar hisslər yaşada bilər, amma yenə də qaneedici olmaz.

Uşaq başqa heç bir mühit tanımayıb. Biz də təyyarələri bu qədər rahat etməyə cəhd edirik: düyməyə basan kimi stüardessa gəlir. Biz, mümkün olduğu qədər rahat etməyə çalışırıq, amma biz bunu ana bətni kimi rahat edə bilmərik. Orada düyməyə basmağa belə ehtiyac yoxdur. Hətta acmadan əvvəl qarnın doyulurdu. Hətta havaya ehtiyac duymadan hava sənə çatırdı. Sənin, ümumiyyətlə, heç bir məsuliyyətin yoxdu.

Belə ki, ana bətnindən çıxan uşaq, əgər, ümumiyyətlə, bunu hiss edirsə, bunu ölüm kimi hiss etməlidir. O, bunu doğum kimi hiss edə bilməz, bu qeyri-mümkündür. Bu, bizim ideyamızdır – çöldə olanların fikri – biz bunun doğum olduğunu deyirik.

İkinci qorxuya gəlincə... Yenə bir gün, həyatı boyu göstərdiyi səylərdən sonra nələrsə etməyi bacarıb – kiçik ev, ailə, balaca dost çevrəsi, bir az istilik, bu dünyada rahatlayıb özü ola biləcəyi, qəbul edildiyi balaca künc... Çətindir; bütün həyatı boyu mübarizə apardı və qəfildən, bir gün o, gördü ki, buradan qovulur.

Həkim yenidən gəlib – bu, yanına zərbə vuran adamdı! Amma o vaxt nəfəsini başlatmaq üçün idi; bu dəfə isə bildiyimiz qədərilə... İndi, biz onun tərəfindəyik, digər tərəfi bilmirik. Digər tərəf təxəyyül gücünə qalıb; ona görə də cənnət və cəhənnəm – təxəyyül gücü hər cür sərhədi aşıb. Biz bu tərəfdəyik və adam ölür. Bizə görə ölür; bəlkə də yenidən doğulur. Amma bunu ancaq o bilir və geri dönüb bizə deyə bilməz ki, "Narahat olmayın; mən ölü deyiləm, mən sağam". Necə ki, anasının bətninə yenidən qayıdıb oradakılara axırıncı dəfə vida edə bilməzsə, indi də geri qayıdıb, gözlərini açandan sonra "Narahat olmayın. Mən ölmürəm, mən yenidən doğuluram" – deyib, hamıyla xudahafizləşə bilməz.

Hindlilərin yenidən doğulmaq fikri, adi doğulmanın layihələndirməsidir. Ana bətni üçün – əgər ana bətni fikirləşə bilsəydi – uşaq ölüdür. Uşaq tərəfindən baxanda – əgər fikirləşirsə – o ölür. Amma o doğulur; bu ölüm deyil, bu doğumdur. Hindlilər eyni fikri ölümə tətbiq ediblər. Bu tərəfdən elə görünür ki, elə bil ölür, amma digər tərəfdən... Amma digər tərəf bizim təxəyyülümüzə bağlıdır; biz bunu istədiyimiz kimi edə bilərik.

Hər din digər tərəfi fərqli şəkildə təsəvvür edir, çünki hər cəmiyyət, hər mədəniyyət fərqli coğrafiyaya və tarixə sahibdir; məsələn: bir Tibet sakini digər tərəfi sərin təsəvvür edə bilməz – sərin belə qorxuvericidir, soyuq isə qeyri-mümkündür. Tibetlilər ölən şəxsin isindiyini və yeni dünyada, həmişə, isti qalacağını düşünür.

Bir hindli oranın, həmişə, isti olacağını fikirləşə bilməz. Hindistanda dörd aylıq isti mövsüm belə həddindən çoxdur, üstəlik, əbədilik istidə qalmaq – adam bişər! Kondisioner haqqında heç bir anlayışları yoxdur, amma hindlilərin cənnət təsviri elə bil kondisionerli mühiti təsvir edir: Hava həmişə sərin – nə isti, nə də soyuq – amma sərindir. Həmişə bahardır, Hindistan baharı – bütün çiçəklər açıb, küləkdə çiçək qoxuları var, quşlar oxuyur, hər şey canlıdır; amma isti yox, sərin hava. Onlar bunu təkrar-təkrar xatırlayırlar, daima sərin hava axmağa davam edir.

Bu ideyanı ortaya qoyan sənin fikrindir; əks təqdirdə, tibetli, hindli, ya da müsəlman üçün fərqli ola bilməz. Bir müsəlman o biri dünyanın səhra kimi olacağını düşünə bilməz – Ərəbistan çöllərində o qədər əziyyət çəkib ki! O biri dünya bir vahədir – ucsuz-bucaqsız bir vahə. Yüz əlli kilometr gedəndən sonra azca suyu və bir neçə ağacı olan balaca vahə deyil, yox; hər yerdə vahədir, heç yerdə səhra yoxdur.

Biz layihələşdiririk, amma ölən şəxs üçün bu hadisə bir vaxtlar yaşadığı təcrübənin eynisidir. Ölüm vaxtı, əgər ölən şəxs şüurunu itirməyibsə, komaya düşməyibsə, həyatının film lenti kimi gözünün qarşısından keçdiyi yaxşı bilinən həqiqətdir. Həyatdakı ilk ana, doğulduğu ana qədər gedib çıxar. Bu dünyanı tərk edərkən baş verən bütün hadisələri son bir dəfə xatırlaması əhəmiyyətli görünür. Sadəcə, bir neçə saniyə içində eynən bir filmdə olduğu kimi bütün təqvimi yaşayırsan.

Bu təqvim sürətlə hərəkət edir, çünki iki saatlıq film kimi, bəlkə də bir neçə ili əhatə etməlidir... Əgər təqvim normal sürətlə hərəkət etsə, sən iki il ərzində film zalında oturmalısan; kim belə şeyi bacarar ki? Xeyr, təqvim sürətlə hərəkət edir və günlər sürətlə dəyişir. Ölüm vaxtı daha da sürətlə gedir. Tək anda bütün həyatın axıb gedir və bir anda dayanır. Eyni proses yenidən baş verir – həyat, ram bir dairəni tamamlayıb.

Bunu niyə yada salmağını istədim? Çünki Tanrın sənin ilk günkü qorxundan başqa bir şey deyil və bu da getdikcə

böyüyərək son ana qədər davam edir. Ona görə də cavanlı-
ğında ateist ola bilərsən, vəziyyət buna imkan verir, amma
yaşlandıqca ateist olmaq getdikcə çətinləşir. Əgər ölmək
üzrə olanda, bir ayağı qəbirdə olandan ondan "Sən hələ də
ateistsən?" – deyə soruşsan, "Bu mövzuda şübhələrim var"
deyəcək – qorxusundan... Nə baş verəcək? Bütün dünyası
yox olur.

Babam dindar adam deyildi, bir az da olsa deyildi. O,
daha çox *"Yunan Zorba"* kimiydi: Ye, iç və şən ol; başqa
dünya yoxdur, bütün bunlar cəfəngiyyatdır. Atam çox din-
dar adam idi; bəlkə də babama görə – eynən, nəsillərin
qarşıdurması. Amma bizim ailədə bu vəziyyət əksinə idi:
babam ateist idi və bəlkə də onun ateistliyinə görə atam
dindar adam olmuşdu. Atam nə vaxt məbədə getsə, babam
gülər və deyərdi: "Yenə də?! Davam et, həyatını o axmaq
heykəllərin qarşısında boş yerə xərclə!"

Zorbanı bir çox səbəbə görə sevirəm; səbəblərdən biri
budur ki, Zorbada babamı yenidən tapdım. Babam yeməyi
o qədər sevirdi ki, o mövzuda heç kəsə etibar etməzdi; o,
yeməyini özü hazırlayardı. Həyatım boyu minlərlə Hin-
distan ailəsinə qonaq olmuşam, amma heç vaxt babamın
yeməkləri qədər ləzzətli heç nə dadmamışam. O, bunu elə
çox sevirdi ki, hər həftə dostları üçün ziyafət hazırlayardı –
bütün günü yemək hazırlayardı.

Anam, xalalarım, xidmətçilər və aşpazlar – hər kəs
mətbəxdən qovulardı. Babam yemək bişirəndə heç kim
onu narahat etməzdi. Amma mənə qarşı çox mehriban idi;
mənim onu izləməyimə imkan verərdi və deyərdi: "Öyrən,
başqa adamlardan asılı olma. Ağız dadını ancaq özün
bilərsən. Bunu başqa kim bilə bilər ki?!"

"Mən bacarmaram; mən, həddindən artıq tənbələm, amma baxa bilərəm. Edə bilmərəm". Beləliklə, mən heç nə öyrənməmişəm, amma onu izləmək zövq verirdi – elə işləyirdi ki, elə bil heykəltəraş, musiqiçi, ya da rəssamdır. Yemək bişirmək onun üçün, sadəcə, bişirmək deyildi, sənət idi. Əgər nəsə onun standartından bir az aşağı olsa, onu dərhal tullayardı. O, yenidən bişirərdi... Mən isə: "Axı mükəmməl dərəcəsində yaxşıdır!" – deyərdim.

O da cavab verərdi: "Mükəmməl olmadığını bilirsən, sadəcə, yaxşı idi. Amma mən tələbkar adamam. Mənim standartıma gələnə qədər onu heç kimə təklif etmərəm. Mən yeməyimi çox sevirəm".

Müxtəlif içkilər hazırlayardı... nə etməyindən asılı olmayaraq, bütün ailə ona qarşı idi, onlar onun, sadəcə, baş bəlası olduğunu deyirdilər. Mətbəxə heç kimin girməyinə imkan verməzdi və axşam olanda şəhərin bütün ateistlərini toplayardı. Sırf caynizmin əleyhinə olduğunu göstərmək üçün günəşin batmağını gözləyərdi. Günəş qürub eləmədən yemek yeməzdi, çünki caynizm belə deyirdi: "Günəş qürub etmədən yemək ye; günəş batandan sonra yemək qadağandır". Günəşin batmadığını öyrənmək üçün məni tez-tez çölə göndərərdi.

O, bütün ailəni əsəbiləşdirirdi. Amma ona hirslənə bilməzdilər – o, ailənin başçısı idi, ən yaşlı kişisi idi – amma, mənə hirslənirdilər. O daha asan idi. "Niyə tez-tez gedib günəşin batıb-batmadığına baxırsan? O qoca səni də məhv edir, məhv olursan" deyərdilər.

"Yunan Zorba" kitabına babam ölmək üzrə olanda rast gəldiyim üçün çox kədərliydim. Cənazə mərasimi (tonqalda yandırılanda) boyu fikirləşdiyim tək şey buydu: "O kitabı tərcümə edib, onun üçün oxusaydım, çox sevinərdi". Mən

ona bir neçə kitab oxumuşdum. O, məktəbə getməmişdi, sadəcə, imzasını yaza bilirdi, bu qədər. Nə oxumağı, nə yazmağı bacarırdı – amma bununla çox fəxr edirdi.

"Yaxşı ki, atam məni məktəbə getməyə məcbur etmədi, əks təqdirdə, o, məni korlamış olardı. Bu kitablar insanları çox korlayır" – deyər və davam edərdi: "Unutma, atan korlandı, əmilərin korlandı; onlar, daima, dini kitablar, müqəddəs kitabələr oxuyurlar, onların hamısı cəfəngiyyatdır. Onlar oxuyarkən, mən yaşayıram; yaşayaraq bilmək daha yaxşıdır".

"Onlar səni universitetə göndərəcəklər, onlar mənə qulaq asmayacaqlar. Mən sənə çox kömək edə bilməyəcəm, çünki atan və anan bu mövzuda təkid edirlər və səni mütləq universitetə göndərəcəklər. Ancaq ehtiyatlı ol, kitabların içində özünü itirmə".

Kiçik şeylərdən zövq alırdı. Bir dəfə ondan soruşdum: "Hər kəs Tanrıya inanır, sən niyə inanmırsan, baba?" Ona baba deyirdim; Hindistanda bu söz elə baba mənasını verir.

"Çünki mən qorxmuram" – dedi.

Çox sadə cavabdır: "Niyə qorxmalıyam ki?! Qorxmağa ehtiyac yoxdur; mən heç bir səhv iş görməmişəm, heç kimə zərər yetirməmişəm. Sadəcə, həyatımı keflə yaşamışam. Əgər orada bir Tanrı varsa, və onunla qarşılaşsam mənə hirslənə bilməz. Mən ona hirslənəcəm: "Niyə bu dünyanı yaratdın? Niyə bu cür dünyanı yaratdın?" – deyərəm. Mən qorxmuram".

O öləndə, mən ondan yenidən soruşdum, çünki həkimlər bir neçə dəqiqəlik ömrü qaldığını deyirdi. Onun nəbzi zəifləyir, ürək döyüntüləri yavaşlayır, amma şüuru, tamamilə, yerindəydi. Mən ona yaxınlaşıb: "Baba, bir sual..."

Gözlərini açıb danışdı: "Nə soruşacağını bilirəm: Niyə Tanrıya inanmırsan? Ölmək üzrəykən bu sualı mənə verəcəyini bilirdim. Səncə, ölüm məni qorxuda bilər? Mən o qədər şən və o qədər gözəl yaşamışam ki, öləcəyim üçün heç bir təəssüf hiss etmirəm. Sabah nə edəcəyəm ki? Mən hər şeyi etmişəm, ediləcək heç nə qalmayıb. Əgər nəbzim sürətini azaldırsa, ürəyim zəif döyünürsə, məncə, hər şey mükəmməl dərəcədə yaxşı olacaq, çünki özümü çox hüzurlu, rahat və sakit hiss edirəm. Mən bu dəqiqə ölübölməyəcəyimi deyə bilmərəm. Amma bir şeyi yadda saxla: mən qorxmuram".

Mənə "Tanrı ideyasından uzaqlaşan kimi qorxu yaxınlaşır" – deyirsən. Bu, sadəcə, Tanrı adlı qayanın ağırlığı ilə qorxunu boğduğunu göstərir; bu qayanı yox etdiyin an qorxu meydana çıxır".

Əgər qorxu yaxınlaşırsa, onunla üzləşməlisən; Tanrı ideyası ilə onun üstünü örtmək sənə qətiyyən kömək etməyəcək. Bir də təkrar, inanc sahibi ola bilməzsən, o məhv olub. Tanrıya inana bilməzsən, çünki şübhə həqiqidir, inanc isə təxəyyül məhsuludur. Heç bir təxəyyül məhsulu həqiqət qarşısında dayana bilməz. İndi, Tanrı sənin üçün hipoteza olaraq qalacaq; duaların faydasız olacaq. Bunun hipoteza olduğunu bilirsən, bunun hipoteza olduğunu yaddan çıxara bilməzsən.

Bir dəfə ki, həqiqəti eşitdin, onu unutmaq qeyri-mümkündür. Həqiqətin xüsusiyyətlərindən biri də budur ki, onu xatırlamağa ehtiyacın yoxdur. Bir yalan, daima, yadda saxlanmalıdır; yoxsa unuda bilərsən. Yalana vərdiş etmiş insanın həqiqəti deməyə öyrəşmiş insandan daha yaxşı yaddaşa ehtiyacı var, çünki həqiqəti deyən insanın dediklərini yadda saxlamağa ehtiyacı yoxdur. Əgər təkcə həqiqəti deyirsənsə, heç nəyi yadda saxlamağına ehtiyac da yoxdur. Amma əgər yalan danışırsansa, onda, daima, yadda saxlamalısan, çünki birinə bir yalan demisən, başqa birinə başqa yalan, tamam başqa birinə də bir başqa yalan. Kimə nə dediyini, daima, beynində kateqoriyalara bölüb yadda saxlamalısan. Nə vaxt ki, dediyin bir yalan haqqında nəsə sual versələr, yenidən, yalan danışmalısan, ona görə də yalanların daima çoxalır. Yalan, doğum kontroluna inanmaz.

Həqiqət subaydır, heç bir uşağı yoxdur; evlənməyib.

Tanrının, sadəcə, keşişlərin, siyasətçilərin, gücü əlində saxlayan elitaların, pedaqoqların, səni psixoloji qul kimi saxlamaq istəyən hər kəsin, qul olaraq qalmağında marağı olan hamının yaratdığı fərziyyə olduğunu anlayanda.... Onlar sənin qorxaq olmağını istəyirlər, daima qorxacaqsan, için titrəyəcək, çünki əgər qorxmasan, onda, təhlükəli olarsan.

Sən ya qorxaq, təslim olmağa hazır, ləyaqətsiz, öz varlığına hörməti olmayan şəxs olacaqsan, ya da qorxusuz ola bilərsən. Amma onda, asi olacaqsan, bundan boyun qaçıra bilməzsən. Ya inanclı adam, ya da asi bir ruh olacaqsan. Ona görə də sənin asi olmağını istəməyənlər – çünki sənin asi ruhlu olmağın onların maraqlarına ziddir – daima səni məcbur edir, beynini xristianlıqla, iudaizmlə, müsəlmanlıqla, induizmlə şərtləndirirlər və içinin daima tir-tir əsməyinə şərait yaradırlar. Onların gücü budur, beləliklə, güc sahibi olmaqla maraqlanan hər kəs, bütün həyatı hökm etməkdən başqa heç nə olmayan hər kəs bu Tanrı fərziyyəsindən istifadə etmək istəyər.

Əgər Tanrıdan qorxursansa – əgər Tanrıya inanırsansa qorxmalısan – onun əmrlərinə, müqəddəs kitablarına və peyğəmbərlərinə sitayiş etməlisən. Onun və vasitəçilərinin dediklərini etməlisən.

Əslində, o, mövcud deyil, sadəcə, vasitəçiləri var. Bu, çox qəribə biznesdir. Din ən qəribə bizneslərdən biridir. Ortada müdir yoxdur, lakin çoxlu vasitəçiləri var: keşiş, yepiskop, kardinal, papa, peyğəmbər, bütün iyerarxiyası var – amma zirvədə heç kim yoxdur.

Lakin İsa gücünü və səlahiyyətini Tanrıdan alır – onun tək müqəddəs oğlu. Papa səlahiyyətini İsadan alır – onun tək səhvsiz və real nümayəndəsi. Bu şəkildə davam edərək, ən aşağı səviyyədəki keşişə qədər davam edir... amma orada bir Tanrı yoxdur; bu, sadəcə, sənin qorxundur. Sən tək yaşaya bilmədiyin üçün Tanrının icad edilməyini istədin. Həyatla, onun gözəllikləri, ləzzətləri, əzabları və sıxıntıларıyla üzləşməyə gücün yoxdu. Səni müdafiə edən kimsə olmadan, üzərində qoruyucu çətir olmadan onları tək yaşamağa hazır deyildin. Sən qorxduğuna görə Tanrını axtardın. Və əlbəttə ki, hər yerdə fırıldaqçılar var. Sən nəyisə axtarandan onlar, dərhal, sənə nəyisə təklif edərlər.

Sənin qorxmamağına kömək edən bu Tanrı ideyasından uzaqlaşmalısan. Qorxunu yaşamalısan və bunu insan reallığı olaraq qəbul etməlisən. Ondan qaçmağa ehtiyac yoxdur. Ehtiyac duyulan şey onun dərinliyinə girməyindir və qorxunun nə qədər dərinliyinə girsən, əslində, olmadığını o qədər aydın görərsən.

Qorxunun ən aşağı həddinə toxunanda isə, sadəcə, güləcəksən, qorxmağa heç bir ehtiyac yoxdur.

Və qorxu yox olanda, yerdə məsumluq qalır və o məsumiyyət *"summum bonum"*dur, yəni dindar adamın mahiyyətidir.

O məsumiyyət gücdür.

O məsumiyyət orada olan tək möcüzədir.

Bu məsumiyyətdən hər şey ola bilər, amma bir xristian olmaz, bir müsəlman olmaz. Məsumiyyətdən, sadəcə, adi insan olaraq çıxacaqsan, adiliyini tamamilə qəbul edən, keflə yaşayan və bütün mövcudluğa minnətdar olan biri olacaqsan – Tanrıyla deyil, çünki o sənə başqaları tərəfindən verilən ideyadır.

Amma mövcudluq ideya deyil. O, sənin bütün ətrafındadır, içində və çölündədir. Tamamilə məsumiyyətə çatdığın vaxt dərin minnətdarlıq – buna dua deməyəcəm, çünki duada sən nəsə istəyirsən, ona görə də buna dua deməyəcəm – dərin minnət hissi meydana çıxır. Sən nəsə istəmirsən, artıq sənə verilmiş olan nəsə üçün təşəkkür edirsən.

Sənə çox şey verilib. Sən buna layiqsənmi? Mövcudluq sənə o qədər çox şey verir ki, daha artığını istəmək çirkinlik olar. Bu ana qədər aldıqların üçün minnətdar olmalısan. İşin ən gözəl tərəfi odur ki, nə qədər təşəkkür etsən, mövcudluq səni o qədər mükafatlandırar. Bu bir dairəyə çevrilir: daha çox aldıqca, daha çox minnətdar olursan, daha da çox alırsan... burada son yoxdur, bu sonsuz prosesdir.

Amma yadda saxla – Tanrı hipotezası gedib; ona hipoteza dediyin an Tanrı ideyası artıq çoxdan gedib deməkdir. Qorxsan da, qorxmasan da, artıq geri dönüş yoxdur; bu məsələ həll olunub.

İndi gediləcək tək yol sənin qorxuna tərəf yol almaqdır.

Sakitcə ona daxil ola, beləliklə, sən onun dərinliyini tapa bilərsən.

Və bəzən, çox da dərin olmadığını görürsən.

Hekayə:

Gecə gəzməyə çıxan adam qayadan sürüşür. Orada çox dərin uçurum olduğunu zənn edən adam minlərlə mil hündürlükdən yıxılmaqdan qorxduğu üçün qayanın üstündəki bir budaqdan yapışır. Gecənin qaranlığında hüdudsuz uçurumdan başqa heç nə görünmürmüş gözünə. O qışqırır; təkcə, öz səsi əks-səda verir, orada onu eşidəcək heç kim yoxdur.

O adamın bütün gecə boyu necə işgəncə yaşadığını təsəvvür edə bilərsən. Hər an ölümü hiss edib, əlləri soyuyub, gücünü itirib... hava işıqlananda isə aşağıya tərəf baxıb gülür: heç bir uçurum yoxmuş. Təkcə, altı düym aşağıda bir qaya var imiş. Bütün gecə orada yata bilər, rahat istirahət edə bilərdi – qaya o qədər böyük imiş – amma bütün gecəsi qarabasmayla keçib.

Öz təcrübəmdən çıxış edərək danışıram: qorxu, altı düym daha dərin deyil. O budaqdan tutub həyatını qarabasmaya döndərmək, ya da budağı buraxıb ayaqlarının üzərində dayanmaq arasındakı seçim, tamamilə, sənə qalıb.

Orada qorxacaq heç nə yoxdur.

SON

221

MÜNDƏRİCAT